새신자반

믿음이란 한 알의 밀알이 땅에 떨어져 죽음으로 많은 열매를 맺음과 같이 진리의 열매를 위하여 스스로 죽는 것을 뜻합니다. 눈으로 볼 수는 없으나 영원히 살아 있는 진리와 목숨을 맞바꾸는 자들을 우리는 믿는 이라고 부릅니다. 「믿음의 글들」은 평생, 혹은 가장 귀한 순간에 진리를 위하여 죽거나 죽기를 결단하는 참 믿는 이들의, 참 믿는 이들을 위한, 참 믿음의 글들입니다.

[새 로 워 진]

새신자반

그리스도 안에서 새로운 삶을
이재철 지음

홍성사

1994년에 태어난 새신자반은 14살 되던 2008년에 개정판으로 거듭났습니다. 개정판 서문에서 밝혔듯이, 1994년 사정상 단 2주 만에 탈고해야 했던 새신자반의 내용을 새롭게 가다듬기 위함이었습니다. 그리고 27살을 맞은 올해, 개정2판으로 다시 태어났습니다. 작년에 온 세계를 강타한 코로나19 팬데믹으로 대두된 온라인예배 및 온라인교회와 관련하여, '교회' '예배' '교회생활'의 내용을 보완하기 위함이었습니다.

올해 27살인 이 책의 수명이 언제까지 갈는지는 저로서는 알 수 없습니다. 그러나 이 책에 생명이 있는 동안 이 책을 읽는 모든 분들의 심령 속에, 죽음을 깨트리고 다시 사신 주님의 생명이 날마다 넘쳐나기를 간절히 기도드립니다.

2021년 봄, 거창 서사집에서

개정판을 내며

《새신자반》은 지금부터 14년 전인 1994년에 씌어졌습니다. 그해 여름 2주 동안, 하루에 20시간씩 집필하는 강행군 끝에 《새신자반》이 빛을 보게 되었습니다. 하루 세끼 밥 먹는 시간과 세 시간 잠자는 시간을 제외하고, 매일 20시간씩 만 2주 동안 집중하여 글을 쓸 수 있었던 것은 주님의 특별한 은총이 있었기에 가능한 일이었습니다. 집필 기간이 2주였던 것은, 당시 제가 집필을 위해 할애할 수 있는 최대의 기간이 2주밖에 없었기 때문입니다. 그 짧은 기간 내에 《새신자반》을 탈고할 수 있도록 주님께서 베풀어 주신 특별한 은총을 생각하면, 14년이 지난 지금도 가슴이 마구 설레기만 합니다.

그러나 주님의 크고도 특별한 은총에 비해 제 능력이 워낙 모자라는지라, 《새신자반》이 출간된 이후 주님의 은혜를 좀더 완전한 문장으로 담아내지 못한 데 대한 아쉬움이 늘 있었습니다. 제 마음을 잘 아시는 주님께서 14년이 지난 올해, 초판본의 문장을 새롭게 가다듬어 개정판을 낼 수 있도록 또다시 은혜를 베풀어 주셨습니다. 이 책을 위해 거듭 은혜를 베풀어 주신 주님께 진심으로 감사드리며, 독자 여러분께 이 책이 소중한 영적 길잡이가 되기를 간절히 기도드립니다.

2008년 가을에 양화진에서

만남은 참으로 소중하다. 그러나 만남이 참된 만남이기 위해서는, 반드시 만남의 대상에 대한 바른 앎이 수반되어야 한다. 바른 앎이 결여된 건성의 만남은 차라리 만나지 않음만 못하다. 그런 만남은 도움이 되기는커녕, 상대와의 관계를 편견과 오해로 해치기 마련이다. 자신이 만난 이를 더 잘 알기 위해 부단히 자신을 개방하는 것이 곧 인격이요, 포용력이다.

이것은 예수 그리스도와의 만남에도 그대로 적용된다. 주님과의 만남은 이 세상 그 어떤 만남보다 더 중요하다. 그러나 그분에 대한 바른 앎이 수반되지 않은 만남이라면, 그것은 오히려 그분과의 진정한 만남을 방해하는 걸림돌이 될 뿐이다. 자신이 만난 주님을 바르게 그리고 더 잘 알기 위한 애씀, 이것이 곧 그리스도인의 바른 믿음이요 참된 겸손이다.

그래서 호세아 선지자는 "우리가 여호와를 알자, 힘써 여호와를 알자"고 외쳤다(호 6:3). 하나님을 바르게 아는 사람만 하나님과 바른 관계를 지속적으로 맺어 갈 수 있기 때문이다. 그런가 하면 주님께서는 사랑하는 제자들에게 "깨달았느냐"(마 13:51) "깨닫지 못하느냐"(마 16:9) "깨달으라"(막

7:14)는 말씀을 반복하셨다. 만남의 깊이와 성숙을 더해 주는 것은 깊은 깨달음인 까닭이다. 이것이 지금부터, 우리 믿음의 대상이신 주님과 관련하여 더 깊은 앎과 깨달음을 얻기 위하여 우리가 함께 '새신자반' 여행을 시작하려는 이유다.

37세에 신학교에 입학하기 전까지, 내게는 신앙과 관련된 많은 질문들이 있었다. 그러나 어느 누구도 나의 질문에 대해 구체적인 답을 주지 못했다. 구체적인 답을 알 수 없었기에, 나의 신앙은 늘 삶과 괴리되어 추상적일 수밖에 없었다. 추상적인 믿음으로는 나의 삶이 변화될 수 없었다.

1988년 6월 '주님의교회'를 시작한 후, 그리스도인들이 품고 있는 질문들에 대해 보다 분명하고도 확실한 답을 교인들과 함께 나누기 위하여 그해 가을부터 '새신자반'을 시작하였다. '새신자'는 '초신자'란 의미가 아니라, 그리스도인으로서 알아야 할 것을 바르게 알아 '그리스도와 함께 새로운 삶을 사는 사람'이란 의미로 사용하였다. 지난 6년간 주님의교회에서 여덟 번의 새신자반을 개설하는 동안 국내외 많은 분들이 테이프나 교재를 구하려는 것을 보고, 올해 안식년을 맞아 이 책을 집필하게 되었다.

본래 교회에서 강의할 때는 제10장이 '그리스도인의 가정, 사회생활'이었다. 그러나 사회생활의 비중을 감안하여 이 주제는 추후 '성숙자반'에서 더 깊이 다루기로 하고, 이 책에서는 가정생활에 대해서만 논하기로 하겠다.

자, 이제부터 '새신자반'을 향해 함께 여행을 시작해 보자.

하나님께서 사랑과 능력으로 함께하신

N국 H산 속에서 1994년 8월 11일

이재철

차
례

일러두기

• 본문에 인용한 성경구절은 개역개정판을 사용하였다.
• 성경구절 중 〔 〕 안의 내용은 독자의 이해를 돕고자 저자가 첨가한 것이다.

1

하나님은 누구신가

이사야 55장 8-9절

이는 내 생각이 너희의 생각과 다르며 내 길은 너희의 길과 다름이니라 여호와의 말씀이니라 이는 하늘이 땅보다 높음같이 내 길은 너희의 길보다 높으며 내 생각은 너희의 생각보다 높음이니라

하나님을 안다는 것

하나님이 누구신지 아는 것은 하나님의 부르심을 받은 그리스도인의 첫 번째 의무다. 자식이 아버지를 알려 하지 않고 외면할 때 불효자가 될 수밖에 없듯이, 하나님을 알지 못하는 그리스도인은 결국 하나님과 무관한 사람이 될 것이 분명하다.

그러나 그것이 그리 간단한 일은 아니다. 눈에 보이는 육신의 아버지도 제대로 알지 못하는 판에, 어찌 우리가 보이지도 않는 하나님을 온전히 알 수 있겠는가? 유한한 인간이 영원하신 하나님을, 육체를 지닌 인간이 영이신 하나님을, 그리고 어둠인 인간이 빛이신 하나님을 온전히 안다는 것은, 맹인이 손을 더듬어 코끼리를 온전히 인식하려는 것처럼 불가능한 일이다. 코끼리의 다리를 더듬은 맹인은 기둥으로, 배를 만진 맹인은 천정으로, 등을 쓰다듬은 맹인은 코끼리를 벽으로 각각 인식하듯이, 인간은 자신의 유한성 속에서 더듬어 본 하나님의 한 부분을 마치 하나님의 전체 모습인 것처럼 착각한다. 그러므로 우리가 이 세상을 떠나 영이신 하나님 앞에 영으로 서기 전까지는, 우리는 하나님을 온전히 볼 수도 이해할 수도 없다. 따라서 하나님께서 당신 자신을 계시해 주신 성경을 통하여, 그리고 우리와 함께 계시는 성령님의 도우심 속에서, 우리는 겸손하게 그분의 높이와 깊이와 넓이를 알아 가려는 노력을 일평생 게을리 해서는 안 된다. 이 사실을 깨닫지 못할 때 우리는 '하나님을 다 알았다'는 자만에 빠져 버릴 것이고, 그 순간이야말로 실은 우리가 하나님께로부터 가장 멀리 떨어져 있음을 잊어서는 안 된다.

그러므로 하나님이 누구신지 그 해답을 구하려 하기에 앞서 우리는 "하나님이 누구신지 알 수 없음을 잊지 말라. 이것이 하나님에 대한 최후의 인간 지식이다"라는 토마스 성인의 말을 가슴에 새겨 두어야 한다. 오직 그 겸손함으로만 하나님을 바로 알아 갈 수 있다.

창세기를 통해 본 하나님

그러면 이제부터 창세기를 중심으로, 하나님이 누구신지 살펴보자.

첫째, 하나님은 '창조주 하나님'이시다.
성경의 제일 첫머리인 창세기 1장 1절은 이렇게 증거한다.

태초에 하나님이 천지를 창조하시니라

이 구절은 불과 네 단어로 이루어진 지극히 간단한 문장이다. 지금 이 책을 읽는 사람치고 '태초' '하나님' '천지' '창조'란 단어의 의미를 알지 못하거나 이해하지 못하는 사람은 아무도 없을 것이다. 그러나 한 꺼풀만 벗겨 보면, 이 네 단어는 모두 인간이 결코 이해할 수 없는 신비를 드러내고 있음을 알게 된다.

대체 '태초'가 언제인가? 이 우주가 언제 생겼는가? 몇백만 년 전, 몇천만 년 전, 몇억만 년 전, 아니, 몇천억만 년 전인가? 과학 만능의 시대라는 오늘, 이 질문에 대한 과학의 해답은 '모른다'는 것이다. 그렇다. '태초'가 언제인지 아는 사람은 아무도 없다.

'하나님'은 또 누구신가? 인간이 과연 '하나님'을 완전히 알 수 있기나 한가? 그것이 불가능함은 이미 언급하였다. 육체를 지니고 이 땅에 오신 예수 그리스도마저도 하나님의 뜻을 알기 위해 겸손하게 무릎 꿇지 않으셨던가? 하물며 우리 같은 죄 많은 인간이야 두말해 무엇 하겠는가? 하나님을 완전무결하게 아는 인간은 이 세상 그 어디에도 있을 수 없다.

'천지'가 얼마나 거대한지 아는 사람이 있는가? 이 우주가 얼마나 광활한지 측량할 수 있는 사람이 있는가? 최신 과학 장비를 동원한 과학자들이 200억 광년 거리의 별을 관측한 것으로 알려졌다. 200억 광년의 거리란, 1초에 30만 킬로미터에 이르는 빛이 200억 년 동안 계속 달려야 겨우 다다를 수 있는 거리다. 이것은 인간에 의해 확인된 사실이다. 그렇다면 이것이 '천지'의 전부인가? 아니다. 이것은 실제의 '천지' 가운데 지극히 작은 한 부분에 불과할 따름이다. 이것이 사실일진대, 과연 이 세상 그 누구인들 감히 '천지'를 안다고 장담할 수 있겠는가?

'창조'의 비밀을 온전히 아는 사람은 누구인가? '창조'의 능력을 완전히 행할 수 있는 사람이 있기나 한가? 나의 사지백체四肢百體는 분명 내 것이다. 내 것이라면 내 마음대로 할 수 있어야 한다. 그러나 내 머리카락은 분명히 나의 것이지만, 돋아나는 흰머리를 내 능력으로 막을 수는 없다. '창조'의 능력이 없기 때문이다. 의학의 높이가 하늘까지 닿아 있다 할지라도 사람이 만든 인조뼈는, 하나님께서 인간을 위해 창조해 주신 뼈의 완전한 기능을 대신하지 못한다. 마음만 먹으면 못 만들 것이 없다는 과학도 인간의 생명인 피를 만들지는 못한다. '창조'의 비밀을 알지 못하는 까닭이다. 하나님처럼 '창조'를 행할 수 있는 인간은 이 세상 어디에도 없다.

이처럼 인간의 이성으로는 도저히 파악할 수 없는 신비로운 네 단어로 된 창세기 1장 1절의 말씀 앞에서 우리는 겸손해질 수밖에 없다. 이 말씀은 분석의 대상이 아니라 처음부터 믿음의 대상이다. 성경의 첫 구절인 이 말씀을 믿느냐, 다시 말해 하나님께서 나의 창조주이심을 믿느냐 아니냐에 따라 인생의 과정과 결과는 판이하게 달라진다. 하나님의 창조주 되심을 믿지 않는 사람에게는 인간이란 우연히 태어난 존재일 뿐이고, 이 경우 인간 스스로 자기 인생의 주인이 되어 자기 뜻대로 살아갈 수밖에 없다. 하지만 과연 인간이 자기 인생의 주인이 될 만한 자격과 능력이 있는가?

국내 최고라는 S대학병원에서 명성을 떨치던 젊은 의사는 우연한 기회에 검진을 받았다가 자신이 암환자라는 충격적인 사실을 알게 되었다. 그것도 말기였다. 그는 남의 병을 고쳐 주며 명성과 부를 얻고 즐기는 동안, 자기 몸속에서 독버섯처럼 퍼지는 암세포는 까맣게 모르고 있었다. 그의 동료들이 그에게 수술을 시도했지만, 그러나 동료들은 열었던 그의 복부를 도로 덮어 버리고 말았다. 도저히 칼을 댈 수 없을 정도로 암세포가 온몸에 퍼져 있었기 때문이다. 그로부터 몇 주일 지나지 않아 그는 이 세상을 떠나 버리고 말았다. 인간이 스스로 자기 인생의 주인이 되기에는, 인간은 너무나 유한하고도 무력한 존재일 뿐이다.

그러나 창세기 1장 1절의 말씀을 믿을 때, 즉 하나님께서 나의 창조주 되심을 믿을 때, 우리는 하나님의 말씀을 따를 수밖에 없다. 성경을 '피조물을 위한 창조주의 인생사용 설명서'로 인정하게 되는 까닭이다. 이 세상의 모든 제품에는 반드시 그 제품을 만든 제조자가 있기 마련이며, 제조자보다 그 제품에 대하여 더 잘 아는 사람은 있을 수 없다. 이것이 제조자들이 자신들의 제품 속에 제품의 사용 설명서를 넣는 이유이다. 그 사용 설명서를 제대로 읽고 따르는 사람이 제품을 올바르게 사용할 수 있음은 두말할 나위도 없다. 특히 고가품일수록 사람들은 제조자의 설명서를 더 신뢰하고 그 지시를 충실히 따를 뿐, 그 내용에 이의를 제기하지 않는다. 그렇지 않을 경우 그 고가품은 쉬 망가져 버리고 말 것이다. 하나님이 나의 창조주 되심을 믿는 사람 역시, '인생'이란 제품에 대한 창조자의 사용 설명서인 '성경'을 전폭적으로 믿고 의뢰할 뿐, 어떤 이의도 제기치 않는다. 그것만이 인생이란 최고의 고가품을 망가뜨리거나 탕진 혹은 오용하지 않고 영원히 바르게 가꾸는 길임을 아는 까닭이다.

둘째, 하나님은 '부성과 모성을 함께 지니신 분'이시다.

하나님이 자기 형상 곧 하나님의 형상대로 사람을 창조하시되 남자와 여자를 창조하시고(창 1:27).

사람들은 오랫동안 하나님을 위력적인 형상을 지닌 남성상男性像으로 이해해 왔다. 그러나 그것은 하나님의 형상의 한 부분일 수는 있지만 전체인 것은 아니다. 하나님께서 하나님의 형상대로 사람을 창조하시되 남자만을 창조하신 것이 아니다. 만약 그랬더라면, 하나님을 남성상으로 이해해 온 인간의 생각은 타당할 것이다. 하나님께서는 당신의 형상을 따라 남자와 여자를 함께 만드셨다. 이것은 하나님께서 남자만의 형상이 아니심을 뜻함과 동시에, 그렇다고 여자만의 형상도 아니심을 의미한다. 하나님께서는 인간과 달리, 남자와 여자의 형상을 모두 지니고 계신 분이다. 여기서 말하는 '형상'이란 외적 모습이 아닌 속성으로서의 의미이다. 따라서 하나님께서 남자와 여자의 형상을 함께 지니셨다는 것을 다른 말로 표현하면, 하나님께서는 부성父性과 모성母性을 함께 지닌 분이시라는 뜻이다.

하나님께서 이스라엘 백성 앞에 가로막힌 홍해를 단번에 가르시는가 하면, 이스라엘을 침공한 앗수르 산혜립의 대군(18만 5천 명)을 하룻밤 사이에 전멸시키시는 등, 강력한 부성의 소유자란 사실은 우리로 하여금 말할 수 없이 큰 하나님의 위력을 느끼게 해 준다. 그러나 이것만으로는 부족하다. 부성의 특성은 강함이지만, 강한 것은 섬세하지 못하다. 강함이 섬세함과 부드러움을 수반할 때에만 결코 꺾이지 않는 참된 강함일 수 있다. 바로 이것이 하나님께서 부성과 모성을 함께 지니고 계시는 까닭이다.

고열에 시달리는 어린 자식이 밤잠을 설칠 때, 어머니는 아이의 침상에서 뜬눈으로 밤을 새운다. 어린아이의 울음소리만 듣고도, 아이의 표정만 보고도, 아이가 무엇을 원하는지, 그 아이에게 무슨 일이 있었는지 알아차린다. 철길에서 노는 아이를 향해 기차가 덮쳐들 때, 그 사지死地로 뛰어들어 아이와 자기 생명을 맞바꾸는 사람은 언제나 어머니다. 어머니의 사랑은 이처럼 부드럽고 포근하고 그윽하면서도 끝없이 깊기만 하다. 이것은 아버지의 부성이 도저히 흉내 낼 수 없는 모성의 특징이다.

우리 하나님께서 위력적인 부성뿐 아니라 이와 같은 모성을 함께 지니신 분이라는 사실은 얼마나 감동적인가? 모성의 하나님께서는 당신의 모성으로 우리에게 이렇게 말씀하신다.

여호와께서 너로 실족하지 아니하게 하시며 너를 지키시는 이가 졸지 아니하시리로다 이스라엘을 지키시는 이는 졸지도 아니하시고 주무시지도 아니하시리로다(시 121:3-4).

여인이 어찌 그 젖 먹는 자식을 잊겠으며 자기 태에서 난 아들을 긍휼히 여기지 않겠느냐 그들은 혹시 잊을지라도 나는 너를 잊지 아니할 것이라(사 49:15).

어머니가 자식을 위로함같이 내가 너희를 위로할 것인즉 너희가 예루살렘에서 위로를 받으리니(사 66:13).

예루살렘아 예루살렘아 선지자들을 죽이고 네게 파송된 자들을 돌로 치는 자여 암탉이 그 새끼를 날개 아래에 모음같이 내가 네 자녀를 모으려 한 일이 몇 번이더냐 그러나 너희가 원하지 아니하였도다(마 23:37).

모성의 하나님이 아니시고서는 상상조차 할 수 없는 말씀들이다.

내가 아주 어렸을 때의 일이다. 한국전쟁이 끝난 뒤라 모든 물자가 처참하리만치 핍절하던 그때, 장교로 전쟁에 참전한 둘째 자형은 논산에서 근무하고 있었다. 몹시도 춥던 겨울, 나는 어머니를 따라 논산 누님 댁을 방문하였다. 갈 때는 자형의 군용 지프차를 타고 갔는데, 올 때는 사정이 여의치 않아 기차를 타게 되었다. 지금은 고속도로가 뚫려 있어 논산에서 대전까지 10여 분도 채 걸리지 않지만, 그 시절의 완행열차는 몇 번이나 멈추어 선 끝에 무려 한 시간이 지나서야 겨우 대전에 닿았다. 말이 객차이지 실은 화물차와 다름없었다. 난방이 되지 않는 것은 물론이요 좌석은 온통 나무의자였고, 창문들은 여기저기 깨어져 있었다. 그날따라 기온은 영하 20도, 얼마나 추웠는지 모른다. 깨어진 창틈으로 몰아쳐 들어오는 혹한의 바람에 속수무책으로 냉방 객차의 나무의자에 앉아 있어야 한다는 것은, 어린 나에겐 크나큰 고통이었다. 그중에서도 가장 견디기 힘든 것은 얼어붙을 대로 얼어붙어 버린 두 발이었다. 얼마나 발이 시렸던지 참다못한 나는 마침내 울음을 터뜨리고 말았다. 그 모습을 본 어머니는 조용히 당신의 버선을 벗어 내 발에 신겨 주었다. 덕분에 나는 그나마 버틸 수 있었다. 하지만 그 순간부터 어머니는 맨발이었는데도 그때의 나는 그런 것에는 아랑곳하지도 않는 철부지에 불과했다. 마침내 기차가 대전역으로 미끄러져 들어가기 시작했다. 경부선 열차를 갈아타기 위해 내릴 준비를 하려고 일어서는 순간, 아래로 향한 나의 시선에 어머니의 발이 잡혔다. 어머니의 고무신 속 맨발은 이미 새파랗게 얼어 있었다. 그때 어린 내 가슴이 얼마나 아팠는지 모른다. 그 후 어머니는 오랫동안 동상의 후유증에 시달려야 했다.

그때 만약 내 곁에 있던 분이 아버지였다면, 아버지는 발이 시려 우는 내게 "사내가 그 정도도 참지 못하느냐"고 꾸짖든가, "사내대장부는 이런 것도 참을 수 있을 만큼 강해야 한다"고 훈계하든가, 혹은 "당장 일어나

땀이 날 때까지 제자리 뛰기를 해라" 하고 명령했을 것이다. 그것이 부성의 특징이다.

그러나 모성은 다르다. 너 스스로 강해지라고 꾸짖거나 명령하기보다는 자신의 사랑으로 감싸고 품는다. 아니, 자신의 생명을 송두리째 내어 준다. 사랑하는 자식의 발이 따뜻할 수만 있다면, 자신의 발이 얼어 터지는 것쯤은 전혀 문제 삼지 않는다. 이와 같은 모성을 지니신 하나님이시기에, 성자 하나님께서는 사랑하는 나를 살리기 위해 당신의 몸이 터지고 피가 쏟아지는 것을 전혀 문제 삼지 않으셨다. 하찮은 나의 생명을 살리기 위해 당신의 생명 버리기를 조금도 주저치 않으셨다는 말이다. 모성의 하나님이시기 때문이다.

그대가 그대의 모든 연약함에도 불구하고 그 연약함을 딛고 굳세게 일어설 수 있는 것은, 당신의 모성으로 끊임없이 채워 주시는 모성의 하나님께서 그대의 하나님이시기 때문이다.

목사이자 저명한 작가인 존 클레이풀John Claypool이 전하는 이야기 가운데 어느 부부의 외아들에 대한 감동적인 에피소드가 있다.

소년은 크리스마스에 아버지에게 선물하기 위해 몇 주일 동안 학교에서 무엇인가 열심히 만들어 왔다. 드디어 축제의 날이 돌아왔고, 소년은 몹시 흥분된 마음으로 학교에 갔다. 그날은 그동안 자신이 정성스럽게 만들어 온 선물을 아버지에게 드리는 날이었기 때문이다. 부모가 오기를 교실에서 기다리던 소년은 조바심이 났다. 등 뒤로는, 비록 엉성하긴 하지만 정성이 가득 담긴 '값진 보물'을 움켜쥐고 있었다. 소년은 더 이상 교실에서 기다릴 수가 없었다. 기분이 들뜬 소년은 부모를 조금이라도 더 빨리 만나기 위해 교실 밖으로 뛰어나갔다. 그러다 그만 실수로 비틀하면서 넘어지고 말았다. 딱딱한 타일 바닥에 코를 찧었고, 정성스레 만든 선물은 산산조각 나고 말았다. 깨어진 선물보다 더 크게 마음이 상한 소년은, 그만 그 자리에 앉아 펑펑 눈물을 쏟았다. 이를 본 아버지는 달려가 소년을 껴안고 달래며 말했다.

"얘야, 괜찮다. 별일 아니니 걱정 말거라."

그러나 소년에게는 그 말이, 상하고 슬픈 마음을 진정시키는 위로로 전해지지 않았다. 소년은 더욱 슬프게 울었다. 소년의 슬픔을 제대로 이해한 사람은 그의 지혜로운 어머니였다. 어머니는 소년의 손을 잡고 부드럽게 말했다.

"얘야, 정말 큰일이 일어났구나. 이를 어쩌면 좋지? 네가 그토록 열심히 만든 선물이 이처럼 산산이 깨어졌으니……."

이렇게 걱정해 주는 어머니의 말 속에는 소년의 가슴에 와 닿는 그 무엇이 있었다. 소년은 고개를 끄덕이며 울음을 그치고 마음을 가라앉히기 시작했다. 어머니가 자신의 슬픔을 이해해 주었기 때문이다. 그때 어머니가 이렇게 말했다.

"얘야, 지금부터라도 네가 무언가 새롭게 시작하면 좋겠구나. 우리 함께 깨어진 이 조각들을 모아다가, 집에 가서 다시 시작해 보는 게 어떻겠니?"

어머니의 그 섬세한 사랑과 배려로 힘을 얻은 소년이 그 깨어진 조각들로 다시 시작하였음은 물론이다.

그대의 인생이 실패하여 산산조각 났을 때, 그래서 절망의 늪 속에서 남몰래 눈물 흘리고 있을 때, 하나님께서는 그대 등이나 한번 두드리시며 "괜찮으니 걱정 말라"고 말씀하시는 것만으로 그치시는 분이 아니다. 모성의 하나님께서는 그대의 절망 속으로 찾아오셔서 그대와 함께 속상해 하시고 그대와 더불어 아파해 주신다. 그리고 당신의 자비로운 손으로 그대의 손을 어루만지며 이렇게 말씀하신다.

"얘야, 정말 큰일이 일어났구나. 이를 어쩌면 좋지? 네가 그토록 열심히 애쓴 일이 이처럼 산산이 깨어졌으니……. 그러나 얘야, 나는 지금부터라도 네가 무엇인가 새롭게 시작하면 좋겠구나. 이 깨어진 파편들로 나와 더불어 다시 시작해 보지 않으련?"

그대가 어떤 실패의 질곡 속에서도 절망하지 않고 다시 시작할 수 있는 것 역시, 하나님께서 당신의 그 그윽한 모성으로 그대와 함께 계시기 때문이다.

하나님의 모성이야말로 인간을 향한 하나님의 최대의 선물이요, 은총이다. 부성이 결코 미칠 수 없는 이 모성 때문에 로마가톨릭은 예수님의 어머니인 마리아를 신격화하여 '성모 마리아'로 섬기며 모성에 대한 갈구를 충족시키고 있다. 그러나 하나님께서는, 인간 마리아가 흉내 낼 수조차 없는 하나님의 모성을 완벽하게 지니고 계신다. 부성과 모성을 함께 지니신 하나님, 그분만으로도 우리는 족하고도 남는다.

셋째, 하나님은 '복 주시는 분'이시다.

하나님이 자기 형상 곧 하나님의 형상대로 사람을 창조하시되 남자와 여자를 창조하시고 하나님이 그들에게 복을 주시며(창 1:27-28a).

이것은 아담의 계보를 적은 책이니라 하나님이 사람을 창조하실 때에

하나님의 모양대로 지으시되 남자와 여자를 창조하셨고 그들이 창조
되던 날에 하나님이 그들에게 복을 주시고 그들의 이름을 사람이라
일컬으셨더라(창 5:1-2).

　무엇이든 '첫 번째'는 늘 중요하다. 첫 번째는 나머지 모든 것의 성격을
규정한다. 하나님께서 인간을 창조하신 후 제일 먼저 행하신 것은 인간에
대한 요구가 아니었다. 그분이 첫 번째로 행하신 것은 인간에게 '주시는
것'이었다. 대체 무엇을 주셨는가? 그것은 '복'이었다. 며칠 혹은 몇 달이
지나서가 아니라, 사람을 창조하시던 그날 즉시 복을 주셨다. 여기서 우
리는, 하나님께서는 우리에게 복 주시기를 즐겨 하는 분이심을 확인할 수
있다.
　하나님께서 가장 먼저 주기를 주저치 않으셨던 '복'이란 과연 무엇인가?
복은 한마디로 '피조물에 대한 하나님의 애프터서비스_after service'라 정의할
수 있다. 값비싼 물건일수록 애프터서비스는 철저하기 마련이다. 이것 없
이는 제품을 제품답게 효율적으로 사용하기 어렵다. 자동차의 경우 조그
마한 나사가 하나만 풀려도 곧 위험한 흉기가 되고 만다. 그래서 사람들
은 애프터서비스가 보장되지 않는 자동차는 아예 거들떠보지도 않는다.
피조물인 인간은 창조자이신 하나님의 애프터서비스 없이는 사람답게
살아갈 도리가 없다. 그것 없이는 인간이란 서로가 서로를 해치는 흉기가
되기 마련이다.
　이런 의미에서 복을 구하는 것, 즉 기복新福 그 자체는 나쁘지 않다. 이것
을 부정하는 것은 인간이 하나님의 피조물이란 사실 자체를 부정하는 것
이다. 피조물인 인간이 창조주 하나님으로부터 먼저 복을 받은 뒤에 사람

으로 불렀다는 창세기 5장 2절의 말씀을 잊어서는 안 된다. 그러나 어떤 경우에도 기복주의만은 철저하게 배격하여야 한다. 기복주의란 하나님이 아닌 복 그 자체를 목적으로 삼는 것이다. 이것은 자동차 주인이 메이커의 애프터서비스를 자동차의 목적으로 삼는 것처럼 어리석은 일이다. 사람이 자동차를 구입하는 것은 교통수단으로 사용하기 위함이고, 애프터서비스는 그 목적을 충족시키기 위한 수단일 뿐이다. 만약 애프터서비스 자체를 목적으로 삼아 허구한 날 정비소에 세워 두기만 하는 자동차가 있다면, 그것은 이미 자동차가 아니다.

피조물인 인간의 목적은 언제나 창조주 하나님이다. 하나님의 영광을 위한 삶―그것이 인간의 삶의 목적이고, 복은 그 목적을 이루기 위한 수단으로서 하나님에 의해 주어지는 은총이다. 이 사실을 망각하고 복 그 자체를 목적으로 삼는 사람은, 애프터서비스를 목적으로 삼은 자동차가 자동차일 수 없듯, 사람다운 사람으로 살아갈 수 없다. 그는 하나님과 무관한, 비인격적인 복이란 우상을 섬기는 우상숭배자에 불과할 뿐이다. 우상이야말로 인간을 철저하게 파괴하는 흉기다.

그대는 복을 사랑할 것이 아니라, '복을 주시는 하나님'을 사랑해야 한다.

넷째, 하나님은 '훈련시키시는 분'이시다.

> 여호와께서 아브람에게 이르시되 너는 반드시 알라 네 자손이 이방에서 객이 되어 그들을 섬기겠고 그들은 사백 년 동안 네 자손을 괴롭히리니(창 15:13).

하나님께서 아브람(아브라함의 옛 이름)에게, 앞으로 태어날 그의 자손이 이집트에서 노예살이할 것을 밝히셨다. 아브라함의 자손이라면 곧 이스라엘 민족을 의미한다. 이스라엘 민족은 하나님께서 특별히 선택하신 민족, 하나님께서 지극히 사랑하신 하나님의 '선민選民'이다. "이스라엘을 지키시는 이는 졸지도 아니하시고 주무시지도 아니하신다"(시 121:4)고 말씀하신 바로 그 이스라엘 민족이다. 하나님께서 이렇듯 사랑하시고 그토록 지키시는 이스라엘이라면, 이스라엘 민족은 대궐 같은 집에서 호의호식하며 비단금침으로 잠을 자야 마땅할 것 같다. 그러나 이스라엘 민족이 아직 형성되기도 전에 하나님께서 그들을 위하여 예비하신 것은 혹독한 노예 생활이었다. 그 이유는 대체 무엇인가? 하나님께서는 당신의 사랑하시는 자녀를 반드시 '훈련시키시는 분'이기 때문이다.

왜 사병보다 장교가 더 길고도 심한 훈련을 받아야 하는가? 고도의 훈련 받은 사람만 강한 사람이 될 수 있고, 또 지도자가 될 수 있기 때문이다. 제아무리 능력을 타고난 사람이라도 훈련이 없다면, 그 사람의 능력은 감퇴하거나 소멸될 수밖에 없다. 험산준령을 정복하는 데 왕도란 있을 수 없다. 훈련만이 비결이다. 나는 이제껏 훈련받지 않은 사람이 올림픽에서 메달을 땄다는 얘기를 들어 본 적이 없다.

대학 졸업 직후, 유대인 회사에서 직장 생활을 시작했을 때의 일이다. 매일 밤 12시면 통행금지가 실시되던 그 시절, 새벽같이 사무실에 출근하여 하루 종일 쉴 틈 없이 일하고 귀가하면 어김없이 밤 12시였다. 그런 날이 하루 이틀도 아니고 허구한 날 계속되었지만, 사정이 개선될 기미는 전혀 보이지 않았다. 알고 보니, 새벽부터 밤늦도록 나 홀로 처리하고 있는 업무량을 다른 회사에서는 세 사람이 맡고 있었다. 그 사실을 확인하자 더 이상 참을 수가 없었다. 마침내 나는 유대인 책임자를 만나 내게 보조 직원을 뽑아 주든지, 아니면 나의 사표를 받든지, 양자택일할 것을 요구했다. 그때 유대인 책임자가 내게 한 말은 다음과 같았다.

"미스터 리, 집에서 편안하게 지내던 청년들을 군에서 불러냅니다. 철모를 씌우고, 배낭과 총을 메게 하고, 수통을 차게 하고, 군화를 신긴 다음 뛰게 합니다. 그 상태로는 누구도 당장은 제대로 뛰지 못합니다. 그러나 몇 주간의 훈련을 거치면 청년들은 아무 어려움 없이 뛸 수 있게 됩니다. 또 몇 달이 지나면, 그들은 뛰면서도 그 무거운 장비들의 무게를 전혀 느끼지 않게 됩니다. 그렇게 잘 훈련된 사람도 한 달만 가만히 방에 누워 편안히 쉬게 하면, 그는 장비를 메지 않았는데도 마음먹은 대로 뛸 수 없게 됩니다.

훈련은 이렇듯 중요하고, 훈련받은 사람만 다른 사람을 훈련시키고 통솔할 수 있습니다. 나는 미스터 리가 사병이 아니라 장군이 되기를 원합니다. 나는 미스터 리에게 철모와 배낭, 총과 수통 그리고 군화를, 쓰고 메고 신게 했습니다. 그것이 얼마나 힘든지 나도 잘 알고 있습니다. 그러나 미스터 리가 장군이 되기 원한다면 계속 뛰어야 합니다. 미스터 리가 그 과정을 거치지 않으면, 설령 사람들을 붙여 주어도 미스터 리는 그들을 통솔할 수 없습니다. 내가 현재 미스터 리의 상관인 것은, 나 역시 미스터 리와 같은 나이에 동일한 훈련을 거쳤기 때문입니다."

그의 말이 끝났을 때, 더 이상 대꾸할 말을 찾지 못한 나는 그의 방을 나오고 말았다. 그 후에도 인정사정없는 그의 강훈련은 한동안 계속되었다. 그리고 마침내 그의 훈련이 끝났을 때, 그는 내가 기대했던 것보다 더 많은 보조 직원들을 뽑아 주었다. 그 덕분에 지금까지 나는 세상을 살아오면서 어떤 일이든 일을 두려워해 본 적이 없다. 내 인생의 초창기에 강훈련을 통해 나를 그토록 단련시켜 준 유대인들에 대한 나의 감사는 앞으로도 사라지지 않을 것이다.

하나님께서 당신의 자녀인 우리를 훈련시키시는 까닭은 우리를 사랑하시기 때문이다. 하나님께서는 우리를 무기력하고 무능한 자로 방치하시지 않고, 우리가 모두 하나님의 강하고도 성숙한 도구들이 되기를 원하신다. 그러므로 하나님의 훈련 앞에 우리 자신을 온전히 내려놓음으로 우리는 하나님의 강인한 일꾼, 하나님과 사람으로부터 신뢰받는 성숙한 지도자가 될 수 있다. 모세가 광야에서 40년이나 고독한 훈련을 받은 것도, 다윗이 사울 왕의 칼날을 피해 심지어 미친 시늉까지 해야 할 정도로 가혹한 훈련을 받은 것도, 모두 같은 이유에서였다. 모세와 다윗이 하나님의 훈련에 자신들을 온전히 내맡김으로 우리가 아는 바와 같은 위대한 신앙 지도자들이 될 수 있었음은 두말할 나위도 없다.

그대가 하나님의 자녀이면서도 아직까지 하나님의 훈련을 받아 본 적이 없다면, 그대는 성숙한 하나님의 자녀일 수 없다. 이 말의 의미는, 그대가 지금 전혀 예상하지 않은 시련과 어려움에 처해 있다면, 그것이야말로 그대를 훈련시키려는 하나님의 손길임을 믿으라는 뜻이다. 하나님께서 그대의 신앙을 한 차원 높이 끌어올리기 시작하셨음을 깨달으라는 말이다. 그러므로 당면한 시련을 피하려 하지 말라. 그 시련에 적극적으로 맞서라. 하나님께서는 필히 그대를 아브라함처럼, 모세와 다윗처럼 우뚝 세워 주실 것이다.

하나님의 훈련에 대해 생각할 때마다 마음속에 떠오르는 경구가 있다.

Don't pray for an easy life, but pray to be a strong man.

편안한 삶을 위하여 기도하지 말고, 강한 사람이 되기 위하여 기도하라.

예수 그리스도를 믿는 사람은 모두 구원을 얻는다. 그러나 구원받은 사람이 모두 하나님의 신뢰받는 일꾼이 되는 것은 아니다. 그것은 끝까지 하나님의 훈련을 감당할 때에만 가능하다. 성경에 등장하는 모든 신앙 인물들은 예외 없이 하나님의 훈련을 거친 사람들이다. 이 사실을 믿는 사람만 하나님의 훈련에 기쁨으로 자신을 내어 놓는다. 앞에서 언급했듯이, 다윗이 사울 왕의 칼날로부터 오직 생존하기 위해 미친 시늉마저 해야 할 정도로 혹독한 훈련을 받을 때, 그는 하나님을 원망하기는커녕 오히려 이렇게 찬양하였다.

> 여호와의 천사가 주를 경외하는 자를 둘러 진 치고 그들을 건지시는 도다 너희는 여호와의 선하심을 맛보아 알지어다 그에게 피하는 자는 복이 있도다 너희 성도들아 여호와를 경외하라 그를 경외하는 자에게는 부족함이 없도다 젊은 사자는 궁핍하여 주릴지라도 여호와를 찾는 자는 모든 좋은 것에 부족함이 없으리로다(시 34:7-10).

침을 질질 흘리며 미친 시늉을 하지 않고서는 생명을 부지할 수조차 없던 그 처참한 상황 속에서, 다윗은 어찌 이렇듯 온 마음을 다해 하나님을 찬양할 수 있었던가? 훈련자이신 하나님께서 자신을 더욱 강한 사람으로 친히 훈련시켜 주고 계심을 굳게 믿었기 때문이다. 이 믿음이 다윗으로 하여금 하나님의 훈련을 기꺼이 받아들이게 해 주었고, 그 결과 다윗은 하나님으로부터 가장 사랑받는 이스라엘 왕이 되었을 뿐 아니라, 오늘날 이스라엘 국기에 '다윗의 별'이 새겨질 정도로 시공을 초월하여 사람들로부터도 존귀함을 얻고 있다.

그대는 이제부터 단지 편안한 삶만을 위하여 기도하지 말고, 하나님의 훈련 속에서 강하고 성숙한 그리스도인이 되기 위해 기도해야 한다. 역사는 늘 그런 사람들에 의해 새로워진다.

다섯째, 하나님은 '전능하신 하나님'이시다.

> 아브람의 구십구 세 때에 여호와께서 아브람에게 나타나서 그에게 이르시되 나는 전능한 하나님이라 너는 내 앞에서 행하여 완전하라
> (창 17:1).

하나님께서 인간에게 당신의 속성을 최초로 계시해 주신 구절이다. 하나님께서 우리에게 제일 먼저 당신의 전능하심을 계시해 주신 것은 얼마나 감사한 일인가? 만약 하나님께서 당신의 사랑만을 강조하시는 하나님이시라면, 하나님과 인간은 별 차이가 없을 수도 있다. 인간도 자기 자식을 자신의 생명처럼 사랑하는 까닭이다. 그렇지만 하나님께서 전능하시기에 하나님의 사랑은 인간의 사랑과 구별된다. 인간이 아무리 자식을 사랑해도 늙어지면 도리어 자식의 부양을 받아야 한다. 하지만 하나님께서는 전능자시기에 하나님의 사랑은 시공을 초월하여 변함이 없으며, 언제나 완전무결한 사랑이실 수 있다.

하나님께서 제일 먼저 당신의 전능성을 인간에게 계시해 주신 것은, 상

대적으로 인간은 유한한 존재임을 일깨워 주신 것이다. 돈 자랑은 돈 없는 사람 앞에서만 가능하다. 자기보다 돈이 많은 사람 앞에서 돈 자랑을 하다가는 상대의 비웃음만 살 뿐이다. 인간 역시 하나님처럼 전능한 존재라면, 하나님께서 당신의 전능하심을 먼저 내세우시지는 않았을 것이다. 하나님께서 당신의 전능성을 강조하신 것은 인간이 유한한 존재이기 때문이다. 그러므로 전능하신 하나님과 바른 관계를 맺기 위해서는 먼저 자신의 유한함을 잊지 말아야 한다. 얼마나 많은 사람들이 자신의 유한함을 망각한 채 마치 전능자인 것처럼 살아가느라, 전능하신 하나님을 외면하고 있는가? 그러나 과연 인간이 전능한 존재일 수 있는가?

1990년 봄, 둘째 아이가 강남 YMCA 2층에서 떨어진 적이 있다. 온 입이 피투성이가 된 아이를 데리고 영동세브란스병원 응급실로 갔을 때, 아이의 양 턱뼈가 부러지고 아래턱과 입술 그리고 잇몸이 찢어졌다는 진단이 나왔다. 무엇보다도 계속 출혈 중인 아래턱과 입술 그리고 잇몸을 꿰매는 응급수술을 받아야 했다. 그러나 아이에게 마취를 할 수가 없었다. 높은 곳에서 떨어졌기에 혹 뇌에 충격이 갔을 경우 마취에서 깨어나지 못할 수도 있기 때문이었다. 뇌의 충격 여부를 확인하려면 상당한 시간이 필요하여, 어쩔 수 없이 아이의 맨살을 꿰매는 수술이 시작되었다. 아이의 온몸을 침대 시트로 싸 감고, 나를 포함한 장정 세 명이 아이의 머리, 몸통, 그리고 다리 부분을 있는 힘을 다해 움켜잡았다. 마취 없이 수술받는 아이가 움직이지 못하게 하기 위함이었다. 나중에 보니, 아이의 머리를 잡았던 부위에 피멍이 들었을 정도로 어른들은 힘을 다했다. 바늘이 맨살을 꿰뚫을 때마다 아이의 몸이 마치 도마 위의 생선처럼 튀었던 까닭이다. 나는 그때 아이의 다리를 누르고 있었는데, 자연히 나의 눈이 아이의 눈과 마주치게 되었다. 수술이 계속되는 한 시간 내내 그 아이는 애절한 눈초리로 나를 쳐다보며, "아빠, 나 좀 꺼내 주세요" "아빠, 나 좀 꺼내 주세요" 하며 목이 쉬어라 울부짖었다. 사랑하는 자식의 처절한 울부짖음에 어찌 아비 된 나의 마음이 편할 리 있었겠는가? 아이가 울부짖을 때마다 나의 가슴이 갈가리 찢어졌다. 아이의 턱과 잇몸에 바늘이 들어갈 때마다 나의 턱이 아프고 나의 잇몸이 아렸다. 그러나 나는 "승국아, 이제 곧 끝나. 조금만 더 기다려"라는 말 외에는, 자식을 위해 해 줄 수 있는 것이 아무것도 없었다. 나의 일생에서 그 순간보다 나의 무력함을 더 통감했던 적은 없었다. 그 아이는 눈에 넣어도 아프지 않을 나의 사랑하는 아들이다. 그 아이가 태어나던 날, 나는 얼마나 감격했는지 모른다. 갓 태어난 아이의 얼굴을 들여다보며, 그 아이에게 유익한 것이라면 내가 할 수 있는 것은 무엇이든 다 해 주리라 마음먹었었다. 그러나 그 아이가 나의 도움을 가장 절실하게 요청했을 때, 한 시간이나 지속된 마취 없는 수술의 고통으로부터 그 아이를 구해 낼 방도가 내게는 전혀 없었다.

참으로 인간은 무력하고 유한한 존재다. 모든 것을 다 할 수 있을 것 같으나, 가장 중요한 것은 실은 아무것도 하지 못한다. 사랑하는 자식이 위급함에 빠졌을 때 그의 구원자가 될 수 없음은 차치하더라도, 자신의 생명과 직결된 물 한 방울 공기 한 모금도 만들지 못한다. 이처럼 무력하고, 무능하며, 유한한 인간에게, '전능하신' 하나님께서 친히 아버지 되어 주신다는 것은 얼마나 기쁜 소식인가? 전능하시다 함은, 하지 못하시는 것이 하나도 없다는 말이다. 우리는 우리 아버지 되시는 하나님의 그 전능성을 힘입어 인간의 모든 유한함을 뛰어넘게 된다.

그렇다면 하나님의 전능하심은 어디서 가장 구체적으로 드러나는가? 보석을 뿌린 듯 수많은 별들이 빛나는 밤하늘에서인가? 아니면 끝도 없이 펼쳐진 신비스런 바다 속에선가? 그 모든 것 역시 하나님의 전능성을 아낌없이 드러내고 있음은 분명하다. 그러나 하나님의 전능성은 나 같은 죄인을 살리시고, 새사람이 되게 하셨다는 데에서 가장 극명하게 드러난다. 이 세상에서 가장 큰 기적이 있다면 나 같은 죄인이 구원받았다는 것이요, 그것은 하나님의 전능성이 이룬 기적 중의 기적이다. 이 세상 그 누구도 모르지만, 나 자신만은 내가 얼마나 흉측한 삶을 살아왔는지 너무나도 잘 알고 있다. 나는 나의 추악한 과거에 대한 가장 확실한 증인이다. 하나님의 전능하심이 아니었던들, 나는 그 과거로부터 결코 목사가 될 수 없었을 것이다.

하나님께서 영원한 죽음의 구렁텅이로부터, 사망과 죄의 노예인 그대를 구원해 내셨다. 어떻게 그런 불가능한 일이 가능할 수 있었는가? 두말할 것도 없이, 그분께서 전능하신 하나님이시기 때문이다. 영원한 죽음으로부터 그대를 살려 내실 정도로 전능하신 하나님이시라면, 하나님께서 당신의 전능하심으로 살려 내신 그대의 일평생 또한 책임져 주시지 않겠는가? 그래서 하나님께서 그대에게 이렇게 말씀하고 계신다.

나는 전능한 하나님이라 너는 내 앞에서 행하여 완전하라(창 17:1b).

하나님께서는 그대 홀로 완전하라고 하시지 않았다. 하나님 당신 앞에서 행함으로 완전하라고 말씀하셨다. 전능하신 하나님께서 그대에게 "내 앞에서 행하라" 말씀하신 것은, 하나님께서 곧 그대의 뒤에서 그대의 백그라운드background 되어 주시겠다는 의미이다. 그렇다. 하나님께서 그대의 백그라운드 되어 주실 때, 그대는 그분을 힘입어 완전할 수 있다. 그대 뒤에 계시는 그분은, '전능하신 하나님'이신 까닭이다.

여섯째, 하나님은 '예비하시는 하나님'이시다.

어느 날 하나님께서 아브라함을 부르셨다. 그리고 100세에 얻은 그의 아들 이삭을 하나님께 번제로 바칠 것을 명령하셨다. 사랑하는 아들을 번제로 잡는다는 것은 상식적으로는 수행 불가능한 명령이었지만, 아브라함은 단 한 마디 이의도 제기하지 않고 순종하였다. 하나님을 온전히 믿었기 때문이다. 아브라함은 하나님께서 가나안 땅을 그의 아들 이삭에게 주신다고 약속하셨으므로 어떤 경우에도 이삭을 죽이지 않으시리라는 것과, 설령 이삭이 죽는다 해도 하나님께서 당신의 약속을 위해 반드시 다시 살려 주시리라는 것을 굳게 믿었다. 이와 같은 믿음으로 아브라함이 이삭을 하나님께 번제로 바치려 하였을 때, 아브라함이 믿었던 대로 하나님께서는 이삭을 그냥 죽게 내버려 두시지 않았다. 하나님께서 이삭 대신 제물로 쓰일 양을 이미 그곳에 예비해 두셨던 것이다. 그 사실을 확인하는 순간 아브라함은 다음과 같이 고백하였다.

> 아브라함이 눈을 들어 살펴본즉 한 숫양이 뒤에 있는데 뿔이 수풀에 걸려 있는지라 아브라함이 가서 그 숫양을 가져다가 아들을 대신하여 번제로 드렸더라 아브라함이 그 땅 이름을 여호와 이레라 하였으므로 오늘날까지 사람들이 이르기를 여호와의 산에서 준비되리라 하더라(창 22:13-14).

'여호와 이레'란 여호와 하나님께서 준비하고 예비하신다는 의미이다.

사글셋방에 사는 부부도 해산달이 가까워지면 태어날 자식을 위해 기저 귀며 옷가지 등을 미리 준비하기 마련이다. 또 자식이 장성하여 혼기가 가까워지면 정성껏 혼숫감을 준비하기도 한다. 적어도 정상적인 부모라면 이것이 인지상정이다. 하물며 그대를 창조하신 창조주 하나님, 그대를 죽음의 구렁텅이에서 살려 내시고 구원해 주신 전능자 하나님, 그 하나님께서 어찌 그대를 위해 그대에게 필요한 모든 것을 미리 준비하고 예비하시지 않겠는가?

나의 지난 삶 속에서 '여호와 이레' 하나님께서 나를 위해 예비해 주신 것들이 얼마나 많고도 아름다웠던지는 《믿음의 글들, 나의 고백》을 통해 상세하게 밝힌 바 있다. 그러나 어찌 그뿐이랴? 그런 고백은 헤아릴 수 없이 많다.

신학교에 들어가기 전 나는 일평생 돈을 모으기 위한 통장을 갖지 않을 것과, 내 이름으로 등기된 집을 소유하지 않을 것을 결심하고 아내의 동의를 얻었다. 그때는 아내가 오래전부터 부어 오던 적금을 찾기 직전이었다. 주부가 적금을 들 때에는 얼마나 야무진 계획이 있고, 또 적금의 만기가 이르면 얼마나 꿈에 부풀어 있겠는가? 그러나 아내는 이왕이면 그 돈부터 하나님께서 기뻐하실 곳에 쓰기를 원했다. 그래서 형편이 어려운 신학생들을 위해 그 돈을 고스란히 신학교로 보내었다.

아내와 나는 그 돈의 혜택을 받은 신학생들이 누군지 알지 못한다. 그들도 우리를 알지 못한다. 하지만 생각해 보라. 하나님께서는 얼굴도 이름도 알지 못하는 그 신학생들을 위해 아내로 하여금 몇 년 전부터 적금을 들도록 예비하셨다. 더욱이 아내가 적금을 붓기 시작했을 때는 그 신학생들이 신학교에 입학하기도 전이었다. 그리고 몇 년 후 그 적금이 신학생들을 위해 모두 쓰이리라고는 아내 자신도 상상조차 못한 일이었다. 그들이 신학교에 입학하기도 전에 그들을 위하여 아내를 도구 삼아 그들의 등록금을 미리 예비하시는 하나님, 바로 그분이 '여호와 이레' 하나님이시다. 이처럼 오묘하신 '여호와 이레' 하나님께서 내게 베풀어 주신 은혜를 일일이 고백하려면 며칠 밤을 새워도 모자랄 것이다. 모든 것을 예비해 주시는 하나님의 은총이 아니었던들, 내가 지금 이런 모습으로 이 책을 쓰고 있다는 것은 절대로 불가능할 것이기 때문이다.

지금 그대 눈에 아무것도 보이지 않는다고 근심하지 말라. 현재 그대 손에 잡힌 것이 없음으로 인해 절망하지도 말라. 우리 하나님께서는 시공을 초월하는 전능자시다. 그분은 그대가 생각하기도 전에, 그대의 생각보다 훨씬 더 좋은 것을 이미 그대를 위하여 예비해 두고 계신다. 그분이 작정하신 때에 그것을 그대에게 주시기 위해 그분은 지금 이 순간에도 숱한 사건을 연출하시고, 수많은 사람의 마음을 감동시키고 계신다. 두려워 말라. 근심치도 말라. 하나님의 나라와 그의 의를 먼저 구하라. 다시 말해 하나님과의 바른 관계를 먼저 확립하라. 때가 이르면, '여호와 이레' 하나님께서 그대를 위해 친히 예비하신 것들을 한 치의 오차도 없이 그대 품에 안겨 주실 것이다.

일곱째, 하나님은 '언제나 함께하시는 하나님'이시다.

> 내가 너와 함께 있어 네가 어디로 가든지 너를 지키며 너를 이끌어 이 땅으로 돌아오게 할지라 내가 네게 허락한 것을 다 이루기까지 너를 떠나지 아니하리라(창 28:15).

자식에 대한 부모의 사랑은 말로 표현할 수 없을 정도로 넓고도 깊다. 그러나 부모가 아무리 자식을 사랑해도 언제나 자식과 함께 있을 수는 없다. 인간은 시간과 공간의 지배 아래 있기 때문이다. 아빠가 직장에서 일하는 동안 그는 자식과 함께 있을 수 없다. 엄마가 만사를 제쳐 놓고 학교에서 공부하는 자식 곁에 붙어 있을 수도 없다. 비록 한 지붕 밑에 산다 한들, 부모가 매일 밤 뜬눈으로 자식을 지킬 수 있는 것도 아니다. 더욱이 부모 자식은 언젠가는 반드시 헤어져야 한다. 사랑하는 자식을 남겨 두고 부모가 먼저 떠나는 것, 그것이 인간의 인생이다.

그러나 시간과 공간을 초월하는 하나님께서는 영원한 분이시기에 영원토록 우리와 함께하신다. 게다가 하나님께서는 전능하시기에, 우리와 함께하시면서도 인간처럼 졸거나 주무시지도 않는다. 이것이 하나님께서 우리를 향하여 "내가 너와 함께 있어 네가 어디로 가든지 너를 지키며 내가 네게 허락한 것을 다 이루기까지 너를 떠나지 않으리라"고 굳게 약속하시는 까닭이다.

대체 하나님께서는 어떻게 우리와 함께하고 계시는가?

> 여호와께서 너희 앞에서 행하시며 이스라엘의 하나님이 너희 뒤에서 호위하시리니 너희가 황급히 나오지 아니하며 도망하듯 다니지 아니하리라(사 52:12).

하나님께서는 우리 앞에서 행하실 뿐 아니라, 우리 뒤에서도 우리를 호위하시면서 우리와 함께하신다. 어떻게 하나님께서 우리 앞에도 계시고 뒤에도 계실 수 있는가? 이 세상에 수십억의 인구가 있는데, 어떻게 하나님께서 그 모든 개개인의 앞뒤에 개별적으로 계실 수 있단 말인가? 그것은 진리의 빛이신 하나님께서 시간과 공간을 초월하는 영이시기에 가능하다.

먼저 방 안의 전깃불을 생각해 보자. 어두워지면 전등에 불을 켠다. 그때 불빛이 어디에 있는가? 그대 앞이나 뒤, 어느 한쪽에만 있는 것이 아니다. 불빛은 그대 앞에도 있고, 그대 뒤에도 있고, 그대 옆에도 있다. 방 안에서 어디로 움직여도 불빛은 그대와 함께하고 있다. 그대가 방 안에 있는 한, 불빛이 그대를 감싸고 있는 것이다. 그러나 그대가 방문을 나서는 순간부터 그 빛은 더 이상 그대와 함께하지 못한다. 방 안의 불빛은 벽이라는 장애물을 뛰어넘지 못하는 까닭이다.

이번에는 태양빛을 생각해 보자. 태양빛의 위력은 전기 불빛과는 비교가 되지 않는다. 하늘에 태양이 떠 있는 한 그대가 백 리를 가도 그 빛은 그대 앞에서, 그대 뒤에서, 그대 옆에서 그대와 함께한다. 그대가 기차를 타고 부산으로 가면 태양도 그대를 따라 부산으로 간다. 같은 시간에 서울로 올라오는 사람의 입장에서 보면 태양은 자신과 함께 서울로 향한다. 집 안으로 들어가도 그 빛은 그대를 떠나지 않는다. 그대가 낮잠을 즐기는 동안에도 그 빛은 그대를 감싸고 있다. 그러나 그대가 땅속으로 들어가면 그 빛은 더 이상 그대와 함께하지 못한다. 시간이 지나 밤이 되면, 그대가 설령 땅 위에 있어도 그 빛은 그대와 무관해진다. 그대 앞이나 뒤, 그 어디서도 그 빛을 찾을 수는 없다. 태양빛 역시 시간과 공간의 지배를 받는 까닭이다.

그러나 영이신 하나님께서는 시간과 공간을 지배하는 분이시다. 다시 말해 시간과 공간을 초월한 진리의 빛이시다. 땅속이든, 바다 아래든, 하늘 위든, 그 빛이 이르지 않는 곳은 없다. 과거에서 미래를 거쳐 영원에 이르기까지 그 빛이 닿지 않는 시간 또한 없다. 그래서 영이신 하나님께서는 그대가 언제 어디에 있든 언제나 그대와 함께 계신다. 낮 동안 태양빛이 땅 위의 모든 사람을 감싸고 있는 것처럼, 이 세상에 수십억의 인구가 있을지라도 영이신 하나님께서는 그 모든 사람을 개별적으로 품고 계신다. 한마디로 하나님께서는 언제 어디서나 그대와 동행하시는 분이다. 이 사실을 터득한 다윗은 다음과 같이 하나님을 찬양하였다.

주께서 나의 앞뒤를 둘러싸시고 내게 안수하셨나이다 이 지식이 내게 너무 기이하니 높아서 내가 능히 미치지 못하나이다 내가 주의 영을 떠나 어디로 가며 주의 앞에서 어디로 피하리이까 내가 하늘에 올라갈지라도 거기 계시며 스올에 내 자리를 펼지라도 거기 계시니이다 내가 새벽 날개를 치며 바다 끝에 가서 거주할지라도 거기서도 주의 손이 나를 인도하시며 주의 오른손이 나를 붙드시리이다(시 139:5-10).

하나님께서 언제나 나와 함께 동행하시는 분임을 알았다면, 여기서 우리는 보다 중요한 사실을 깨닫게 된다. 사람들은 자신의 뜻이 이루어지지 않거나 자기 계산과 어긋나는 결과가 주어졌을 때, 뜻하지 않은 재난이나 불행이 닥쳤을 때, 이내 근심하며 절망에 빠져 버린다. 그러나 하나님을 진정으로 믿는 사람에게는 어떤 경우든 낙망이나 절망이 있을 수 없다. 생각해 보라. 하나님께서 그대와 함께하심에도 그대에게 그런 일이 일어났다면, 그것이 불행일 리가 만무하다. 그대와 함께 계시는 하나님께서 그대에게 불행을 주시려 그런 상황을 허락하셨을 까닭이 없다는 말이다. 그것은 그대를 사랑하시는 하나님께서, 하나님의 방법으로 그대를 새롭게 빚어, 그대에게 더 좋은 것을 주시기 위함이다.

욥은 하루아침에 모든 것을 잃었다. 재산, 가정, 명예, 건강, 자식 등 지니고 있던 모든 것을 잃었다. 절망할 수밖에 없는 비참한 상황에 빠진 것이다. 만약 욥이 하나님과 무관한 상황에서 그런 일이 벌어졌다면 그것은 암담한 불행 이외의 것일 수 없다. 중요한 것은 하나님께서 그와 함께 계신 중에 그런 사건들이 터졌다는 사실이다. 그래서 그것은 불행일 수 없었다. 도리어 연단을 통해 욥을 더 크고 아름답게 세우시려는 하나님의 은총이었다.

다시스로 향하던 요나가 폭풍의 바다 속으로 내던져졌다. 절체절명의 순간이었다. 하나님께서 요나를 버리셨기에 요나에게 그런 일이 일어났는가? 오히려 그 반대다. 요나는 하나님을 외면했지만 하나님께서는 여전히 요나와 함께하고 계셨다. 그래서 요나에게 그것은 절망일 수 없었다. 그것은 요나가 가야 할 자리, 있어야 할 자리인 니느웨로 그를 인도해 주시려는 하나님의 사랑의 손길이었다.

언제 어디서나 자신과 동행해 주시는 하나님을 믿는 사람만 '범사에' 감사할 수 있고, "무슨 일을 만나든지 만사형통하리라"고 노래할 수 있다. 하나님께서 지금 자신과 동행하고 계심을 믿기에 자신이 무슨 일을 당하든, 그 결과는 반드시 하나님에 의한 자신의 유익함으로 귀결될 것을 믿는 까닭이다. 그래서 다윗은 다음과 같이 하나님을 찬양하였다.

> 내가 사망의 음침한 골짜기로 다닐지라도 해를 두려워하지 않을 것은 주께서 나와 함께하심이라 주의 지팡이와 막대기가 나를 안위하시나이다(시 23:4).

다윗은 사망의 음침한 골짜기에 떨어져서도 두려워하거나 근심하지 않았다. 오히려 그 상황 속에서 하나님을 찬양하였다. 하나님께서 자신과 함께 계심에도 자신이 사망의 골짜기에 이르게 되었다면, 그 골짜기야말로 하나님께서 자신으로 하여금 하나님의 구원의 막대기와 지팡이를 경험하게 해 주시려는 은총의 골짜기임을 알았던 것이다.

그대는 지금 어떤 상황으로 인해 절망하며 근심하고 있는가? 천지를 지으신 하나님께서 지금 이 순간 그대와 동행하고 계심을 잊지 말라. 하나님께서 그대에게 현재의 상황을 주셨다면, 그것은 그대에게 불행이 아니라 행복을 주시기 위함임을 기억하라. 하나님을 믿는다면서도 스스로 하나님이 되어, 하나님의 능력과 계획을 제한하고 재단하는 어리석음을 더 이상 범치 말라. 그대의 생각이나 계획과는 비교 자체가 불가능한, 전능하신 하나님의 뜻과 섭리를 끝까지 신뢰하라. 하나님께서 작정하신 때가 이르면, 그대와 동행하시는 창조주 하나님의 뜻과 계획이 그대의 삶 속에 반드시 결실될 것이다.

> 이는 내 생각이 너희의 생각과 다르며 내 길은 너희의 길과 다름이니라 여호와의 말씀이니라 이는 하늘이 땅보다 높음같이 내 길은 너희의 길보다 높으며 내 생각은 너희의 생각보다 높음이니라(사 55:8-9).

그대와 동행하시는 하나님과 그대의 이런 차이를 인정하고 받아들이는 것이 순종이요 믿음이다. 그리고 이 믿음의 터전 위에서만, 그대의 절망과 근심 그리고 두려움은 종식된다. 다시 말해 이 믿음의 기초 위에서만, 그대는 참된 평강과 소망 그리고 행복을 누릴 수 있다.

여덟째, 하나님은 '져 주시는 하나님'이시다.

> 밤에 일어나 두 아내와 두 여종과 열한 아들을 인도하여 얍복 나루를 건널새 그들을 인도하여 시내를 건너가게 하며 그의 소유도 건너가게 하고 야곱은 홀로 남았더니 어떤 사람이 날이 새도록 야곱과 씨름하다가 자기가 야곱을 이기지 못함을 보고 그가 야곱의 허벅지 관절을 치매 야곱의 허벅지 관절이 그 사람과 씨름할 때에 어긋났더라 그가 이르되 날이 새려 하니 나로 가게 하라 야곱이 이르되 당신이 내게 축복하지 아니하면 가게 하지 아니하겠나이다 그 사람이 그에게 이르되 네 이름이 무엇이냐 그가 이르되 야곱이니이다 그가 이르되 네 이름을 다시는 야곱이라 부를 것이 아니요 이스라엘이라 부를 것이니 이는 네가 하나님과 및 사람들과 겨루어 이겼음이니라 야곱이 청하여 이르되 당신의 이름을 알려 주소서 그 사람이 이르되 어찌하여 내 이름을 묻느냐 하고 거기서 야곱에게 축복한지라 그러므로 야곱이 그곳 이름을 브니엘이라 하였으니 그가 이르기를 내가 하나님과 대면하여 보았으나 내 생명이 보전되었다 함이더라(창 32:22-30).

위 본문에서 야곱의 씨름 상대였던 '어떤 사람'은 하나님이셨다. 그래서 야곱은 그곳을 '브니엘'이라 이름 지었다. '하나님의 얼굴'이란 의미였다. 그날 야곱이 하나님과 벌인 씨름의 결과는 야곱의 승리였다. 하나님께서 승리한 야곱에게 '이스라엘'이란 새 이름을 내려 주셨는데, '하나님과 겨루어 이겼다'는 뜻이다. 도대체 하찮은 인간이 어떻게 전능하신 하나님을 이길 수 있다는 말인가? 천지를 창조하신 하나님께서 미물에 지나지 않는 인간에게 어찌 패배하실 수 있는가? 그 해답은 지극히 간단하다. 하나님 아버지께서 져 주셨기 때문이다.

내게는 네 명의 사내아이들이 있다. 아이들이 어릴 적에 종종 씨름이나 레슬링을 하자며 내게 덤벼들었다. 결과는 언제나 아이들의 백전백승이었다. 열 살도 되지 않는 아이들이 나보다 강하기에 늘 나를 이긴 것은 결코 아니다. 그것은 아빠인 내가 언제나 져 주었기 때문이다. 만약 내가 힘을 다해 아이들을 제압한 뒤 두 팔을 치켜들고 승리의 만세를 부른다면, 나는 온전한 정신을 지닌 아빠가 아닐 것이다. 이 세상의 모든 아빠는 아빠이기에, 어린 자식과의 씨름에서 언제나 져 주기 마련이다.

하나님께서도 이와 같으시다. 연약하기 짝이 없는 인간을 이기고 기뻐하는 하나님이라면 참된 하나님일 수 없다. 하나님께서는 하나님이시기에 연약한 인간에게 늘 져 주신다. 이것이 하나님께서 항상 인간에게 응답해 주시는 까닭이다. 그대 같으면, 아무리 절친한 친구라도 몇 번이나 계속해서 그의 청을 들어주겠는가? 친구가 같은 청을 세 번만 반복한다면, 그대는 필시 그를 더 이상 쳐다보려 하지도 않을 것이다. 하지만 우리는 얼마나 많은 청을 하나님께 드리고 있는가? 하나님을 향해 입만 열면 요청이요, 요구다. 그래도 하나님께서는 시도 때도 없이 거듭되는 우리의 요청을 묵살하시지 않는다. 언제나 변함없이 하나님의 방법으로 우리에게 응답해 주신다. 왠지 아는가? 우리의 모든 뻔뻔스러움에도 불구하고, 하나님께서 '져 주시는 하나님'이시기 때문이다.

그뿐이 아니다. '져 주시는 하나님'이시기에, 하나님께서는 우리의 거듭되는 허물마저 되풀이하여 용서해 주신다. 그대는 그대에게 똑같은 잘못을 반복하는 사람을 몇 번이나 용서할 수 있는가? 그대가 세 번만 거듭 용서해도 그대는 성자라 불릴 것이다. 일반적으로 사람들은 전과를 지닌 자를 꺼린다. 전과 몇 범만 되면 아예 상종조차 않으려 한다. 그러나 하나님 앞에서 우리의 실상은 어떠한가? 매일 같은 죄를 반복하는 우리는 전과 수백 범, 수천 범, 아니, 수만 범들이 아닌가? 그런데도 하나님께서는 우리 같은 흉악범들을 왜 계속 용서해 주시는가? 어찌 우리 죄를 용서해 주시려 당신의 독생자마저 아끼지 아니하셨는가? 하나님께서 '져 주시는 하나님'이시기 때문이다.

그대의 죄가 주홍같이 붉고 먹보다 검다 할지언정 그대가 하나님 아버지를 바라보는 한, 하나님께서는 언제나 그대에게 져 주시며 그대를 흰 눈처럼 정결케 해 주신다.

'아빠 하나님'의 사랑

우리는 이제껏 창세기를 중심으로 하나님께서 어떤 분이신지 살펴보았다. 한마디로 정말 좋으신 분이다. 이처럼 좋으신 분이 이 세상 어디에 또 있을 수 있겠는가? 예수님께서는 이 좋으신 하나님을 '아빠'라고 부르셨다 (막 14:36). 히브리 아이들이 아빠라 부르는 소리를 들으면 우리 아이들의 발음과 똑같아 전혀 구별되지 않는다. 아빠라는 호칭 앞에서 아이는 아빠에 대해 모든 권리를 갖는 반면, 아빠는 아이에 대해 전적인 의무와 책임을 진다. 아빠가 아이와 함께하는 한, 아이는 그 무엇도 걱정하거나 염려할 필요가 없다. 그래서 '아빠'보다 더 좋은 호칭은 없다.

하나님께서 바로 그대의 아빠시다. 그대를 위해 온갖 책임과 의무를 다 하시는 사랑의 아빠시다. 이 세상의 모든 아빠는 자식에게 어떤 형태로든 자신의 사랑을 나타내 보인다. 그대의 아빠이신 하나님께서도 마찬가지시다. 하나님 아빠께서는 당신의 자녀 된 그대에게 당신의 사랑을 다음과 같이 고백하신다.

야곱아 너를 창조하신 여호와께서 지금 말씀하시느니라 이스라엘아 너를 지으신 이가 말씀하시느니라 너는 두려워하지 말라 내가 너를 구속하였고 내가 너를 지명하여 불렀나니 너는 내 것이라(사 43:1).

하나님께서는 수십억 인구 가운데 그대를 특별히 지명하시어 당신의 자녀로 삼아 주셨다. 그러나 그 고백만으로는 하나님의 양에 차지 아니하셨던지, 하나님의 고백은 다음과 같이 이어지고 있다.

여인이 어찌 그 젖 먹는 자식을 잊겠으며 자기 태에서 난 아들을 긍휼히 여기지 않겠느냐 그들은 혹시 잊을지라도 나는 너를 잊지 아니할 것이라 내가 너를 내 손바닥에 새겼고 너의 성벽이 항상 내 앞에 있나니(사 49:15-16).

어린 자식을 키우는 주부에게 잠시라도 자식을 잊어 본 적이 있는지 물으면, 열이면 열 한결같이 없다고 대답한다. 과연 그런가? 아니다. 재미있는 TV 연속극을 볼 때 주부는 자식을 잊어버린다. 친한 친구를 만나 정겨운 이야기를 나누거나 맛있는 음식을 먹는 순간에도 마찬가지다. 밤에 잠을 자는 동안에는 두말할 나위도 없다. 따지고 보면, 하루 24시간 중에서 주부가 자식을 생각하는 시간보다는 잊고 있는 시간이 훨씬 더 길다.

그러나 여인이 젖 먹는 자기 자식을 잊을지라도, 우리의 아빠이신 하나님께서는 우리를 잊지 않는다고 고백하신다. 우리의 이름을 아빠 당신의 손바닥에 새겨 두셨기 때문이다. 만약 우리의 이름을 하나님의 손바닥에 써 두셨더라면 언젠가는 지워지겠지만, 영원하신 아빠 하나님의 손바닥에 새겨 두셨기에 영원토록 지워지지 않는다. 그대의 이름을 당신의 손바닥에 새기시고 매일 그 이름을 들여다보시며, 그대에게 어떤 좋은 것을 줄까 생각하시는 하나님 아빠의 고백은 얼마나 감격적인가? 그러나 그 고백만으로는 부족하시어, 하나님 아빠께서 이번에는 그대를 위해 사랑의 노래까지 불러 주신다.

너의 하나님 여호와가 너의 가운데에 계시니 그는 구원을 베푸실 전능자이시라 그가 너로 말미암아 기쁨을 이기지 못하시며 너를 잠잠히 사랑하시며 너로 말미암아 즐거이 부르며 기뻐하시리라(습 3:17).

그대로 인해 기쁨을 이기지 못하여 하시는 아빠, 어떤 경우에도 변함없이 잠잠히 그대를 사랑해 주시는 아빠, 그대 때문에 즐거이 노래를 부르시는 아빠, 그 하나님 아빠께서 지금 그대와 함께 계심을 그대는 아는가? 그대가 어디서 무엇을 하든, 하나님 아빠께서 영원토록 그대와 동행해 주실 것임을 그대는 믿는가? 그렇다면 더 이상 한숨의 골짜기에 머물지 말라. 지금 당장 하나님 아빠를 의지하고 굳건히 서라. 그것이 참된 용기요, 믿음이요, 지혜다.

2

나는 (인간은) 누구인가

로마서 3장 10-12절
의인은 없나니 하나도 없으며 깨닫는 자도 없고 하나님을 찾는 자도 없고 다 치우쳐 함께 무익하게
되고 선을 행하는 자는 없나니 하나도 없도다

자기 발견의 중요성

그대는 그대가 누구인지 알고 있는가? 자신이 누구인지 바르게 아는 것은 대단히 중요하다. 그 사람만 하나님과 바른 관계를 맺을 수 있다.

누가복음 15장은 탕자의 이야기를 소개하고 있다. 아버지의 재산을 빼앗다시피 하여 가출, 허랑방탕한 삶을 사느라 천하를 주고도 바꿀 수 없는 젊음을 망쳐 버린 탕자가 대체 언제 아버지께로 돌아갔던가? 자신의 실상을 발견했을 때다. 자기 실상을 알지 못했을 때, 그에게 아버지는 떠나 버려야 할 의미 없는 존재에 지나지 않았다. 하지만 아버지 없는 자신의 처참한 실상을 자각했을 때 아버지는, 아버지의 종이 되는 한이 있더라도 반드시 돌아가야 할 절대적인 존재였다. 탕자의 '자기 발견'이 '아버지에 대한 바른 인식'과 '아버지와 바른 관계 맺음'의 시발점이 된 것이다.

이런 의미에서 자신을 먼저 아는 것은 참된 그리스도인 됨의 첫걸음이다.

흙의 특성으로 본 참 인간의 삶

> 여호와 하나님이 땅의 흙으로 사람을 지으시고 생기를 그 코에 불어
> 넣으시니 사람이 생령이 되니라(창 2:7).

성경은 하나님께서 흙으로 사람을 창조하셨음을 밝혀 주고 있다. 강하
기로 하면 강철이요, 귀하기를 따진다면 보석이다. 그런데도 하나님께서
는 왜 하필이면 하찮은 흙으로 사람을 지으셨을까? 우리는 이 질문에 대
한 해답을 통해 하나님께서 인간에게 요구하시는 삶이 무엇인지, 사람이
어떤 삶을 살아야 참 인간일 수 있는지 깨닫게 될 것이다. 그 해답은 바로
흙의 특성에서 찾을 수 있다.

흙의 첫 번째 특성은 '생명'이다.

모든 생명은 흙으로부터 시작된다. 만약 흙이 생명의 양식을 제공하지
않는다면 식물은 물론이요, 새나 동물 그리고 사람의 생존은 불가능하다.
육식동물조차도 풀을 주식으로 하는 초식동물이 있어야 생존할 수 있다.
어떤 이는 흙이 없어도 바닷속 물고기는 살 수 있다고 말할지 모른다. 과
연 그럴까? 바닷물을 담고 있는 바다의 밑바닥 또한 흙이다. 따라서 흙이
없다면 이 세상 모든 생물은 아예 존재할 수조차 없다. 하나님께서 이렇
듯 '생명'인 흙으로 인간을 지으신 것은, 인간은 서로 생명을 나누며 살아
야 할 존재임을 의미한다.

《각설이 예수》의 저자인 이천우 목사님은 기도할 때마다 흔히 성화^{聖畵}
에서 볼 수 있는, 금발머리에 멋진 수염을 기른 그 어떤 배우보다 잘생긴

얼굴의 예수님이 아니라, 남루한 거지 옷에 찌그러진 깡통을 든 각설이 모습의 예수님이 떠오른다고 한다. 대체 그 이유가 무엇일까?

이천우의 나이 일곱 살 되던 해 어머니가 세상을 떠났다. 5년 후 열두 살이 된 그는 우여곡절 끝에 거지가 되고 말았다. 전국을 전전하며 거지 생활로 연명하던 그는 어느 날 폭력배에게 납치되어 소매치기 소굴로 끌려갔다. 그곳에서 그는 폭력배의 엄한 감시하에 20여 일 동안 소매치기 강제 교육을 받았다.

드디어 서울역으로 첫 실습을 나가는 날이었다. 시골에서 갓 상경한 아주머니가 실습 대상자로 걸려들었다. 먼저 바람잡이가 아주머니에게 아는 척하며 수작을 걸었다. 그 사이에 다른 조직원이 다가가 예리한 면도날로 아주머니의 돈주머니를 그었다. 평소라면 주머니를 그은 조직원이 그 속의 돈까지 꺼내지만, 그날은 특별히 이천우의 실습 날인 만큼 그어진 주머니에서 돈을 꺼내는 것은 이천우의 몫이었다. 겁에 질린 이천우가 두목에게 떼밀려 아주머니 곁으로 다가간 순간, 가출하기 전 어린 시절에 고향에서 다녔던 주일학교 선생님의 음성이 불현듯 그의 귓전을 때렸다.

"하나님을 믿는 사람은 남의 것을 도둑질하지 않습니다."

그와 동시에 이천우가 아주머니에게 낮은 목소리로 속삭였다.

"아주머니, 돈주머니 조심하세요. 저는 소매치기예요. 지금 큰 소리로 '소매치기야' 하고 외치세요."

하지만 무슨 영문인지 알아듣지 못한 아주머니는 '소매치기'라고 소리치지 않았고, 이천우가 무엇을 하려 했는지는 그만 들통 나고 말았다. 패거리들에 의해 남산 소굴로 끌려간 이천우는, 두목의 명령을 어기는 자에게 가해지는 이른바 '사형집행'을 당했다. 패거리들이 합세하여 이천우에게 집단 린치를 가한 뒤, 소굴 아래쪽에 있는 쓰레기 야적장 유리조각 더미 위로 던져 버린 것이다. 두 번이나 사형집행을 당한 이천우는 정신을 잃어버리고 말았다. 한밤이 되어서야 의식을 회복한 이천우는 자신이 창고 같은 곳에 갇혀 있음을 알게 되었다. 피투성이인 데다 유리 파편까지 박힌 그의 몸은 천금보다 무거웠다. 그러나 날이 밝으면 또 어떤 형벌을 받을는지 알 수 없었다. 이천우는 창고를 빠져나와 이를 악물고 무작정 걷고 기기 시작했다. 얼마나 시간이 흘렀을까? 그의 시야에 문득 청량리역이 보였다. 이제 살았구나 싶었다. 그러나 역 앞을 지나가는 수많은 행인들 가운데 피투성이인 이천우에게 관심을 갖는 이는 아무도 없었다. 도와 달라고 외치고 싶었지만 목구멍에서 소리가 전혀 나오지 않았다. 긴장이 풀린 탓일까? 갑자기 온몸에 통증이 엄습했다. 그리고 이천우는 다시 정신을 잃고 말았다. 아니, 죽어 버린 것이었다.

청량리역 광장에 내던져진 피투성이인 이천우의 시체—제 갈 길에 바쁜 행인들은 모두 그 시체를 피해 갔다. 마침 그곳을 지나가던 각설이 거지가 이천우를 발견했다. 그는 자신이 거지였기에, 피투성이인 거지 행색의 이천우 앞에 멈추었다. 맥박을 짚어 보니 이미 죽었는지 반응이 없었다. 옷을 풀어 헤치고 가슴에 귀를 대어 보니 아주 가냘프게 심장이 뛰고 있었다. 각설이 거지는 이천우를 자기 움막으로 옮겼다. 온몸에 박힌 유리 파편을 뽑아 주고, 유리 가루는 자신의 혀로 핥아 제거했다. 그러느라 혀가 찢어지고 피가 흘렀다. 하지만 그의 정성이 헛되지 않아 마침내 이천우는 의식을 회복하였다.

청량리역에서 이제 죽었다고 생각했던 이천우는 눈을 뜨고 보니 아직 살아 있었다. 그리고 누군가가 미소를 머금고 자신의 얼굴을 들여다보고 있었다. 이천우를 살린 각설이 거지였다. 그에게서 자초지종 설명을 들은 이천우는 만약 예수님께서 다시 인간의 모습으로 이 땅에 오신다면, 예수님은 지금 자기 눈앞에 있는 각설이와 같은 모습일 것이라는 생각이 들었다. 그 각설이야말로, 청량리역 광장에서 모든 사람이 거들떠보지도 않던 자신의 생명을 살려 낸 유일한 생명의 은인이었기 때문이다. 그뿐이 아니다. 그 후로 그가 위기에 처할 때마다 그를 도와준 사람들은 언제나 자신과 같은 거지들이었다. 그래서 이천우 목사님은 오늘도 기도드리노라면, 각설이 모습의 예수님이 어김없이 그의 눈앞에 나타나 보이는 것이다.

일평생 수많은 사람들에게 전도지를 돌리는 일도 매우 귀한 일이다. 그러나 죽어 가는 한 생명에게 구체적으로 생명을 나누어 주는 일은 더 귀한 일이다. 이 세상 어디엔가는 그대에 의해서만 되살아날 누군가가 반드시 있는 법이다. 바로 그 사람에게 그대의 생명을 나누어 주라. 그래서 그 사람이 눈을 감고 기도드릴 때 예수님의 얼굴 위로 그대의 얼굴이 겹쳐져 떠오른다면, 그대는 진정 '흙다운 사람' '사람다운 사람'이 될 것이다.

흙의 두 번째 특성은 '사랑'이다.

흙은 인간이 내버리는 온갖 쓰레기와 오물을 전혀 마다 않고 모조리 품는다. 만약 흙이 인간의 쓰레기와 오물을 품어 주지 않는다면 이 지구는 이미 거대한 쓰레기장이 되고 말았을 것이다. 흙은 그 무엇이든 구별하지 않고 모두 포용함으로 도리어 세상을 정화시켜 준다. 흙은 곧 사랑이기 때문이다. 참된 사랑은 상대를 구별하지 않는다. 진정한 사랑은 모두에게 사랑이다. 하나님께서 '사랑'인 흙으로 인간을 지으셨다는 것은, 인간은 모두 사랑의 삶을 살아야 함을 의미한다.

사랑은 동정이 아니다. 동정은 일시적이고 일회적인 데 비해 사랑은 지속적이고 반복적이다. 누가복음 10장 30-37절에 등장하는 '선한 사마리아인'이 우리에게 감동을 주는 것은 제사장이나 레위인이 외면한, 강도를 만나 피투성이가 되어 쓰러져 있는 사람에게 그가 만사를 제쳐 놓고 즉각 자비를 베풀었다는 것만이 아니다. 누가복음 10장 33-35절은 다음과 같이 증거하고 있다.

> 어떤 사마리아 사람은 여행하는 중 거기 이르러 그를 보고 불쌍히 여겨 가까이 가서 기름과 포도주를 그 상처에 붓고 싸매고 자기 짐승에 태워 주막으로 데리고 가서 돌보아 주니라 그 이튿날 그가 주막 주인에게 데나리온 둘을 내어 주며 이르되 이 사람을 돌보아 주라 비용이 더 들면 내가 돌아올 때에 갚으리라 하였으니

선한 사마리아인이 우리를 감동시키는 것은 '이튿날'에도 그의 마음이 변하지 않았다는 것이다. 타인에 대한 우리의 마음은 흔히 쉽게 감동받는다. 그러나 하룻밤만 지나면 마음이 전혀 달라져 버리는 것을 우리는 얼마나 자주 경험하는가? "눈에서 멀어지면 마음에서도 멀어진다Out of sight, Out of mind"라는 속담처럼, 상대와 헤어지는 즉시 우리의 마음은 그로부터 멀어져 버린다. 그러나 선한 사마리아인의 마음은 그 다음 날 아침에도 여전하였다. 그의 마음은 값싼 동정심이 아니라 참된 사랑으로 충만하였기 때문이다. 그래서 그는 사람을 구별하지 않고 지속적으로, 그리고 반복적으로 사랑할 수 있었다. 이와 같은 사랑이 사람을 감동시키고 사람을 변화시킨다. 투르게네프의 〈거지와 신사〉라는 작품이 그 좋은 예다.

한 신사가 산책하는 중에 거지를 만났다. 거지는 말할 것도 없이 적선을 애걸했고, 그를 불쌍하게 여긴 신사는 지갑을 꺼내려고 주머니에 손을 넣었다. 그러나 낭패스럽게도 그날따라 지갑을 들고 나오지 않았다. 이런 경우 웬만한 사람이라면 적선의 마음을 거두고 말 것이다. 주려 해도 줄 돈이 없는데야 어떻게 하겠는가? 하지만 신사는 그냥 돌아서지 않았다. 그는 다른 주머니에 손을 넣었다. 꼭 돈이 아니더라도 손에 잡히는 것 무엇이든 주고 싶었기 때문이다. 그러나 그 주머니에도 아무것도 없었다. 그래도 신사는 포기하지 않고, 계속하여 바지와 저고리의 주머니란 주머니는 모두 뒤졌다. 불행히도 모든 주머니가 온통 비어 있었다. 어쩔 수 없게 된 신사가 거지의 손을 꼭 잡으면서 말했다.

"용서해 주시오. 아무것도 드릴 것이 없군요."

그 말에 거지가 대답했다.

"아닙니다. 신사 양반! 난 이미 당신으로부터 많은 것을 받았습니다."

거지가 신사로부터 받았던 것이 대체 무엇이었던가? 바로 사랑이었다. 구별 않고, 지속적이며, 반복적인 사랑이었다. 그 사랑이 거지의 마음을 감동시키고 움직였던 것이다. 그대가 이와 같은 사랑으로 충만한 삶을 산다면, 그대는 마땅히 '사람 중의 사람'이라 불릴 것이다.

흙의 세 번째 특성은 '정직'이다.

흙은 어떤 경우에도 거짓을 행하거나 속이지 않는다. 콩을 심은 데서는 반드시 콩을 내어 주고, 팥을 심은 사람에게는 언제나 팥으로 되돌려 준다. 대통령이 사과를 좋아한다고 해서 청와대에 심겨진 감나무가 사과를 맺지는 않는다. 흙은 변함없는 '정직'이기 때문이다. 하나님께서 이처럼

'정직'인 흙으로 사람을 지으셨다는 것은, 사람은 마땅히 정직한 삶을 살아야 함을 의미한다.

옛날 어느 왕이 대신들에게 꽃망울이 맺힌 화분을 하나씩 나누어 주며, 한 달 후에 가장 예쁘게 꽃을 가꾸어 온 사람에게 큰 상을 내리겠다고 말했다. 그날부터 대신들은 모두 자기에게 주어진 화분을 마치 왕을 대하듯 하였다. 저마다 예쁜 꽃을 피우기 위해 매일 온갖 정성을 다 기울였다. 마침내 정해진 날이 돌아왔다. 대신들이 차례대로 자신이 가꾼 화분을 왕에게 바쳤다. 화분마다 아름답고 향기롭기 그지없는 꽃이 피어 있었다. 제일 마지막으로 나온 대신의 손에 들려 있는 화분을 본 사람들은 모두 깜짝 놀랐다. 그 화분에는 꽃 대신 말라비틀어진 줄기만 볼썽사납게 꽂혀 있었다. 왕이 노기 띤 얼굴로 어찌된 영문인지 물었다. 그 대신은 죽을죄를 지은 죄인의 표정으로, 지난 한 달 동안 온갖 정성을 다 기울였지만 까닭 없이 꽃이 죽어 버렸기에 어쩔 수 없이 그대로 가지고 왔노라고 대답했다. 그러자 왕은 죽은 꽃을 들고 온 그 대신에게 상을 내렸다. 모두들 의아해했지만, 그러나 그 이유는 간단했다. 한 달 전에 왕은 뿌리를 잘라 버린 꽃을 대신들에게 나누어 주었던 것이다. 그런데도 대신들이 모두 아름다운 꽃이 핀 화분을 들고 온 것은 그들이 죄다 화분을 바꿔치기 한 까닭이었다. 오직 한 사람만 정직하게 본래의 화분을 가지고 온 것이다.

그대는 자신이 어느 쪽에 속해 있다고 스스로 답하겠는가? 목전의 이득을 위해 화분을 바꿔치기 한 쪽인가, 아니면 어떤 불이익이 있을지 모르면서도 말라비틀어진 화분을 그대로 들고 나온 쪽인가? 그대가 만약 어떤 상황에서도 정직함을 잊지 않는 삶을 살고 있다면, 그대야말로 '진정한 사람'이다.

흙의 네 번째 특성은 '도구 됨'이다.

흙은 불에 타지 않는다. 그러나 흙에 물을 부어 반죽을 한 뒤 불에 구우면 단단한 도구가 된다. 하지만 흙은 결코 자기주장을 하지 않는다. 토기장이가 빚는 대로 토기장이에게 자신을 맡길 뿐이다. 자신이 되기 원하는 도구가 아니라 토기장이가 원하는 도구가 되기 위해 기꺼이 자신을 내어 놓는다. 특정 도구로 빚어진 자신에 대해 불평하지 않으며 다른 도구와 자신을 비교하지도 않는다. 하나님께서 이처럼 '도구 됨'인 흙으로 사람을 지으셨다는 것은, 사람은 언제나 하나님께 자신을 맡겨 하나님의 도구로 살아야 함을 뜻한다.

다음은 요한복음 19장 25-27절의 내용이다.

> 예수의 십자가 곁에는 그 어머니와 이모와 글로바의 아내 마리아와 막달라 마리아가 섰는지라 예수께서 자기의 어머니와 사랑하시는 제자가 곁에 서 있는 것을 보시고 자기 어머니께 말씀하시되 여자여 보소서 아들이니이다 하시고 또 그 제자에게 이르시되 보라 네 어머니라 하신대 그때부터 그 제자가 자기 집에 모시니라

십자가에서 돌아가시기 직전 예수님께서 요한에게 자신의 어머니인 마리아를 '네 어머니'라 말씀하셨다. 자신의 어머니를 제자 요한에게 부탁한다는 유언이었다. 그때부터 요한은 주님의 말씀에 복종하여 마리아를 자기 집에서 모셨다. 마리아를 봉양하는 주님의 도구로서의 삶에 충실하였던 것이다. 이스라엘 여자들은 15세에서 18세 사이에 결혼하여 첫 아이를 낳았다. 마리아가 예수님을 낳았을 때에도 이 나이였을 것이다. 그렇다

면 예수님과 마리아의 나이 차이는 많아야 18세밖에 되지 않는다. 예수님께서 30대에 돌아가셨으니, 그때 마리아의 나이는 50세 정도였음을 알 수 있다. 그 후 마리아는 90세가 되기까지 장수한 것으로 알려지고 있다. 이를테면 예수님의 승천 이후 마리아는 40년이나 더 산 셈이다. 예수님께서 돌아가실 때 요한이 20대 중반이나 20대 후반의 청년이었다면, 요한은 60대 중반 혹은 70세 가까운 노인이 될 때까지 마리아를 모셨다는 계산이 나온다. 결코 쉬운 일이 아니었을 것이다.

생각해 보라. 요한과 동창생인 다른 제자들은 세계 도처에서 초대교회의 영웅이 되어 가고 있다. 더욱이 예수님께서 지상에 계실 동안 제자의 족보에 오르지도 못했던 바울이란 사람이, 자신도 예수님의 제자요 사도라며 세계를 누비고 다닌다. 그런데도 요한이 하는 일이란 칠십 노인이 되기까지 고작 늙은 노파의 뒷바라지나 하는 것이다. 평소 요한은 자신을 가리켜 스스로 '주께서 사랑하시는 제자'라 부를 정도로 자신에 대해 긍지를 지닌 사람이었다. 그런 만큼 주님을 위해 누구보다도 큰 꿈과 야망을 가지고 있었을 것이다. 그러나 늙은 마리아 앞에서 젊은 시절의 자기 꿈이 산산조각 나 버렸을 때 그의 절망감이 얼마나 컸겠는가? 지중해세계 도처에서 들려오는, 교인들 사이에서 영웅이 되어 가는 동창생들의 소문을 들을 때마다 자신이 얼마나 처량하게 느껴졌겠는가? 그러나 요한은 노인이 되기까지 마리아 봉양하기를 포기하지 않았다. 그것은 그가 주인으로 모시는 주님의 명령이었고, 자신은 주님의 도구임을 한시도 잊지 않았기 때문이다.

그것으로 요한의 인생이 끝나 버렸던가? 아니다. 요한은 힘없고 연약한 마리아를 40년 가까이 봉양하면서 진정한 사랑이 무엇인지 자신의 삶으로 터득했을 뿐 아니라, 인생에 대한 더 깊은 통찰력을 얻을 수 있었고, 무엇보다도 주님과 남모르는 은밀한 교제를 심화시킬 수 있었다. 마침내 마리아에 대한 요한의 봉양이 끝났을 때 주님께서는 이미 노인이 된 요한으로 하여금 요한복음을 쓰게 하셨고, 요한1서·요한2서·요한3서 그리고 요한계시록까지 쓰게 하셨다. 그것은 끝까지 주님의 도구 되기를 거부하지 않은 요한에 대한 주님의 상급이었다. 그것은 40년 동안 마리아를 모시면서 자신도 모르게 인생에 대한 통찰력, 사랑에 대한 이해, 주님과의 남모르는 교제가 깊어지지 않았던들 결코 가능할 수 없는 일이었다. 그래서 우리는 오늘도 요한이 쓴 요한복음을 통해 공관복음의 미스터리를 이해할 수 있고, 요한서신을 통하여 하나님께서 사랑 그 자체이심을 알 수 있을 뿐 아니라, 요한계시록을 통하여 역사의 미래를 예견할 수 있다. 요한의 철저한 '도구 됨'이 이처럼 엄청난 열매를 수반한 것이다.

만약 그대가 주님께서 그대에게 명령하시는 것이 무엇이든 주님의 도구되기를 단념치 않는다면, 그대는 상상치도 못한 열매를 거두는 '진리의 사람'이 될 것이다.

그러나 사람이 흙으로 지음 받았다는 것만으로 '생명' '사랑' '정직' '도구 됨'의 삶을 절로 살 수 있는 것은 아니다. 창세기 2장 19절에 의하면 짐승도 사람처럼 흙으로 지어졌다. 그렇다고 해서 짐승이 참된 생명의 삶을 살고 있는가? 지속적이고 반복적인 사랑을 구별 없이 행하고 있는가? 늘 정직하고, 항상 진리의 도구로 살아가는가? 아니다. 짐승은 흙으로 지어졌음에도 자기 본능, 자기 욕망을 좇아 살 뿐이다. 그렇다면 흙으로 지어진 인간이 짐승과 달리 어떻게 생명, 사랑, 정직, 도구 됨의 삶을 살 수 있는가? 이 질문에 대하여 창세기 2장 7절이 답해 주고 있다.

여호와 하나님이 땅의 흙으로 사람을 지으시고 생기를 그 코에 불어 넣으시니 사람이 생령이 되니라

만약 하나님께서 사람을 흙으로 지으시는 것만으로 그치셨다면 인간은 짐승과 다를 바가 아무것도 없을 것이다. 그러나 하나님께서 흙으로 지으신 인간에게는 특별히 당신의 생기를 불어넣어 주시어 생령이 되게 하셨다. 이것이 사람과 짐승의 근본적인 차이다. 따라서 인간이 생령生靈으로서의 본질, 다시 말해 영적인 면을 상실한다면 그는 더 이상 짐승과 구별될 수 없다. 짐승 같은 인간, 혹은 짐승보다 못한 인간이란 바로 여기서 유래하는 것이다.

그대가 어떤 장소 어떤 처지에서나 영적인 삶을 추구하고 있다면, 그대는 정녕 '생령'임에 틀림없다.

인간에 대한 하나님의 평가

우리는 지금까지 하나님께서 인간에게 요구하신 삶이 어떤 삶인지, 어떻게 사는 것이 과연 사람다운 사람의 길인지 살펴보았다. 그렇다면 그대는 과연 어떤가? 그대는 지금 그런 삶을 살고 있는가? 그대에 대한 그대 자신의 평가는 아무 의미가 없다. 중요한 것은 언제나 하나님의 평가이다. 하나님께서는 대체 우리를 어떻게 판단하고 계시는가?

하나님께서 과연 우리가 '생명'의 삶을 사는 것으로 판정하고 계시는가?

화 있을진저 외식하는 서기관들과 바리새인들이여 회칠한 무덤 같으니 겉으로는 아름답게 보이나 그 안에는 죽은 사람의 뼈와 모든 더러운 것이 가득하도다(마 23:27).

주님께서는 우리가 생명의 삶은커녕 '회칠한 무덤'과 같다고 질타하신다. 회칠한 무덤에서는 시체의 썩은 물이 빠져나갈 수 없다. 아무리 시간이 흘러도 빈 무덤이 될 수 없는 회칠한 무덤은, 죽음만 고여 있는 죽음 그 자체일 수밖에 없다. 주님께서는 이 땅의 인간들이 생명의 삶은커녕 오히려 죽음의 삶을 사는 것으로 판단하고 계신다.

70년대 초 독일을 여행하는 중에 그 유명한 '다카우 수용소'를 방문한 적이 있다. 독일 나치가 세운 죽음의 수용소였다. 'Nie Wieder'(니 비더, 영어로 'never again'이란 의미)라는 팻말이 붙은 정문을 통과하면서부터, 그곳의 모든 것이 내게는 거대한 충격이었다. 보이는 것이라곤 죽음의 잔재뿐이었다. 인간이 자신의 목적을 위하여 얼마나 잔인할 수 있는지, 인간이 얼마나 무참하게 인간을 짓밟을 수 있는지, '다카우'는 소름이 끼칠 정도로 고발하고 있었다. 그중에서도 인체 실험의 실상을 보여 주는 동영상의 충격을 잊을 수 없다.

사방에 온통 스피커가 부착되어 있는 밀폐된 방 안으로 과학자가 유대인 포로 한 명을 집어넣는다. 그러고는 스피커의 볼륨을 서서히 높이기 시작한다. 소리는 공기의 진동으로 전달된다. 스피커의 볼륨이 커질수록 방 안 공기의 진동도 그만큼 더 커지고, 그와 정비례하여 유대인의 볼과 사지도 마구 진동한다. 과학자는 마침내 볼륨을 최대로 올린다. 그와 동시에 사시나무 떠는 듯하던 유대인은, 밀폐된 방 안의 그 격렬한 공기의 진동을 더 이상 견디지 못하고 끝내 코와 입에서 피를 토하고 쓰러져 버린다. 죽은 것이다. 나치는 시체를 의무실로 옮겨 머리카락을 완전히 밀어 버린다. 그러고는 전기톱으로 그의 두개골을 절단한 뒤 뇌를 꺼내어 분석하기 시작한다. 나치는 왜 짐승보다 못한 이런 짓을 서슴없이 행하고 있는가? 보다 빠른 전투기 개발에 몰두했던 나치는, 전투기 엔진의 속도가 빨라질수록 더 커지는 엔진의 소음이 인간의 뇌에 어떤 영향을 미치는지 알고 싶었다. 그래서 그들이 선택한 것이 유대인을 실험용 생쥐로 삼는 것이었다.

그 동영상이 내게 충격적이었던 것은 나치의 잔혹한 수법이 아니라, 그 실험을 행하는 과학자들의 진지하고도 호기심 어린 표정이었다. 그들이야말로 당시 독일 최고의 엘리트들이었음에 틀림없다. 그럼에도 그들은 아무런 양심의 가책의 기색도 없이, 오히려 회심의 미소를 띤 표정으로 산 사람을 죽이고 있었다. 그리고 정말 절망할 수밖에 없었던 것은, 그토록 사람을 진지하게 죽이고 있는 그 나치가 바로 나 자신의 모습임을 발견했기 때문이다. 나는 그동안 나 자신의 목적을 이루기 위해 얼마나 많은 사람의 권리와 몫을 짓밟고 빼앗아 왔던가? 칼만 들지 않았을 뿐, 나 자신의 이득을 위하여 얼마나 숱한 사람들을 죽여 왔던가? 무의식적으로가 아니라, 마치 독일 나치처럼 치밀한 계획 아래 진지하게 말이다. 나야말로 죽음의 삶을 사는 자요, 회칠한 무덤이었다.

그대는 어떤가? 그대는 '다카우'의 나치와 어떤 차이가 있는가? 그대는 '회칠한 무덤'이 아니라고 과연 자신 있게 말할 수 있는가?

하나님께서는 우리가 '사랑'의 삶을 사는 것으로 판단하시는가?

너희가 너희를 사랑하는 자를 사랑하면 무슨 상이 있으리요 세리도 이같이 아니하느냐 또 너희가 너희 형제에게만 문안하면 남보다 더하는 것이 무엇이냐 이방인들도 이같이 아니하느냐(마 5:46-47).

주님께서는 우리가 우리를 사랑하는 사람만 사랑함을 꾸짖고 계신다. 우리를 사랑하는 사람만 사랑하는 것은 저열한 이기심일 뿐 사랑이 아니다. 이기심에 눈먼 자가 사랑하는 것은 상대의 실상이 아니라 허상이다. 많은 젊은이들이 결혼한 뒤에 서로 속았다고 한다. 누가 누구를 왜 속였는가? 물론 상대가 속이기도 하지만, 실은 자신에게 더 많이 속는다. 서로 사랑을 속삭이는 동안 자신의 상대를 백마 타고 달려오는 왕자요, 신데렐라 같은 공주로 여긴다. 하지만 그것은 자신의 이기심이 빚어낸 상대의 허상일 뿐 실상이 아니다. 진정으로 상대를 사랑한다면, 자신이 만든 상대의 허상을 속히 깨고 상대의 실상을 있는 그대로 받아들여야 한다. 그러나 인간은 어리석게도 자신이 빚은 상대의 허상에 집착하느라 실상을 배척한다. 그래서 인간의 이기심과 이기심이 부딪치는 곳에서 인간의 실상은 언제나 외면당하고, 사랑 아닌 상처만 남는다.

얼마나 많은 사람들이, 가장 가까워야 할 배우자의 이기심으로 인해 자신의 실상이 갈기갈기 찢어지는 아픔 속에서 살아가고 있는가? 얼마나 많은 자녀들이 부모가 그려 낸 허상에 자신을 맞추느라 괴로워하며 신음하는가? 과연 그대는 예외인가? 이것은 그대의 실상이요, 우리 모두의 실상이 아닌가?

하나님께서는 과연 우리의 '정직'을 인정하고 계시는가?

이 무리는 정직한 길을 떠나 어두운 길로 행하며 행악하기를 기뻐하며 악인의 패역을 즐거워하나니 그 길은 구부러지고 그 행위는 패역하니라(잠 2:13-15).

주님께서는 우리가 정직하기는커녕 도리어 정직한 길을 떠났다고 말씀하신다. 우리는 이 말씀을 과연 부인할 수 있는가?

1949년 4월 11일생인 내가 일곱 살 되던 해였다. 그해에 초등학교에 입학하려면 생일이 3월 31일 이전이라야 했다. 아버지는 뒤늦게 얻은 당신의 외아들을 한 해라도 빨리 입학시키기 위해, 내 생일을 3월 11일로 변경한 호적등본으로 그해에 나를 입학시켰다. 당시 나의 아버지와 같은 부모가 얼마나 많았던지, 입학식이 끝나자마자 학교에서는 과거는 불문에 부칠 터이니 모두 진짜 호적등본을 제출하라고 했다. 그래서 학교 서류에서 내 생일은 4월 11일로 바로잡아졌다. 나는 나보다 한 살 더 많은 친구들과 동급생으로 성장하는 기쁨을 누리면서 아버지께 늘 감사하는 마음이었다.

나의 큰아이인 승훈이는 1985년 3월 27일에 태어났다. 요즈음은 예전과 달리 2월 28일 이전에 출생해야 해당되는 해에 초등학교에 입학할 수 있다. 3월 27일생인 승훈이의 경우, 정상적으로 하자면 불과 27일 때문에 한 해를 더 기다려야 한다. 내 나이 37세에 얻은 승훈이는 내가 환갑이 될 때 겨우 스물네 살일 것이다. 승훈이가 한 해라도 빨리 학업을 마치기를 바란 나는, 나를 한 해 일찍 초등학교에 입학시킨 아버지를 생각하면서, 승훈이의 음력 생일인 2월 7일을 아예 양력 생일인 것처럼 호적에 올렸다. 그래서 승훈이는 한 해 일찍 입학할 수 있었고, 그 후 나는 승훈이의 호적상 생일이 진짜가 아니라는 사실을 까맣게 잊고 있었다.

승훈이가 초등학교 2학년이 되었을 때, 학교에서 보낸 통지문을 우연히 본 나는 깜짝 놀라고 말았다. 거기에는 승훈이의 생일이 양력 2월 7일로 명기되어 있었다. 그제야 내가 승훈이의 생일을 거짓 신고했다는 사실을 떠올리면서, 승훈이가 일평생 가짜 생일을 진짜 생일인 양 사용하며 살아야 한다는 사실을 깨닫게 되었다. 사랑하는 나의 아들이 생일에 관한 한 일평생 의도적으로 거짓되게 살아야 하고, 그 거짓의 동기를 아비인 나 자신이 부여하였음을 깨닫는 것은 큰 괴로움이었다. 그 아이가 거짓된 생일을 일평생 태연하게 사용하다 보면, 정직을 외면하고 거짓을 대수롭지 않게 여기게 될 것은 불을 보듯 뻔했다.

나를 위해 변경된 호적등본을 사용할 때 아버지는 그리스도인이 아니었다. 그러나 내가 내 아들의 호적을 아예 거짓으로 신고할 때, 나는 이미 인생의 진로를 바꾼 신대원 1학년이었다. 더욱이 아버지가 나를 위해 변경한 호적은 사본으로, 호적 원본에는 변함이 없었다. 그러나 내가 행한 거짓은 아이의 호적 원본상의 거짓이었다. 그래서 승훈이는 내가 씌운 그 거짓의 굴레를 일생 동안 쓰고 살아야 한다. 생각할수록 엄청난 잘못이었다.

나는 오랜 번민 끝에 승훈이에게 사과하기로 결심했다. 아비의 체면과 자존심이 상하는 한이 있더라도 내가 저지른 잘못을 솔직하게 고백하고 용서를 구하는 것만이, 사랑하는 내 자식을 정직한 사람으로 살아가게 하는 길이라 믿었던 까닭이다. 나는 승훈이를 무릎 위에 앉혀 놓고 자초지종을 설명하면서 가짜 생일로 살게 한 데 대하여 용서를 구했고, 승훈이는 용서한다고 했다. 나는 승훈이가 학업을 마치고 본인이 원할 경우 합법적인 절차를 거쳐 승훈이의 진짜 생일을 되찾아 줄 참이었지만, 대학원을 졸업한 승훈이는 괜찮다고 했다. 그러나 내 삶 속에서의 부정직함이 어찌 그뿐이었겠는가? 그것은 눈에 드러난 빙산의 일각일 뿐이다.

그대의 경우는 어떠한가? 그대는 자식에게 용서를 구할 일이 하나도 없을 정도로 자식 앞에서 언제나 정직하고 정당한가? 아니면 그대의 부정직함을 그대의 자식이 이미 알고 있음에도, 정작 그대만 그 사실을 모른 채 정직을 위장하며 살아가고 있는 것은 아닌가? 그대는 하루 종일 사람들과 나눈 대화의 내용을 자식에게 모조리 털어놓을 수 있는가? 그대는 그대가 온종일 어디서 누구와 무엇을 했는지 빠짐없이 배우자에게 이야기할 수 있는가? 그대는 지금 그대의 지갑 속에 있는 돈이 어떤 경로로 당신의 수중에 들어왔는지, 그 전 과정을 추호의 부끄러움도 없이 만천하에 공개할 수 있는가?

하나님께서는 우리의 '도구 됨'을 인정하고 계시는가?

> 우리는 다 양 같아서 그릇 행하여 각기 제 길로 갔거늘 여호와께서는 우리 모두의 죄악을 그에게 담당시키셨도다(사 53:6).

주님께서는, 모든 인간은 다 그릇 행하여 각기 제 길로 가고 있다고 판정하신다. '제 길'이란 영원한 진리의 도구 된 길이 아니라 허망한 욕망의 길, 덧없는 본능의 길이다.

현대인들은 이른 새벽부터 늦은 밤까지 그야말로 바쁘게 뛰어다닌다. 배우자나 자식들과 제대로 대화를 나눌 수 없음은 물론이요, 서로 얼굴 보기조차 힘든 판이다. 옛날에 비하면 비교도 되지 않을 만큼 많은 것을 배워야 하고, 또 높은 학력을 필요로 한다. 그러나 그 모든 것은 진리의 도구가 되려 함이 아니라, 불행하게도 각기 '제 길'을 가기 위함이다. 그 래서 인간이 바빠지면 바빠지는 만큼, 인간의 지식이 늘어나면 늘어나는 만큼, 이 세상은 더욱 혼탁해져 가기만 한다. 각기 제 길만 추구하는 인간 의 욕망과 본능이 부딪치는 곳에는 혼란과 혼탁 외에는 아무것도 존재할 수 없다.

그대는 오늘 하루 대체 무엇을 위해 그토록 바쁘게 돌아다녔는가? 그 대의 발길이 닿았던 그 모든 길이 하나같이 다 '제 길'이었던 것은 아닌 가? 그래서 그대가 뛰면 뛸수록 더 많은 사람이 상처 받고, 그대의 인생 은 더 깊은 오리무중에 빠져들고 있는 것은 아닌가?

하나님께서는 우리가 '생령'의 삶, 다시 말해 '영적인 삶'을 사는 것으로 판단하시는가?

> 기록된 바 의인은 없나니 하나도 없으며 깨닫는 자도 없고 하나님을 찾는 자도 없고 다 치우쳐 함께 무익하게 되고 선을 행하는 자는 없 나니 하나도 없도다 그들의 목구멍은 열린 무덤이요 그 혀로는 속임 을 일삼으며 그 입술에는 독사의 독이 있고 그 입에는 저주와 악독이 가득하고 그 발은 피 흘리는 데 빠른지라 파멸과 고생이 그 길에 있 어 평강의 길을 알지 못하였고 그들의 눈앞에 하나님을 두려워함이 없느니라 함과 같으니라(롬 3:10-18).

주님께서는 인간이 영적인 삶을 살지 않음은 말할 것도 없고, 아예 하 나님을 두려워하지도 않음을 통탄하신다.

인간이 영적인 면을 상실하면 짐승과 다를 바 없고, 오히려 짐승보다 더 못한 존재가 됨은 이미 말한 바 있다. 짐승의 세계에는 비열한 강간이 없다. 짐승은 한 끼 먹이로 족한 까닭에, 짐승 세계에는 대량 살인이나 학살이 없다. 짐승은 인간처럼, 평생 걸려도 다 쓰지 못할 것을 단지 쌓아 두기 위해 남을 해치는 법도 없다. 어느 모로 보더라도 생령이 되기를 포기한 인간은 확실히 짐승보다 못하다. 그래서 오늘날 이 세상이 짐승 세계보다도 더 못한가 보다.

그대는 과연 생령인가? 아니면 짐승 같은 인간인가? 그것도 아니라면 짐승보다 못한 인간인가?

인간이 죄인 된 이유

그렇다면 이제 좀더 원론적인 문제로 들어가 보자. 생명을 품고, 사랑하며, 정직하게, 진리의 도구가 되어, 생령으로 살아야 할 인간이, 왜 하나님으로부터 이렇듯 전면적으로 부정당하는 죄인이 되고 말았는가? 이 질문에 대한 성경의 대답은 다음과 같다.

> 그러므로 한 사람으로 말미암아 죄가 세상에 들어오고 죄로 말미암아 사망이 들어왔나니 이와 같이 모든 사람이 죄를 지었으므로 사망이 모든 사람에게 이르렀느니라(롬 5:12).

여기서 한 사람이란 인류 최초의 인간인 아담을 의미한다. 아담 한 사람이 하나님의 명령을 어기는 죄를 범한 결과, 그에게서 태어난 모든 인간이 죄인이 되었다는 것이다. 그렇다면 또다시 질문을 제기하지 않을 수 없다. 우리는 아담처럼 에덴동산에서 금단의 열매를 따먹은 적이 없다. 그 죄는 아담이 범한 것이다. 우리는 그때 태어나지도 않았고 이 세상에 존재하지도 않았다. 이것이 아무도 부인할 수 없는 사실일진대, 어찌 우리가 아담과 똑같은 죄인이 될 수 있단 말인가? 이 질문에 대해서는 로마서 5장 14절이 답하고 있다.

> 그러나 아담으로부터 모세까지 아담의 범죄와 같은 죄를 짓지 아니한 자들까지도 사망이 왕 노릇 하였나니 아담은 오실 자의 모형이라

  본문에서 유의해야 할 것은, 성경은 '범죄transgression'와 '죄sin'를 구별하고 있다는 사실이다. '범죄'가 드러난 행위를 의미한다면, '죄'란 보이지 않는 본질적인 상태를 뜻한다. 아담이 에덴동산에서 하나님에 의해 금지된 열매를 먹은 것은 범죄였다. 우리는 그와 같은 범죄를 저지르지는 않았다. 그렇지만 최초의 인간인 아담으로부터 비롯한 우리는 이미 죄인이다. 왜냐하면 아담은 그의 범죄로 말미암아 본질적으로 죄인이 되었고, 그 죄인 된 본질로부터 우리가 태어났기 때문이다. 따라서 비록 우리가 살인이나 강도 혹은 강간과 같은 범죄를 저지른 적이 없다 할지라도, 아담의 후예인 인간으로 태어났다는 사실만으로 우리는 모두 아담과 똑같은 본질적 죄인인 것이다.

  이것을 쉬운 예를 들어 설명해 보자. 미국에 사는 흑인은 아프리카의 흑인과는 비교가 되지 않는다. 그들의 환경은 일반적으로 아프리카의 흑인보다는 낫고, 세계 최강대국인 미합중국의 합법적 시민이다. 하지만 그들이 아프리카 흑인에 비하여 세련된 언행과 높은 학식을 자랑한다 해도,

본질적으로 그들은 아프리카 흑인과 아무 차이가 없다. 미국 흑인이나 아프리카 흑인이나 다 똑같은 흑인이다. 그들이 본질적으로 동일하기 때문이다. 굳이 따지자면 국적의 차이가 있을 뿐, 본질적인 차이는 없다. 이것은 그대의 이해를 도우려는 것일 뿐, 결코 인종에 대한 편견으로 하는 말이 아니다.

이것을 이렇게 설명할 수도 있다. 술 공장에서는 여러 가지 종류의 술이 생산된다. 그 제품이 위스키일 수도 있고 막걸리일 수도 있고 맥주일 수도 있지만, 한 가지 공통점은 무슨 제품이든 술 공장에서 생산되는 것은 본질적으로 모두 술이라는 사실이다. 독한 술이냐 약한 술이냐의 차이만 있을 뿐, 술 공장에서 생산된 제품이 본질적으로 술이란 면에서는 아무런 차이가 없다.

흑인이 어떤 국적을 지니고 있든 본질적으로 다 똑같은 흑인이듯이, 술 공장에서 생산되는 것은 그 상표가 무엇이든 본질적으로 모두 술이듯이, 범죄한 아담의 후예로 태어난 모든 인간은 예외 없이 본질적으로 죄인이다. 단지 차이가 있다면 무슨 범죄든 서슴지 않는 비도덕적인 죄인과, 스스로 범죄를 삼가는 도덕적인 죄인의 구별이 있을 따름이다.

인간이 본질적으로 피할 수 없는 죄인이 되었다면, 죄는 구체적으로 무엇을 의미하는가?

죄를 가리키는 히브리어 '하타아חטאה'나 헬라어 '하마르티아ἁμαρτία'는 모두 '과녁에서 벗어난 것missing the mark'을 의미한다. 궁수가 쏜 화살이 과녁에서 벗어났다면 그것은 결과요, 원인은 과녁을 향한 궁수의 조준이 잘못되었기 때문이다. 만약 누군가가 살인이나 강도 같은 범죄를 저질렀다면 그 범죄 자체는 죄가 아니다. 그것은 죄의 결과로 나타난 것뿐이요, 죄는 인간 중심의 조준이 과녁을 벗어난 것이다. 인간의 중심이 겨냥해야 할 과녁은 인간을 창조하신 하나님이다. 그러나 아담의 후예로 태어난 모든 인간은 태어나면서부터 그 중심의 조준이 하나님에게서 벗어나 있다. 바로 그것이 본질적 죄다.

요한복음 16장 9절은 예수님을 믿지 않는 것이 곧 죄라고 밝히고 있다. 왜 그것이 죄일까? 만약 한국 정부가 주한 미국 대사를 믿지 못한다면 그것은 그를 파견한 미국 정부를 믿지 못하기 때문일 것이다. 예수님을 믿지 못한다는 것은 바로 그분을 이 땅에 보내신 하나님을 불신하는 것을 의미한다. 그렇기에 그것은 죄일 수밖에 없다. 죄는 하나님을 과녁 삼아야 할 믿음의 자리를 벗어나는 것이요, 하나님의 법도를 지켜야 할 순종의 자리를 이탈하는 것이기 때문이다.

인간의 범죄 과정

창세기 3장 1-6절은 아담이 죄인으로 전락한 과정을 상세하게 보여 준다. 먼저 본문을 읽은 뒤 몇 가지 질문에 대해 함께 생각해 보자.

그런데 뱀은 여호와 하나님이 지으신 들짐승 중에 가장 간교하니라 뱀이 여자에게 물어 이르되 하나님이 참으로 너희에게 동산 모든 나무의 열매를 먹지 말라 하시더냐 여자가 뱀에게 말하되 동산 나무의 열매를 우리가 먹을 수 있으나 동산 중앙에 있는 나무의 열매는 하나님의 말씀에 너희는 먹지도 말고 만지지도 말라 너희가 죽을까 하노라

하셨느니라 뱀이 여자에게 이르되 너희가 결코 죽지 아니하리라 너희
가 그것을 먹는 날에는 너희 눈이 밝아져 하나님과 같이 되어 선악을
알 줄 하나님이 아심이니라 여자가 그 나무를 본즉 먹음직도 하고 보
암직도 하고 지혜롭게 할 만큼 탐스럽기도 한 나무인지라 여자가 그
열매를 따먹고 자기와 함께 있는 남편에게도 주매 그도 먹은지라

첫째, 하나님에 대한 인간의 최초의 불신은 무엇에 대한 불신으로 나타
났는가? 어이없게도 하나님의 말씀에 대한 불신이었다.

하나님께서는 창세기 2장 17절을 통하여 아담에게 절대로 선악과를 먹
지 말 것과, 만약 먹는 날에는 반드시 죽을 것임을 분명히 말씀하셨다. 아
담은 어떤 경우에도 이 말씀을 믿고 따라야 했다. 그러나 그는 하나님의
말씀에 대한 믿음의 자리를 스스로 저버리고 말았다. 그것이 죄였다. 우
리가 누구를 믿는다면 무엇보다도 그의 말을 믿는 것이다. 상대의 말을
믿지 못하면서 그 사람을 믿는다는 것은 거짓일 수밖에 없다. 우리가 하
나님을 믿는다면, 그 믿음은 두말할 것 없이 하나님의 말씀에 대한 믿음
으로 나타나야 한다. 하나님의 말씀을 믿지 않으면서 하나님을 믿는다고
한다면 그것 역시 자기기만일 수밖에 없다. 그러므로 하나님의 말씀을 믿
지 않는 것이 곧 과녁을 벗어난 것이요, 그것이 죄다. 그런데 하나님의 말
씀이 '육화(肉化, incarnation)'되어 이 땅에 오신 분이 예수 그리스도시다. 그분이
말씀이셨고, 말씀이 곧 그분이셨다. 그러므로 말씀이신 예수님을 믿지 않
는 것이 죄라는 것은 이제는 재론의 여지도 없다.

둘째, 하나님의 말씀에 대한 인간의 불신은 무엇에서 비롯되었는가?

뱀이 여자에게 이르되 너희가 결코 죽지 아니하리라

뱀의 유혹으로 인함이었다. 요한계시록 12장 9절은, 그 뱀이 곧 사탄임을 밝히고 있다. 사탄의 유혹은 지극히 간단하다. 인간으로 하여금 하나님의 과녁을 벗어나게 하고 지켜야 할 믿음의 자리를 이탈하게 하는 것이다.

셋째, 사탄의 유혹에 빠진 인간이 범죄를 저지르기 전에 어떤 현상이 일어났는가?

여자가 그 나무를 본즉 먹음직도 하고 보암직도 하고 지혜롭게 할 만큼 탐스럽기도 한 나무인지라 여자가 그 열매를 따먹고

갑자기 그 나무의 열매가 먹음직도 하고, 보암직도 하고, 탐스럽게도 보이는 현상이 여자에게 일어났다. 참으로 이상한 일이다. 여자가 그 나무를 본 것은 그날이 처음이 아니었다. 더욱이 그 나무는 동산 한 귀퉁이에 가려진 나무가 아니라, 동산 한가운데 우뚝 솟아 있었다. 여자는 동산을 거닐 때마다 날이면 날마다 그 나무를 보았지만, 평소에는 아무 특별한 느낌도 없었다. 그런데 왜 유독 그날만은 그 나무의 열매가 그토록 먹음직도 하고, 보암직도 하고, 탐스럽게도 보였을까? 해답은 간단하다. 사탄의 덫에 빠진 여자의 중심이 이미 과녁을 벗어나 버렸기 때문이다. 그와 동시에 평소에는 상상할 수도 없었던 현상, 곧 그 열매가 먹음직도 하고 보암직도 하고 탐스럽게도 보이는 현상이 그녀를 사로잡고 말았다.

우리는 여기서 귀중한 교훈을 놓쳐서는 안 된다.

무엇을 먹든, 먼저 생각하고 먹어야 한다는 교훈이다. 왜 이것을 먹어야

하는지, 무엇을 위해 이것을 먹는지 먼저 생각하는 사람이 되어야 한다. 생각이 수반되지 않을 때 인간은 결국 먹고 마심의 노예가 되고, 그로 인해 그 인생은 끝내 파멸하고 만다.

한비자韓非子의 글에 이런 이야기가 있다. 상商나라의 마지막 임금 주왕紂王이 어느 날부터 갑자기 상아 젓가락으로 식사하기 시작하자, 그의 신하 기자箕子가 이제 이 나라는 망하게 되었다며 다음과 같이 탄식하였다.

'상아 젓가락으로 식사하는 자는 허술한 음식을 먹지 못한다. 반드시 산해진미를 먹기 마련이다. 산해진미는 질그릇이나 옹기에 담을 수 없다. 금 쟁반이나 옥그릇에 담아야 한다. 금 쟁반과 옥그릇을 사용하는 자는 평범한 옷을 입지 못한다. 늘 비단 옷을 입어야만 한다. 비단 옷을 입는 자는 아무 데나 옷을 걸어 두지 못한다. 화려한 가구를 마련해야만 한다. 화려한 가구를 들인 자는 소박한 집에 거할 수 없다. 구중궁궐을 새로이 지어야만 한다. 구중궁궐을 지키려면 엄청난 군대가 동원되어야만 하고, 그 모든 것은 국민으로부터 더 많은 세금을 짜낼 때에만 가능한 일이다. 왕의 사치를 위해 국민의 혈세를 짜는 나라치고 망하지 않는 나라가 없으니, 어찌 탄식하지 않을 수 있겠는가?'

사람들은 기자의 탄식을 기우라며 대수롭지 않게 여겼다. 그러나 주왕은 기자가 예견한 대로 타락해 갔고, 상나라는 주왕을 끝으로 결국 망하고 말았다. 그 모든 것의 발단은 상아 젓가락이었다. 다시 말해 먹는 문제 때문이었다.

왜 먹어야 하는지, 무엇을 위해 먹는지, 생각하지 않고 먹고 마시는 사람의 말로는 모두 이와 같을 수밖에 없다. 생각해 보라. 그대가 정녕 왜 먹는지, 무엇을 위해 먹는지, 생각하며 사는 사람이라면 어찌 백해무익한 술과 담배로 그대의 귀중한 생명을 스스로 탕진할 수 있으며, 오직 더 많이 먹고 마시기 위해 사랑해야 할 형제에게마저 등을 돌릴 수 있겠는가?

그다음으로는 우리가 무엇을 보든지, 그것이 누구 보기에 좋은 것인지 확고한 기준이 있어야 한다는 교훈이다. 얼마나 많은 그리스도인들이 세상 사람 보기에 좋은 것을 따라가느라 하나님과 동떨어진 삶을 살고 있는가? 우리는 하나님 보시기에 좋은 것을 좋은 것으로 볼 수 있는 눈을 지녀야 한다. 세상 사람 보기에 좋은 삶을 꾸리느라 온 정신을 다 쏟고 있으면서도, 그 삶이 하나님 보시기에도 좋기를 원한다면 그보다 더 큰 모순이 어디 있겠는가?

세상 사람은 눈에 보이는 것만을 보고 따지지만, 하나님께서는 언제나 보이지 않는 중심을 보는 분이시다. 따라서 중심을 꿰뚫어 보시는 하나님의 안목을 우리 것으로 삼을 때, 우리는 비로소 우리에게 진정으로 좋은 것과 해로운 것을 가릴 수 있다. 하와에게 겉으로 보기에 그토록 보암직도 하고 먹음직도 해 보인 선악과의 중심은 죽음이었다. 그러나 그 중심을 보지 못한 하와는 그럴 듯해 보이는 그 겉모습으로 인해 끝내 범죄하고 말았다. 그대는 무엇이든 그 중심을 볼 수 있는 하나님의 눈을 얻기 위해 부단히 훈련하지 않으면 안 된다.

한국 권투선수로 두 체급의 세계 정상을 차지한 홍수환 선수의 인터뷰를 보고 깊이 감동받은 적이 있다. 시합을 앞둔 홍 선수를 한 기자가 찾아갔을 때 그는 TV를 보고 있었다. 그런데 그는 이상하게도 눈을 감은 채 TV 앞에 앉아 있었다. 의아하게 생각한 기자가 까닭을 묻자 그가 이렇게 대답하였다.

"사람들은 권투를 팔과 손의 힘으로 하는 줄 알지만, 제 경우에는 눈으로 합니다. 상대의 눈과 발의 움직임을 보면 무슨 동작을 하려는지 알고 대비할 수 있거든요. 눈이 성하지 못하면 좋은 권투선수가 될 수 없습니다. 저는 항상 눈을 보호하기 위하여 가능한 한 불필요한 것은 보지 않습니다. 그래서 TV도 눈을 감고 보지요."

그렇다. 권투선수도 상대의 다음 동작을 꿰뚫어 볼 수 있게끔 자기 눈을 훈련하고 보호하지 않으면 훌륭한 선수가 될 수 없다. 하물며 하나님의 사람, 진리의 용사가 되겠다는 그대가 하나님을 향해 그대의 시선을 고정시키는 훈련을 단 한 번도 하지 않고, 세상에서 보고 싶은 것 다 보느라 그대의 시력을 덧없이 소모시키고서야 어찌 훌륭한 그리스도인이 될 수 있겠는가?

마지막 교훈은, 어떤 경우에도 탐심만은 버려야 한다는 것이다. 골로새서 3장 5절은 '탐심이 곧 우상숭배'라고 경고하고 있다. 탐심은 수단과 방법을 가리지 않기 때문이다. 인간으로 하여금 끝내 금단의 선악과를 따먹게 한 것도 결국 사탄의 유혹에 의해 부추겨진 인간의 탐심이었다. 탐심의 특징은 이유 없이 소유하고 쌓아 두려는 것이다. 오직 자신만을 위하여 필요 이상으로 소유하고 쌓아 두는 사람이 있다면, 그가 누구든 상관없이 그는 이미 탐심의 노예다.

1986년 필리핀의 마르코스 정권이 무너졌을 때, 그의 부인 이멜다의 구두가 3천 켤레나 된다는 사실이 밝혀져 세계의 웃음거리가 된 적이 있다. 그중에 이멜다가 직접 신어 본 구두는 과연 몇 켤레나 되었을까? 그렇다고 이멜다만 욕할 일은 아니다. 그대의 신장을 열어 보라. 지난 수년 동안 한 번도 신지 않은 신이 몇 켤레나 그냥 있지 않은가? 그대의 옷장은 어떤가? 그대가 입지 않으면서도 남 주기는 아까워 그저 걸어 두기만 한 옷

역시 몇 벌이나 되지 않는가? 그렇다면 그대는 이멜다를 욕할 자격이 없다. 그대가 이멜다만큼의 권력과 부를 지니지 못했을 뿐이지, 만약 그녀만큼 권력과 부를 지녔더라면 그대도 이멜다처럼 3천 켤레의 신을 쌓아 둘 탐심의 사람이 아니겠는가?

앞에서 언급한, 어린 시절 거지 생활을 한 이천우 목사님의 고백은 우리를 숙연하게 한다. 당시 거지들은 부잣집에서 동냥한 음식은 절대로 그냥 먹지 않았단다. 반드시 물을 붓고 끓인 다음에야 먹었다고 한다. 이유인즉 부자는 대개 쌓아 둔 음식 중에서 상한 것을 주기 때문이었다. 그것을 모르는 신출내기 거지들은 부잣집에서 나온 음식을 좋아라 하고 먹었다가 식중독에 걸리기 일쑤였다고 한다. 그러나 가난한 집에서 나온 음식은 아무 걱정 없이 그냥 먹어도 무방했다. 가난한 사람들은 쌓아 둘 음식이 없기에, 언제나 그들이 먹던 음식을 나누어 주기 때문이었다.

그대가 만약 무엇이든 무작정 쌓아 두기만 하다가 못 쓰게 된 다음에야 버리듯이 다른 사람에게 나누어 주는 사람이라면, 그대는 이천우 목사님의 말에 귀를 기울여야 한다.

"나를 이렇게 살아 있게 한 것은 부자의 밥이 아니었습니다. 나를 살린 것은 가난하고 불쌍한 사람들의 밥이었습니다."

그대가 그대의 탐심을 버리지 않는 한, 그대의 밥은 한 사람도 살리지 못한다. 오히려 많은 사람들을 해칠 뿐이다.

넷째, 먼저 범죄한 여자가 취한 첫 번째 행동은 무엇이었던가?

여자가 그 열매를 따먹고 자기와 함께 있는 남편에게도 주매 그도 먹은지라 여자는 범죄를 저지르기 무섭게 남편 아담을 범죄에 끌어들였다. 아담을 공범으로 만든 것이다. 여기에서 우리는 무서운 '죄의 확산성'을 인식하게 된다. 죄는 절대로 본래의 모습 그대로 머물러 있지 않는다. 죄는 끊임없이 핵분열을 일으키며 확산되어 나간다. 충신의 아내를 범한 다윗 왕이 그다음에는 그 여인의 남편, 즉 자신의 충신까지 살해해 버리는 것도 죄의 확산성 때문이다. 청소년 한 명이 동정이나 순결을 잃으면, 머지않아 주위 친구들이 거의 동정이나 순결을 잃게 되는 것 역시 죄의 확산성으로 인함이다. 처음 동정이나 순결을 잃은 청소년이, 자신의 친구들이 동정이나 순결을 지키고 있는 것을 용납하지 못하는 것이다. 다시 말해 친구들을 자신과 같은 공범으로 만들어야 직성이 풀리는 것이다. 그래서 데살로니가전서 5장 22절은, 악은 어떤 모양이든 상관없이 반드시 버릴 것을 엄히 명령하고 있다. 아무리 그럴 듯한 모양으로 치장하고 있어도, 죄는 반드시 그 속에 무서운 확산성을 품고 있는 까닭이다.

여기서 우리가 염두에 두어야 할 사실이 있다. 분명히 여자가 먼저 범죄했고 그 후 여자가 남자를 공범으로 끌어들였음에도, 하나님께서는 범죄의 책임을 여자 아닌 남자에게 물으셨다는 사실이다. 성경은 아담의 죄로 인해 모든 사람이 죄인 되었다고 말하지, 여자 때문에 세상에 죄가 들어왔다고 말하지 않는다. 주범이 아닌 아담의 입장에서 본다면 억울한 일이 아닐 수 없다. 그런데도 하나님께서 그렇게 하신 이유가 무엇일까? 그 이유는 간단하다. 하나님께서 아담에게 당신의 말씀을 맡기셨기 때문이다. 하나님께서 모든 실과를 마음대로 먹되 선악과만은 먹지 말라는 말씀을 아담에게 맡기실 때 여자는 아직 창조되지도 않았었다. 아담이 하나님의 말씀을 최초로 받은 인간이었다는 것은 엄청난 은총이었다. 그와 동시에 그에게는 하나님의 말씀을 지켜야 할 책임도 주어졌다. 아담은 하나님의 말씀을 먼저 받은 사람답게, 여자에게 그 말씀을 잘 가르쳐 지키게 할 책임을 다해야 했다. 그러나 그는 그 책임을 소홀히 하고 말았다. 그러므로 하나님께서 여자 아닌 아담에게 범죄의 책임을 물으신 것은 너무나 당연한 처사였다. 이것이 하나님의 공의다.

우리에게 하나님의 생명의 말씀이 먼저 주어졌다는 것은 참으로 크나큰 은총이 아닐 수 없다. 그러나 죄에 빠져 죽어가는 사람들에게 이 생명의 말씀을 전하고 가르쳐야 할 책임 또한 우리에게 주어졌음을 잊어서는 안 된다. 이 사실을 망각하고 하나님의 말씀을 자기 안일을 위한 방편으로만 사용하려 한다면, 하나님께서 언젠가는 그 책임을 반드시 우리에게 물으실 것이다.

다섯째, 그 범죄의 결과는 무엇이었던가?

> 그러므로 한 사람으로 말미암아 죄가 세상에 들어오고 죄로 말미암아 사망이 들어왔나니 이와 같이 모든 사람이 죄를 지었으므로 사망이 모든 사람에게 이르렀느니라(롬 5:12).

범죄의 결과로 인간은 본질적으로 죄인이 되어 버리고 말았다. 과녁에서 벗어나 버린 것이다. 이것은 이미 앞에서 상세하게 설명하였다. 그러나 그것으로 모든 것이 끝난 게 아니었다. 그 위에 더하여 인간에게 사망이 이르렀다. 모든 인간이 죽을 수밖에 없는 존재가 되고 만 것이다. 로마서 6장 23절 말씀처럼 '죄의 삯은 사망'이기 때문이다. 하나님께서는 의로운 분이시기에 죄인에게 돌아갈 삯은 사망밖에 없다. 우리말 '삯'으로 번역된 헬라어 '옵소니온ὀψώνιον'은 특별히 군인이 받는 삯을 의미한다. 군인의 삯은 목숨을 건 대가이다. 한평생 목숨을 걸고 열심히 살아온 대가가 고작 죽음이라면 인간에게 그보다 더 허망한 일이 어디 있겠는가? 그러나 어찌하랴? 그것이 피할 수 없는 하나님의 법칙인 것을! 그래서 풀이 마르고 꽃이 떨어지듯, 이 땅에 태어난 모든 인간은 반드시 죽는다.

1979년 11월 3일 거행된 박정희 대통령의 국장國葬은 확실히 대통령의 장례식다웠다. 내 아버님의 장례식과는 비교도 할 수 없었다. 동작동 국립묘지에 대통령의 관이 도착하고, 장엄한 종교 예식 후 하관식이 거행되었다. 유택幽宅에 안치된 대통령의 관 위에 일곱 개의 횡대가 덮이자 곧 취토가 시작되었다. 먼저 유족들이, 그다음으로는 국무위원들이 돌아가며 흙을 한 삽씩 대통령의 관 위에 뿌렸다. TV로 그 광경을 보고 있던 나는 다음 순간 깜짝 놀라고 말았다. 대통령의 관 위에 쌓인 흙을 발로 다지기 위해 무덤으로 내려가 그 흙을 밟고 선 사람은 고무장화를 신은 국립묘지의 인부였기 때문이다. 그 장면만은 내 아버님의 장례식과 정확하게 일치하였다. 내 아버님의 관 위에 올라가 발로 흙을 다진 사람도 고무장화를 신은 묘지의 인부였다. 대통령의 관이라고 해서 국무총리나 국방부 장관이 밟는 것이 아니었다. 만일 그런 사람이 대통령의 관 위에 잠시라도 올라선다면 어김없이 불경죄로 다스려질 것이다.

나는 그날 공평하신 하나님의 법칙을 통감하였다. 대통령이든 거지든, 부자든 가난뱅이든 상관없이 모든 인간은 공동묘지 인부의 장화 아래에서 동일한 존재다. 그대는 아는가? 그대가 아무리 그대 자신에 대해 뽐낼 것이 많다 할지라도, 그대 역시 머지않아 공동묘지 인부의 장화 아래 밟히게 될 존재라는 사실을.

죄인 된 우리가 해야 할 일

'나'라는 존재가 이처럼 본질적으로 돌이킬 수 없는 죄인이요 죽을 수밖에 없는 허망한 존재임을 깨달았다면, 이제 그대가 해야 할 일은 도대체 무엇이겠는가?

> 셋도 아들을 낳고 그의 이름을 에노스라 하였으며 그때에 사람들이
> 비로소 여호와의 이름을 불렀더라(창 4:26).

왜 인간은 '에노스' 때가 되어서야 비로소 여호와의 이름을 불렀는가? 왜 그 이전에는 여호와를 찾을 생각조차 하지 않았는가? '에노스'란 '죽을 수밖에 없는 존재'라는 뜻이다. 자신이 에노스, 즉 죽을 수밖에 없는 존재임을 깨닫기 전까지 인간은 여호와를 찾지 않았다. 아니, 찾아야 할 필요가 전혀 없었다. 스스로 천년만년 살리라 착각했기 때문이다. 그러나 모든 인생이 죽을 수밖에 없는 에노스임을 절감했을 때 그들은 여호와의 이름을 부르지 않을 수 없었다. 생명의 근원이시요, 생명 그 자체이신 여호와 하나님만이, 그들에게 시시각각 다가오는 죽음의 문제를 해결하실 수 있음을 비로소 깨달은 것이다.

그대 자신이 에노스임을 진정으로 깨달았다면, 그대가 할 일이란 지금부터 여호와 하나님의 이름을 부르는 것이다. 여호와 하나님을 찾는 것이다. 여호와 하나님을 그대의 삶의 과녁으로 삼는 것이다.

> 예수께서 이르시되 내가 곧 길이요 진리요 생명이니 나로 말미암지

않고는 아버지께로 올 자가 없느니라(요 14:6).

그대 자신이 그대의 능력으로는 돌이킬 수 없는 본질적인 죄인임을 정녕 인식했다면, 그대는 이제부터 예수 그리스도를 믿고 따라야 한다. 그분이 그대의 죄를 해결해 주시려 하나님께서 이 땅에 보내신 메시아시요, 그대의 죗값을 대신 치르기 위해 십자가의 형벌을 받으신 그리스도시기 때문이다.

그러므로 모든 육체는 풀과 같고 그 모든 영광은 풀의 꽃과 같으니 풀은 마르고 꽃은 떨어지되 오직 주의 말씀은 세세토록 있도다 하였으니 너희에게 전한 복음이 곧 이 말씀이니라(벧전 1:24-25).

그대 자신이 순식간에 말라비틀어질 풀잎에 불과함을 인식했다면, 그대에게 남은 일이란 복음 속에 거하는 것이다. 복음의 말씀을 통해서만 구원자이신 예수님을 바로 만날 수 있고, 그 말씀 안에서만 생명이신 여호와 하나님과 영원히 동행할 수 있기 때문이다.

사람들은 종종 "주님을 향하여 마음 문을 열자"는 말을 한다. 대체 마음 문을 연다는 것은 무엇을 뜻하는가?

그것은, 여호와 하나님 아니시면 나는 죽을 수밖에 없는 에노스임을 겸손하게 인정하는 것이다. 그것은, 예수 그리스도 아니시면 죄와 사망의 굴레에서 벗어날 수 없음을 겸허하게 고백하는 것이다. 추하기 짝이 없는 나의 모든 죄와 허물에도 불구하고 주님께서 먼저 나를 찾아오셔서 십자가의 구원과 복음의 말씀을 주시고, 성령님께서 당신의 빛으로 함께해 주심을 진심으로 감사드리는 것이다. 그래서 낮고 낮은 마음으로 삼위일체 하나님을 우러러뵙는 마음이다. 그와 같은 사람의 마음속에 주님께서 충만하게 임하신다. 왠지 아는가? 건강한 사람이 아닌 병자에게 의사가 필요하듯, 주님께서는 자신을 의인이라 여기는 사람이 아니라 자신의 죄인 됨을 통감하는 자를 구원하시러 이 땅에 오셨기 때문이다.

예수님은 누구신가

이사야 53장 6절

우리는 다 양 같아서 그릇 행하여 각기 제 길로 갔거늘 여호와께서는 우리 모두의 죄악을 그에게 담당
시키셨도다

예수님에 대한 몇 가지 질문

　우리는 앞 장에서 우리 자신이 어떤 존재인지 깨달았다. 우리는 에노스요, 본질적으로 죽을 수밖에 없는 죄인이다. 우리 자력으로는 죽음과 본질적인 죄의 굴레에서 벗어날 길이 없다. 따라서 우리에게는 이 굴레로부터 우리를 구원해 줄 구원자가 필요하다. 그리스도인은 예수님께서 바로 그 구원자이심을 믿는 사람이다. 그렇다면 그리스도인은 다음과 같은 질문에 스스로 답할 수 있어야 한다.

　예수님께서 우리의 구원자가 되시는 까닭은 무엇인가?

　왜 예수님만 우리의 구원자가 되시는가?

　예수님께서 우리 죄를 대신해서 돌아가셨을지라도, 왜 십자가에서 그토록 참혹하게 돌아가셔야 했는가?

　그대가 이 질문에 분명히 답할 수 있을 때 그대는 진정한 그리스도인이 될 수 있고, 주님에 대한 그대의 사랑과 믿음은 날로 깊어질 것이다.

성경말씀을 통해 본 예수님

이미 언급한 바와 같이 믿음은 말씀에 대한 믿음으로부터 시작된다. 말씀을 믿지 않으면서 주님을 믿는다고 한다면, 그것은 미신일 뿐 믿음이 아니다. 우리의 믿음이 언제나 성경말씀의 기초 위에 세워져야 하는 까닭이 여기에 있다. 그러므로 지금부터 성경말씀을 통하여 예수님이 어떤 분이신지 함께 살펴보자.

첫째, 예수님은 '구원자'이시다.

> 야곱은 마리아의 남편 요셉을 낳았으니 마리아에게서 그리스도라 칭하는 예수가 나시니라(마 1:16).

본문은 예수님을 가리켜 그리스도라 부르고 있다. '그리스도χριστός'는 히브리어 '메시아מָשִׁיחַ'에 해당하는 헬라어로, '구원자'란 의미이다. 왜 예수님만 우리를 위한 그리스도, 즉 구원자가 되시는가?

첫째, 그분만이 본질적인 죄의 굴레에서 우리를 구원해 내실 수 있기 때문이다.

> 아들을 낳으리니 이름을 예수라 하라 이는 그가 자기 백성을 그들의 죄에서 구원할 자이심이라(마 1:21).

본문은 마리아가 예수님을 잉태했을 때 천사가 요셉에게 이른 말로서, 예수님께서 인간을 죄에서 구원하시기 위해 이 땅에 오신 분임을 분명하게 밝히고 있다.

인류 역사상 위대한 성현들은 무수히 많다. 그러나 오직 타인의 죄를 위하여 이 땅에 오셨다가, 타인의 죄를 위하여 자신의 목숨을 버리신 분은 예수님밖에 없다. 그 어떤 종교의 창시자도 "너의 죄를 위해 내가 죽는다"고 말한 적은 없다. 그래서 다른 종교는 죄의식이 희박하든지 아예 없다. 단지 도덕만 강조한다. 그러나 이미 앞장에서 살펴본 것처럼, 인간이 아무리 도덕적으로 살아도 그것으로 본질적인 죄의 문제가 해결되는 것은 아니다.

예수님께서는 십자가 위에서 당신 자신을 제물 삼아 우리의 죗값을 치러 주심으로, 우리의 힘으로는 결코 벗어날 수 없는 이 본질적인 죄의 굴레를 끊어 주셨다. 예수님께서는 이 일을 위해 오셨고, 십자가를 통해 그 일을 이루셨다. 그래서 그분만이 우리를 죄에서 구해 내는 구원자가 되신다.

둘째, 예수님만 하나님께서 인정하신 속죄양이기 때문이다.

사형수 아들을 가진 아버지가 있다고 하자. 젊은 나이에 죽어야 할 아들을 살리기 위해 아버지가 대신 죽기로 했다. 그래서 그가, 내 아들의 죗값을 내가 대신 치르니 내 아들을 살려 달라는 탄원서를 관계 기관에 보낸 뒤 스스로 목숨을 끊었다고 치자. 그것은 참으로 가슴 뭉클한 부정父情일 수는 있다. 하지만 그가 자식을 위해 자기 목숨을 수백 번 끊는다 해도 자식의 죄가 탕감되거나 벗겨지지는 않는다. 그는 법이 인정하는 속죄양이 아닐뿐더러, 대한민국의 법은 속죄양을 용납하지도 않는다.

이처럼 누군가가 우리를 향해 "내가 너희 죄를 지고 죽는다"고 외치며 죽는다 한들, 그가 우리의 구원자가 될 수는 없다. 그는 하나님께서 인정하신 속죄양이 아니므로 우리의 죗값을 대신 치를 능력도 자격도 없기 때문이다.

그러나 요한복음 1장 29절은 다음과 같이 증거하고 있다.

> 이튿날 요한이 예수께서 자기에게 나아오심을 보고 이르되 보라 세상
> 죄를 지고 가는 하나님의 어린 양이로다

예수님은 하나님께서 인정하신 속죄양이셨다. 그래서 그분은 십자가 위에서 내 죗값을 대신 치를 자격과 능력을 갖고 계셨고, 그분으로 말미암아 나는 죄로부터 자유를 얻게 되었다. 세상 죄를 지게끔 하나님으로부터 인정받은 어린 양 예수, 오직 그분만 우리의 구원자 되신다.

둘째, 예수님은 '부활자'이시다.

> 예수께서 이르시되 나는 부활이요 생명이니 나를 믿는 자는 죽어도
> 살겠고 무릇 살아서 나를 믿는 자는 영원히 죽지 아니하리니 이것을
> 네가 믿느냐(요 11:25-26).

본문은 예수님께서 영원한 부활자이심을 밝혀 주고 있다. 예수님께서 우리의 죗값을 치르기 위해 십자가에서 돌아가셨지만, 그러나 그것은 끝이 아니었다. 오히려 새로운 시작이었다. 돌아가신 지 사흘째 되는 날, 예수님께서 죽음을 깨뜨리시고 다시 살아나심으로 영원한 부활자가 되신 것이다.

예수님께서 영원한 부활자시라는 사실이 왜 중요한가?

첫째, 예수님께서 영원한 부활자가 되셨기에 우리에게 영원한 구원, 영원한 생명이 주어졌다. 예수님께서 십자가에서 우리의 죗값을 치르고 돌아가셨다 할지라도 그것으로 모든 것이 끝나 버렸더라면, 예수님의 구원은 고작 이 땅에 국한된 구원에 불과하고 말았을 것이다. 그 경우 죄와 더불어 우리의 또 다른 근본 문제인 죽음의 문제는 해결될 수 없다. 그러나 주님께서 죽음을 깨뜨리고 영원히 부활하심으로 그 문제도 간단히 해결되었다. 우리는 모두 부활하신 예수 그리스도 안에서 영원한 생명, 영원한 구원을 얻게 되었기 때문이다. 요한복음 3장 16절이 다음과 같이 증거하는 이유가 여기에 있다.

> 하나님이 세상을 이처럼 사랑하사 독생자를 주셨으니 이는 그를 믿는 자마다 멸망하지 않고 영생을 얻게 하려 하심이라

둘째, 예수님께서 영원한 부활자가 되셨기에 그분의 말씀은 지금도 살아 있고 앞으로도 영원히 유효하다. 사람이 죽으면 그와 동시에 그의 말은 효력을 상실한다. 만약 예수님께서 부활하지 못하셨더라면, 2천 년 전에 지구 반대편에서 죽어 버린 인간의 말을 21세기에 진입한 우리가 믿어야 할 까닭이 없다. 그러나 예수님께서 부활하셨기에 지금도 그리고 영원토록 그분의 말씀은 우리를 고치고 살리시는 생명의 말씀이 된다.

그렇다면 예수님께서 부활하셨다는 증거는 무엇인가?

그분의 이름으로 수많은 사람들이 오늘도 새 생명을 얻고 있다는 것, 이것이 부활의 첫 번째 증거다. 그분이 부활하지 못하셨더라면, 성경이 증

언하는 생명의 역사들이 오늘날까지 그분의 이름으로 일어나지는 못하리라. 오늘도 세계 도처에서 수많은 사람들이 그분의 말씀 안에서 새로운 생명을 얻고 새로운 삶을 살고 있다. 고백하거니와 그분이 아니셨던들 나는 아직도 밤거리의 탕아로 살아가고 있을 것이다. 그분의 말씀과 그분의 손길에 의해 오늘도 내가 새롭게 빚어져 가고 있다는 것은 주님 부활의 확실한 증거다. 그러나 이것만으로는 안 된다. 불교신자 역시 부처님의 가르침 속에서 새로워지기 때문이다. 그러므로 이 외에 또 다른 증거가 있어야 한다.

예수님께는 무덤이 없다는 것이 그 두 번째 증거다. 모든 종교는 예외 없이 창시자의 무덤을 왕릉처럼 거창하게 꾸미고 가꾼다. 그것으로 그 종교의 권위가 더해진다고 믿는 까닭일 것이다. 그러나 무덤이란 죽음의 증거일 뿐이다. 이런 면에서 공자나 석가모니는 모두 동일하다. 하지만 예수님께는 무덤이 없다. 무덤의 핵이어야 할 죽음, 즉 시신이 없기 때문이다. 예수님께서 다른 종교의 창시자들처럼 부활하지 못하셨다면, 오늘날 이스라엘 어디엔가는 왕릉 같은 예수님의 무덤이 있을 것이다. 제자들이 가만히 있지 않았을 것이기 때문이다. 무덤 없는 예수 그리스도—그것은 부활의 확고한 증거다. 그러나 이것만으로도 부족하다. 제자들이 예수님의 시신을 숨겨 놓고, 예수님의 부활을 거짓으로 꾸며 냈을 수도 있기 때문이다. 그래서 한 가지가 더 있어야 한다.

부활의 증거가 깨어지지 않았다는 것이 부활의 마지막 증거이다.

닉슨 대통령의 보좌관이었던 찰스 콜슨Charles W. Colson은《러빙 갓Loving God》에서 대단히 중요한 고백을 하고 있다. 그 유명한 워터게이트 사건이 터졌을 때, 닉슨 대통령 보좌관들은 그 사건을 은폐하기로 하고 서로 말을 맞추었다. 그들은 미국 최고의 엘리트들이자 법에 관한 한 타의 추종을 불허하는 전문가들이었다. 그들은 누가 추궁해도 자신들이 짜 맞춘 말을 완벽하게 지킬 수 있다고 믿었다. 그러나 얼마 지나지 않아 그들의 말은 서로 어긋나기 시작했고, 결국 모든 거짓이 들통나고 말았다. 그 유능한 엘리트들이 무슨 까닭에, 그토록 치밀하게 짜맞춘 몇 마디의 말을 지키지 못해 감옥 신세까지 지는 망신을 당해야 했던가? 그들이 지키려던 것이 진실이 아니라 거짓이었기 때문이다. 거짓은 어떤 힘으로도 지켜지지 않는다. 거짓을 영원히 지킬 수 있는 방법은 없다. 거짓은 때가 되면 반드시 그 정체가 드러나고야 만다. 이 사실을 자신의 삶으로 확인한 찰스 콜슨은 예수님의 부활을 진심으로 믿지 않을 수 없었다.

만약 예수님께서 부활하지 못하셨다면, '예수 부활'은 제자들이 입을 맞추어 꾸며 낸 거짓말일 수밖에 없다. 그것이 사실이라면 그 무식한 어부들이 입을 맞춘 말은 한 달도 못 가 서로 어긋나기 시작했을 것이고, 꾸며 낸 그 거짓말은 예루살렘을 넘기도 전에 허물어져 버리고 말았을 것이다. 그리고 제자들이 목숨을 잃으면서까지 '예수 부활'을 외치지도 않았을 것이다. 무식하기 짝이 없는 갈릴리의 어부들이 전한 '예수 부활'의 증언이 2천 년이 지난 오늘날까지 무너지지 않고 살아 역사하는 것은, 그것이 인간에 의해 꾸며진 거짓이 아니라 그 누구도 허물 수 없는 진실이기 때문이다.

셋째, 예수님은 '참 인간'이시다.

예수께서 빌립보 가이사랴 지방에 이르러 제자들에게 물어 이르시되 사람들이 인자를 누구라 하느냐(마 16:13).

예수님께서는 당신 자신을 '인자人子' 즉 '사람의 아들'이라 부르시고, 몇 번씩이나 이 사실을 강조하셨다. 이 땅에 오신 예수님께서 마리아의 태를 통하여 육신을 입고 오셨기에 '사람의 아들'임이 분명하다. 그런데 이 사실이 왜 우리에게 중요한가? 왜 구원자이신 예수님께서 '사람의 아들'이셔야 하는가?

그가 시험을 받아 고난을 당하셨은즉 시험받는 자들을 능히 도우실 수 있느니라(히 2:18).

예수님께서 친히 사람이 되시어 인간의 희로애락을 추상적으로가 아닌 구체적으로, 관념적으로가 아니라 실존적으로 경험하셨기에, 그분은 사람인 우리를 진정으로 도우실 수 있다. 바꾸어 말하면, 우리를 위한 진정한 구원자가 되시기 위하여 그분은 반드시 우리와 같은 사람이 되셔야 했다.

교통사고를 당하여 중상을 입고서야 비로소 장애우의 아픔을 절실하게 이해하게 된다. 부도로 살던 집을 하루아침에 날린 사람이 그제야 전셋집에 사는 사람의 애달픈 심정을 헤아릴 수 있다. 이처럼 같은 입장에 처함으로써만 공유할 수 있는 이해를 심리학적 용어로 '공감적 이해'라 부른다. 사람이 개를 사랑할 수는 있지만 개에 대하여 공감적 이해를 할 수는 없다. 어떤 경우에도 사람이 개가 될 수는 없기 때문이다. 제아무리 명견이라도 개 역시 사람에 대해 공감적 이해는 불가능하다. 사람이 얼마나 깊은 고뇌와 괴롬 속에서 살고 있는지 개는 알지 못한다. 개는 개일 뿐, 개가 사람이 될 수는 없는 까닭이다.

만약 예수님께서 사람으로 오시지 않았다면 사람에 대한 공감적 이해를 갖지는 못하셨을 것이다. 그러나 예수님께서 육체를 지닌 사람으로 오시어 인생의 애환을 몸소 겪으심으로 사람에 대한 공감적 이해를 지니실 수 있었고, 육체를 지닌 우리의 연약함을 온전히 돕는 구원자가 되실 수 있었다.

누가복음 2장 7절은 외양간에서 태어나신 예수님께서 구유를 침대 삼으셨음을 밝혀 주고 있다. 구유는 동물의 밥통이다. 세상에서 가장 더럽고도 역겨운 통이다. 인간이 거할 수 있는 곳 가운데 그보다 못한 곳은 있을 수 없다. 거지도 갓 태어난 자기 자식을 그런 곳에 두지는 않는다. 예수님께서는 그런 비천한 곳에서 태어나셨다. 그렇기에 그분은 이 세상 그 어떤 비천한 사람의 마음도 공감적으로 이해하고, 또 도우실 수 있는 것이다.

무인가 혹은 군소 신학교의 난립은 어제 오늘의 문제가 아니며, 그 폐해는 날이 갈수록 도를 더해 가고 있다. 그래서 오래전부터 뜻있는 분들은 그런 신학교의 폐지를 주장해 왔다. 설득력 있는 주장임엔 틀림없지만, 사회생활을 하던 내게는 관심 밖의 사항이었다. 그러다가 늦은 나이에 막상 나 자신이 신대원에 입학하고 보니, 신학교 난립으로 인한 폐해가 도처에서 보이기 시작했다. 드디어 나도 문제의 신학교에 대해 비판적인 입장을 취하게 되었고, 그런 신학교의 폐지 주장에 동조하기에 이르렀다.

신대원에 진학한 1985년 말, 나는 어떤 군소 신학교의 책임자로부터 저녁 식사에 초대받았다. 그분이 책임자로 있던 신학교는 평소, 저런 신학교라면 없어져도 무방하리라고 생각하던 그런 신학교였다. 초대 장소에 도착해 보니 문제의 그 신학교를 졸업한, 예전부터 안면이 있던 두 전도사님도 동석해 있었다. 함께 식사를 나누면서 그분들의 이야기를 듣던 나는 깜짝 놀랐다.

한 분은 서울 S동 빈민을 상대로 목회하고 있었는데, 85년 당시 그분이 받는 한 달 사례비가 5천 원이라고 했다. 가족들이 한 달 동안 라면으로만 연명하기에도 부족한 금액이었다. 그분은 친척들로부터 도움을 받을 수도 있지만, 그곳 빈민들과 같은 수준으로 살기 위해 5천 원으로 한 달을 꾸려 간다고 했다. 먹을 것이 없으면 몇 끼든 상관없이 금식한다고 했다. 그래서 그런지 100킬로그램이 넘는 거구였던 그분은, 보기 민망할 정도로 말라 있었다. 다른 한 분은 경기도 S시의 달동네에서 목회한다고 했다. 그분의 경우는 그래도 나아서 한 달 사례비가 1만 5천 원이었다. 그렇다고 해서 매일 쌀밥을 먹을 수 있는 것은 아니었다. 한 달 내내 허리띠를 졸라매고 살아야 했다. 그런데도 두 분 모두 자기 목회지에 대한 큰 자부심과 긍지를 갖고 있었다.

그날 밤 집으로 돌아온 나는 얼마나 회개했는지 모른다. 부끄러운 고백이지만 유복한 가정에서 자라나 장로회신학대학 신대원을 졸업한 나는, 빈민촌이나 달동네에 들어가 살면서 그곳에서 목회할 용기를 지니고 있지 못하다. 만에 하나라도 용기를 내어 그렇게 한다고 해도, 이번에는 그곳에 사는 사람들이 내 말과 생각을 이해하지 못할 것이다. 그들과 내가 살아온 세계가 전혀 다르기 때문이다. 그러므로 그곳 사람들을 위한 목회자는 그들 가운데서 나와야 한다. 같은 말, 같은 문화, 같은 사고를 가진 사람이어야 공감적 이해가 가능할 것이고, 그래야만 그들에게 참된 도움을 줄 수 있을 것이다. 그렇다면 불행하게도 빈민촌에서 태어나 단지 돈이 없다는 이유만으로 필요한 학력을 갖추지 못한 사람도 입학할 수 있는 신학교가 있어야 하지 않겠는가? 정규 대학교의 졸업장을 지니지 못한 사람도 참된 신앙의 목회자가 될 수 있는 길은 있어야 하지 않겠는가? 세상에서 똑똑하고 잘난 사람만 가는 신학교가 아니라, 좀 부족한 사람도 들어갈 수 있는 신학교도 있어야 하지 않겠는가? 그런 길을 봉쇄해 버린다는 것은 소외 계층과 소외 지역을 포기하는 것을 의미하지 않겠는가? 실제로 이름 있는 신학교를 졸업한 목회자 가운데 한평생 달동네나 빈민촌에서 목회하고 있는 사람은, 나 자신은 말할 것도 없고 손꼽을 정도에 지나지 않는다.

나는 그해가 끝나는 마지막 날 마지막 시간인 1985년 12월 31일 밤 12시, S동에 있는 그 전도사님의 교회를 찾아가 송구영신 예배를 드렸다. 회개의 표시였다. 그리고 그날 이후 무인가 신학교나 군소 신학교에 대하여 섣불리 말하지 않기로 하였다. 그곳을 통해서도 신실한 주님의 종이 배출됨을 내 눈으로 확인하였기 때문이다.

그렇다. 나는 달동네나 빈민촌에서 사는 사람들에 대해 진정한 공감적 이해를 지닐 수 없다. 그래서 그들에 대한 나의 도움은 늘 피상적일 수밖에 없다. 그러나 예수님께서는 달동네나 빈민촌보다 더 못한 곳에 사는 사람이라도 그 마음을 온전히 읽고 도우실 수 있다. 그분은 이 세상에서 가장 낮고 비천한 구유에서 태어나셨기 때문이다.

그대가 지금 말할 수 없이 비천한 처지에 처해 있는가? 이 세상 그 누구도 그대의 속마음을 알아주지 못하는가? 그래서 날이면 날마다 홀로 외로움에 떨고 있는가? 그러나 그대는 잊지 말라. 구유에서 태어나신 주님께서 이미 그대의 마음을 읽으시고, 당신의 손길로 지금 그대를 붙들고 계시다는 사실을 말이다.

그런가 하면 누가복음 1장 35절은 예수님을 가리켜 '하나님의 아들'이라 부르고 있다. 예수님께서는 사람의 아들인 동시에 하나님의 아들이셨다. 사람으로 태어난 자 가운데 하나님의 아들보다 높은 존재는 있을 수 없다. 그 어떤 천하 제왕도 하나님의 아들보다 높을 수는 없다. 그 누구도 우주 만물의 주관자이신 하나님의 권세와 맞설 수는 없기 때문이다. 우리를 위해 이 땅에 오신 예수님께서 사람의 아들인 동시에, 이 세상에서 가장 높으신 하나님의 아들이시라는 사실은 참으로 중요하다.

예수님께서 가장 비천한 구유에서 태어나셨기에, 그 어떤 비천한 사람의 슬픔과 고통도 공감적으로 이해하실 수 있다는 것은 우리의 입장에서 보면 참으로 귀한 은총이다. 그러나 이것만으로는 안 된다. 낮고 가난하기만 한 사람은 가난한 사람을 공감적으로 이해하는 친구가 될 수는 있지만, 높고 부유한 사람의 아픔과 고통을 이해할 수는 없다. 이해하려기보다는 오히려 적대시하고 경원하기 십상이다. 높은 사람에게는 다른 사람보다 높기 때문에 주어지는 고독과 아픔이 있다. 부유한 사람에게는 부유하기에 피할 수 없는 짐과 부담이 있다. 높아 보지 않고 부유해 보지 아니한 사람이 어찌 그 아픔과 고독, 그리고 중압감을 이해할 수 있겠는가?

문민정부의 김영삼 대통령은 취임한 지 백일 만에 가진 기자회견에서, 대통령이란 자리가 이처럼 어렵고 괴로운 자리인지 비로소 알았다고 실토했다. 야당 총재 시절, 그는 역대 대통령의 실정失政을 쉬지 않고 비판하며 공박했다. 그러나 자신이 직접 대통령이 된 뒤에야 그 자리가 어떤 자리인지 공감적 이해를 할 수 있었다. 대통령이 되어 보지 못한 사람이 어찌 대통령의 고독을 이해할 수 있으리오? 재벌이 아닌 사람이 어찌 재벌의 괴로움을 알 수 있으리오? 한 번도 사장이 되어 본 적이 없는 사람, 매달 어김없이 봉급을 받기만 한 사람이, 직원들에게 봉급을 주기 위해 자기 집문서를 저당 잡히는 사장의 아픔을 어찌 읽을 수 있으리오? 전혀 불가능한 일이다.

그러나 예수님께서는 이 세상 그 어떤 높은 사람의 속마음도 공감적으로 읽고 이해하신다. 그 모든 고독과 아픔을 속속들이 아신다. 그분은 이 세상에서 가장 높으신 하나님의 아들이시기 때문이다. 그래서 예수님 주위에는 낮고 천한 사람만 있었던 것이 아니다. 백부장 같은 로마의 장교가 있었는가 하면 니고데모처럼 산헤드린 의회 의원도 있었고, 아리마대 지방의 거부 요셉도 있었다. 어디 그뿐인가? 예수님의 복음을 해석하고 정리하여 신약성경을 가능케 한 사람은 엘리트 중의 엘리트인 바울이었다. 예수님께서 하나님의 아들이셨기에, 그분은 높고 부유하고 똑똑한 사람도 온전히 돕고 구원하실 수 있었다.

이처럼 예수님께서 가장 낮고 비천한 구유에서 사람의 아들로 태어나셨을 뿐 아니라 동시에 가장 높으신 하나님의 아들이시기에, 그분이 낮고 높은 사람을 차별 없이 공감적으로 이해하고 도우실 수 있음은 물론이요, 모든 사람을 당신 안에서 온전히 통합하실 수 있다. 예수 그리스도 안에서 낮은 사람과 높은 사람, 가난한 사람과 부유한 사람, 잘난 사람과 모자라는 사람, 그 모두가 한 형제자매로 한데 어울릴 수 있는 이유가 여기 있다.

그대가 높은 지위에 있음으로 인해, 남보다 조금 더 부유한 까닭에, 피할 수 없는 고독과 아픔과 중압감으로 괴로워하고 있는가? 그렇다면 지금 그대의 눈을 들어 보라. 이 세상 그 누구보다도 더 높으신, 하나님의 아들 예수 그리스도께서 그대를 도우시려 이미 그대 앞에 서 계시지 않는가?

넷째, 예수님은 '참 하나님'이시다.

> 보라 처녀가 잉태하여 아들을 낳을 것이요 그의 이름은 임마누엘이
> 라 하리라 하셨으니 이를 번역한즉 하나님이 우리와 함께 계시다 함
> 이라(마 1:23).

본문은 예수님을 '임마누엘'이라 부르고 있다. 임마누엘이란 '하나님이
우리와 함께 계시다'는 의미다. 바꾸어 말해 '우리와 함께하시는 하나님'
이란 뜻이다. 누가 하나님이시라는 건가? 예수님, 그분이 곧 하나님이시란
말이다. 따라서 즉각 이런 질문이 제기된다. 방금 예수님을 하나님의 아
들이시라 했는데, 하나님의 아들이 어떻게 또 하나님이실 수 있는가?

대단히 날카로운 질문 같지만 실은 이보다 더 어리석은 질문은 없다. 개
의 새끼는 개고, 참새 새끼는 참새이며, 사람의 자식은 언제나 사람이다.
그렇다면 하나님의 아들 역시 하나님이실 수밖에 없지 않은가? 만약 하
나님의 아들이 하나님이 아니시라면 오히려 그것이 이상한 일이다. 예수
님께서 하나님의 아들이셨기에, 성부하나님의 속성과 품성과 권능을 그
대로 공유하신 성자하나님이실 수 있었다.

예수님께서 임마누엘 하나님이시라는 사실이 우리에게 왜 중요한가?

첫째, 예수님께서 하나님이시기에 그분의 도우심은 완전하면서도 근본
적일 수 있다. 예수님께서 아무리 우리를 공감적으로 이해하신다 해도 그
분이 하나님이 아니시면, 그분의 도움은 일시적이요 불완전할 수밖에 없
다. 그 경우 우리는 매번 다른 도움자를 찾느라 한평생 헤매고 다녀야 할
것이다. 완전한 것은 오직 완전하신 하나님으로부터만 나온다. 예수님께

서 하나님이시기에 죄와 사망에 빠진 우리를 완전하고도 근본적으로 도우실 수 있다.

둘째, 예수님께서는 하나님이셨으므로 이 땅에 사람으로 오셨지만 죄 없는 참 사람이실 수 있었다. 예수님께서는 여인의 태를 통하여 오셨으나 인간의 성性을 매개로 삼지는 않으셨다. 성령님의 능력으로 동정녀에게서 태어나신 임마누엘 하나님이시다. 그래서 예수님께는 원죄, 즉 본질적인 죄가 없다. 또 하나님이시기에 육체를 지닌 사람으로 사셨음에도 죄를 범치 않는 온전한 삶을 사실 수 있었다. 이것이 히브리서 4장 14-15절이 이렇게 증거하는 이유이다.

> 그러므로 우리에게 큰 대제사장이 계시니 승천하신 이 곧 하나님의 아들 예수시라 우리가 믿는 도리를 굳게 잡을지어다 우리에게 있는 대제사장은 우리의 연약함을 동정하지 못하실 이가 아니요 모든 일에 우리와 똑같이 시험을 받으신 이로되 죄는 없으시니라

그리스도인은 그리스도를 따르는 사람, 그리스도를 본받는 사람이라는 의미이다. 왜 예수 그리스도를 따르는가? 왜 그분을 본받고자 하는가? 그분만이 어떤 흠도 없이 완전한 삶을 사신 진리 그 자체시기 때문이다. 만약 그분이 하나님이 아니셨던들, 단지 인간으로 존재하며 단 한 차례라도 죄를 범하셨다면, 그분은 완전한 진리이실 수 없고, 우리가 그분을 따르고 본받아야 할 이유도 가치도 없을 것이다. 그분이 곧 하나님이셨기에 흠 없이 완전한 삶을 사신 그분은, 영원한 진리와 구원자로서 우리의 영원한 푯대가 되신다.

그래서 예수님께서는 오늘도 이렇게 말씀하고 계신다.

> 수고하고 무거운 짐 진 자들아 다 내게로 오라 내가 너희를 쉬게 하리라
>
> (마 11:28).

인간의 몸에서 태어나고 빈민촌 나사렛의 목수였던 예수님께서 누구시기에 감히 이런 말씀을 하실 수 있단 말인가? 그분은 임마누엘, 곧 우리와 함께하기 위해 이 땅에 오신 하나님이시기 때문이다.

우리는 지금까지 성경말씀을 통하여 예수님께서 어떤 분이신지 살펴보았다. 그분은 구원자시요, 부활자시요, 참 인간이시요, 참 하나님이시다. 그러므로 우리는 왜 요한복음 14장 6절이 예수님을 통하지 않고서는 하나님 아버지께 나아갈 수 없다고 증언하는지, 왜 사도행전 4장 12절이 예수님의 이름이 아니고는 구원받을 수 없다고 단언하는지, 그 이유를 이제 분명하게 깨달을 수 있다.

수치스런 고백이지만 나는 한때 이 두 구절에 대하여 심한 거부감을 가진 적이 있었다. 너무도 독선적이고 배타적으로 여겨졌기 때문이다. 그래서 그에 대한 반발심으로 예수 밖에서 구원을 찾아보기 위해 꽤 오랫동안 다른 종교를 기웃거리기도 했다. 여러 타 종교인들을 만났고 타 종교의 여러 집회를 찾아다니기도 했다. 하지만 그때 나는 두 가지를 모르고 있었다. 첫째, 모태 적부터 하나님을 믿었다는 내가 성경을 전혀 모르고 있었다. 다른 곳에서 구원을 찾으려는 노력의 10퍼센트만 성경을 아는 데 기울였던들, 영적으로 그토록 오랫동안 방황하지는 않았을 것이다. 둘째

로는 나 자신을 포함하여 인간에 대해 무지했다. 인간을 바르게 아는 것
이야말로 참된 구원을 얻는 첩경이다. 그때 내가 인간을 바로 알았던들,
도덕적으로 나보다 월등한 종교 창시자라 해도 본질적으로는 나와 똑같
은 죄인임을 알았던들, 어찌 그들에게서 영원한 구원을 구하려 방황하였
겠는가?

왜 요한복음 14장 6절과 사도행전 4장 12절이 예수님을 통해서만 구원
을 얻을 수 있다고 단언하는가? 이 땅에 태어난 인간 중에 구원자시며,
부활자시며, 참 인간이시며, 참 하나님이셨던 분은 오직 예수님 한 분밖
에 없기 때문이다.

예수님이 처참히 죽으신 이유

인간은 모두 본질적으로 죄인이요 죄의 삯은 사망이기에, 인간은 누구
나 죽을 수밖에 없는 에노스임은 이미 배웠다. 또 예수 그리스도께서 우
리의 죗값을 대신 치러 주셨기에 우리가 죄와 사망에서 구원받게 되었음
도 알았다. 그렇다면 이제 좀더 본질적인 주제로 들어가 보자. 예수님께서
는 왜 그토록 피를 흘리시며 처참하게 돌아가셔야만 했는가? 우리의 죄
를 대신해서 돌아가시더라도, 공자나 석가처럼 고상하고 품위 있게 돌아
가실 수는 없었던가?

이스라엘 백성이 이집트에서의 노예살이에서 해방되기 전날 밤이었다.
당신의 백성을 놓아주지 않으려는 이집트를 징벌하시기 위하여, 하나님
께서는 이집트 전역에서 사람의 장자와 짐승의 첫 새끼를 진멸하셨다. 그
러나 하나님께서 이스라엘 백성의 생명은 지켜 주시기 위하여 그들로 하

여금 양을 잡아 그 피를 문 인방과 설주에 발라 두게 하셨다.

> 모세가 이스라엘 모든 장로를 불러서 그들에게 이르되 너희는 나가서 너희의 가족대로 어린 양을 택하여 유월절 양으로 잡고 우슬초 묶음을 가져다가 그릇에 담은 피에 적셔서 그 피를 문 인방과 좌우 설주에 뿌리고 아침까지 한 사람도 자기 집 문 밖에 나가지 말라 여호와께서 애굽 사람들에게 재앙을 내리려고 지나가실 때에 문 인방과 좌우 문 설주의 피를 보시면 여호와께서 그 문을 넘으시고 멸하는 자에게 너희 집에 들어가서 너희를 치지 못하게 하실 것임이니라(출 12:21-23).

양의 피를 발라 두게 하신 하나님께서는 피가 보이는 집을 '뛰어넘으시므로' 그 속에 있는 모든 사람이 구원을 얻게 하셨다. 이스라엘 백성들은 이날을 '유월절逾越節'이라 불렀다. 문자 그대로 하나님의 진노, 하나님의 심판이 '뛰어넘어 갔다'는 의미였다. 그래서 유월절을 영어로도 '패스오버 Passover'라 한다. 하나님의 심판이 어떻게 패스오버 하게 되었는가? 하나님께서 문에 발라져 있는 양의 피를 보셨기 때문이다. 다시 말해 양이 죽었기 때문이다. 양이 사람을 대신하여 피를 흘리고 죽었기에 하나님의 심판은 패스오버 되었고, 그 결과 사람이 산 것이다. 구약시대에 하나님께 드려지던 제사의 본질적 의미가 이것이다. 하나님께서는 거룩하시기에 결코 죄를 용납하시지 않는다. 죄에는 반드시 하나님의 형벌과 심판이 따랐다. 그래서 이스라엘 백성은 죄를 범했을 때마다 하나님 앞에 양을 잡아 제사를 드렸다. 이른바 속죄양이었다. 죄의 형벌을 받아야 할 인간을 대신하여 양을 잡아 피를 뿌리면, 그 피를 보신 하나님의 심판은 패스오버 되었다. 이것이 히브리서 9장 22절이 다음과 같이 증언하는 이유이다.

> 율법을 따라 거의 모든 물건이 피로써 정결하게 되나니 피흘림이 없은즉 사함이 없느니라

그러나 그와 같은 제사는 완전한 제사일 수 없었다. 그 까닭은 다음과 같다.

> 제사장마다 매일 서서 섬기며 자주 같은 제사를 드리되 이 제사는 언제나 죄를 없게 하지 못하거니와(히 10:11).

인간의 죄를 대신하는 제물이 짐승이라 불완전한 제물일 수밖에 없었고, 제사를 주관하는 제사장 역시 불완전한 죄인이었기 때문이다. 그래서 죄를 범할 때마다 양을 잡고 피를 뿌리면서도 본질적인 죄의 굴레로부터 자유로울 수는 없었다. 그것이 인간이 짐승으로 드리는 제사의 한계였다.

마침내 하나님께서는 인간이 본질적인 죄의 굴레로부터 벗어날 수 있도록 친히 영원한 제사를 마련해 주셨다. 바로 십자가였다. 그 십자가에서 드려지는 제물은 더 이상 불완전한 짐승이 아니었다. 흠 없고 죄 없는 예수 그리스도, 그분이 제물이었다. 완전한 제물이었다. 그 제사를 하나님께 바쳐 드리는 제사장 또한 임마누엘이신 예수 그리스도셨다. 완전한 제사장이었다. 완전한 제사장에 완전한 제물, 그야말로 완전한 제사였다.

이 뜻을 따라 예수 그리스도의 몸을 단번에 드리심으로 말미암아 우

리가 거룩함을 얻었노라 제사장마다 매일 서서 섬기며 자주 같은 제사를 드리되 이 제사는 언제나 죄를 없게 하지 못하거니와 오직 그리스도는 죄를 위하여 한 영원한 제사를 드리시고 하나님 우편에 앉으사 그 후에 자기 원수들을 자기 발등상이 되게 하실 때까지 기다리시나니 그가 거룩하게 된 자들을 한 번의 제사로 영원히 온전하게 하셨느니라(히 10:10-14).

짐승으로 드리는 제사의 효력은 언제나 일회적일 수밖에 없었다. 제물로 바쳐진 짐승이 죽어 버렸기 때문이다. 그다음 제사 때는 새로운 제물로 처음부터 다시 시작해야 했다. 그러나 십자가에서 제물로 돌아가신 예수 그리스도께서는 죽음을 깨뜨리고 영원히 부활하셨기에, 그분이 드린 제사의 효력 또한 영원해졌다. 주님께서 친히 제물 되신 십자가의 제사가 완전한 제사임과 동시에 영원한 제사였던 것이다. 그러므로 그와 같은 제사를 다시 반복할 필요가 없어져 버렸다.

또 그들의 죄와 그들의 불법을 내가 다시 기억하지 아니하리라 하셨으니 이것들을 사하셨은즉 다시 죄를 위하여 제사드릴 것이 없느니라 (히 10:17-18).

그러므로 이제 인간에게 남은 것이 있다면, 인간의 죄를 완전히 그리고 영원히 사하여 주시기 위해 십자가에서 당신 자신을 제물 삼아 영원한 속죄의 제사를 드려 주신 예수 그리스도를 믿는 것뿐이다.

십자가에 못박히시기 전 예수님의 머리에는 가시나무로 엮은 가시관이

씌워졌다. 중동 지방의 가시나무는 사람이 만든 못만큼이나 예리하고 날카롭다. 그래서 예수님의 머리가 온통 피투성이가 되었다. 왜 죄 없는 주님의 머리가 피투성이가 되어야만 했는가? 그 이유는 대체 무엇인가? 당신의 머리를 제물로 드림으로, 내가 머리로 지은 모든 죄를 하나님의 심판으로부터 패스오버 시켜 주시기 위함이었다. 예수님의 가슴이 로마 군병의 채찍에 맞아 갈가리 찢겨져 피를 흘리심으로, 내가 아무도 몰래 마음속으로 지은 모든 은밀한 죄에 대한 하나님의 심판이 패스오버 되었다. 예수님의 두 손에 대못이 박히어 피를 흘리심으로, 내 손이 지은 모든 죄가 비로소 사함을 얻었다. 예수님의 두 발이 못박혀 피를 뿌리심으로, 내가 가서는 아니 될 곳을 돌아다니므로 내 발이 지은 죄가 용서함을 받았다. 예수님께서 로마 군병의 창에 옆구리를 찔려 마지막 피와 물 한 방울까지 다 흘리심으로, 썩어 문드러질 이 몸뚱이로 지은 나의 모든 죄가 깨끗함을 받았다.

왜 예수님께서는 그토록 참혹하게 사지가 찢겨져 피투성이가 되어 돌아가셔야만 했는가?

왜 예수님께서는 다른 성현들처럼 고상하고 품위 있게 돌아가실 수는 없으셨던가?

나 같은 죄인을 사랑하사 나의 죄를 머리에서부터 발끝까지 하나도 빠짐없이, 철저하게, 온전히, 본질적으로 그리고 영원히 대속해 주시기 위함이었다. 예수님께서 나의 죗값을 완전히 치르시기 위해 그처럼 완전한 제물이 되어 주셨기에, 십자가의 예수 그리스도 안에서 내 죄는 심판받았고 또 내가 생명을 얻게 된 것이다. 다시 말해 십자가에 달리신 예수 그리스도 안에서 나를 향한 하나님의 공의와 하나님의 사랑이 동시에 완성된 것이었다.

나는 인류 정신사에 빛을 던져 준 성현들을 존경한다. 그러나 그분들에게 아무리 배울 것이 많고 본받아야 할 것이 많다 해도, 내가 그분들을 나의 구원자로 섬길 의사가 전혀 없음은, 그분들은 나의 죄를 위하여 단 한 방울의 피도 흘린 적이 없기 때문이다.

여기서 그대에게 한 가지 질문을 던져 보겠다.

그대는 구원받았는가?

그대는 구원의 확신이 있는가?

그대가 만약 이 질문에 즉시 답할 수 없다면, 그대는 지금부터 하는 말에 유의해야 한다. 그대는 죄인이며, 예수 그리스도께서 그대의 죗값을 치르시기 위해 십자가에서 돌아가셨고, 그로 인해 그대의 죄가 사해졌음을 믿는다면, 누가 뭐라고 하든 그대는 이미 구원받은 그리스도인이다. 구원은 말씀에 대한 깨달음과 믿음으로 얻는 것이고, 그 결과로 감정이 뒤따르게 되는 것이다.

감정으로 구원을 확인하려는 사람들을 종종 본다. 그러나 그대가 잊지 말아야 할 것은, 감정으로만 구원을 확인하려 하면 필시 구원으로부터 멀어져 버린다는 사실이다. 참다운 믿음이 지知, 정情, 의意를 동시에 고루 갖추어야 하는 이유가 바로 이것이다.

예수님과 관련한 성경구절

우리는 지금까지 예수님이 어떤 분이신지, 왜 그분만 우리의 구원자 되시는지, 그리고 십자가 위에서 그분이 이루신 구원이 얼마나 위대하고 아름다운지 살펴보았다. 이제 다음 성경구절들을 묵상하며 이 장을 정리하자.

로마서 3장 28절

> 그러므로 사람이 의롭다 하심을 얻는 것은 율법의 행위에 있지 않고 믿음으로 되는 줄 우리가 인정하노라

우리가 아무리 애쓴다 해도, 우리의 능력만으로는 결코 하나님으로부터 의롭다는 판정을 받지 못한다. 하나님께서 완전한 분이시기에 완전한 의만 의로 판정하시는 데 반해, 본질적으로 죄인인 우리는 본질적으로 완전한 의를 이룰 수 없는 까닭이다. 그러나 예수 그리스도를 구원자로 믿어 그분 안에 거할 때 우리는 여전히 불완전하지만, 하나님께서 예수 그리스도의 완전한 의를 보시고 우리를 의롭다고 인정해 주시는 것이다. 그래서 본래 죄인이 하나님께로부터 받을 것은 죽음의 형벌뿐임에도, 주님을 믿는 우리는 주님의 의를 힘입어 하나님께 나아가, 하나님의 자녀가 되어, 하나님과 교제할 수 있는 것이다.

에베소서 1장 7절

> 우리는 그리스도 안에서 그〔하나님〕의 은혜의 풍성함을 따라 그〔예수 그리스도〕의 피로 말미암아 속량 곧 죄사함을 받았느니라

우리 죄에 대한 사하심의 근거는 우리 죄의 경중이 아니라, 예수님으로

하여금 우리를 위해 속죄의 피를 흘리게 하신 하나님의 은혜에 전적으로 달려 있다. 하나님의 은혜는 하늘보다 높고, 예수님의 보혈의 능력은 바다보다 넓어서, 이 세상에 용서하시지 못할 죄란 하나도 없다. 그대가 비록 흉측한 죄인이라 할지라도 예수 그리스도를 구원자로 믿는 한, 주님께서는 그대에게 죄사함의 풍성한 은혜를 베푸신다. 그래서 간음 현장에서 붙들린 간부(姦婦)도 용서받았고, 예수님과 함께 못박힌 강도도 구원을 얻었으며, 예수님의 대적이었던 사울마저도 의롭다 인정함을 받아 사도 바울이 되었다.

요한1서 1장 9–10절

> 만일 우리가 우리 죄를 자백하면 그는 미쁘시고 의로우사 우리 죄를 사하시며 우리를 모든 불의에서 깨끗하게 하실 것이요 만일 우리가 범죄하지 아니하였다 하면 하나님을 거짓말하는 이로 만드는 것이니 또한 그의 말씀이 우리 속에 있지 아니하니라

하나님을 향한 죄의 자백은 대단히 중요하다. 자신의 죄를 하나님께 자백하는 것은 자신이 죄인임을 인정하는 것이요 하나님의 구원을 믿는다는 신앙고백이기에, 죄를 자백하는 사람이 하나님의 사랑을 체험하고 그 결과로 하나님과의 관계가 더욱 깊어지게 된다.

빚이 많아 자력으로는 도저히 해결할 수 없는 사람이 있다. 이제 곧 파산할 판이다. 그러나 그의 아버지는 엄청난 거부다. 아들의 어려운 처지를 알게 된 아버지가 아들을 불러, 대신 빚을 갚아 줄 테니 채무 명세서를

만들어 오라고 했다. 아들이 아버지를 믿고 부채를 모두 밝히면, 그는 아버지의 은혜 속에서 모든 부채로부터 자유를 얻을 것이다. 그러나 아버지를 믿지 못해, 행여 아버지께 야단을 맞을까 두려워 일부분만 밝힌다면 나머지 부채는 계속 남아 있을 것이요, 자력으로 변제할 능력이 없는 그는 부자의 아들임에도 언젠가 파산하고 말 것이다. 아버지에게 자신의 부채를 밝힌 만큼만 아버지의 은혜를 입을 수 있기 때문이다.

하나님께 우리 죄를 자백하는 것도 이와 마찬가지다. 죄의 자백은 내 자력으로는 해결할 수 없는 부채 명세를, 감사하게도 대신 해결해 주시겠다는 아버지 앞에 내어 놓는 것과 같다. 그러므로 죄를 자백하지 않는 것은 부자 아버지의 도움을 외면한 채, 해결할 능력도 없는 부채를 혼자 끌어안고 파산을 향해 치닫는 것과 같다. 그래서 하루를 마감하는 시간, 그날을 돌아보며 나의 잘못을 주님 앞에 고할 수 있어야 한다. 그와 같은 시간이 거듭됨으로써, 내가 잘못을 되풀이해도 끊임없이 용서하시는 주님의 깊은 사랑에 눈뜨게 되고, 그분의 다함없는 사랑을 힘입어 나는 비로소 그리스도인으로서의 바른 인격을 갖추어 가게 된다.

이사야 43장 25절

나 곧 나는 나를 위하여 네 허물을 도말하는 자니 네 죄를 기억하지 아니하리라

우리가 우리 죄를 하나님께 고하면 하나님께서 그 죄를 용서해 주실 뿐 아니라, 그 죄를 기억조차 않으신다. 하나님의 패스오버는 우리 죄에

대한 유보가 아니라, 죄의 완전한 도말塗抹이기 때문이다. 하나님께서 이미 도말하시고 기억조차 않으시는 것을 인간이 계속 붙들고 있다면, 그보다 더 미련한 짓은 없을 것이다.

이사야 1장 18절

여호와께서 말씀하시되 오라 우리가 서로 변론하자 너희의 죄가 주홍 같을지라도 눈과 같이 희어질 것이요 진홍같이 붉을지라도 양털같이 희게 되리라

하나님께서는 우리의 죄를 용서하고 도말하시는 것만으로 중단하지 않으신다. 때로는 죄의 흔적이 남아 우리를 괴롭힐 수 있기 때문이다. 그래서 하나님께서는 붉디붉은 우리 죄의 흔적을 눈과 같이, 양털같이 희고 깨끗하게 회복시켜 주신다. 과연 하나님께서는 회복의 하나님이시다.

로마서 8장 1-2절

그러므로 이제 그리스도 예수 안에 있는 자에게는 결코 정죄함이 없나니 이는 그리스도 예수 안에 있는 생명의 성령의 법이 죄와 사망의 법에서 너를 해방하였음이라

그러므로 진정으로 예수 그리스도를 믿는 사람은 결코 죄책감의 노예가 되지 않는다. 이미 주님께서 용서하시고, 도말하시고, 회복시켜 주셨

기 때문이다. 주님께 죄를 자백한다는 것과 죄책감에 시달린다는 것은 전혀 같은 말이 아니다. 주님에 대한 죄의 자백은 주님의 사하심을 믿기에 행하는 믿음의 행위이지만, 죄책감에 시달리는 것은 주님의 구원을 온전히 믿지 못하는 데 기인한 불신의 행위다. 그리스도인들이 사람들 앞에서 자신의 잘못된 과거를 간증하는 것은 죄책감으로 인함이 아니라, 그 모든 허물에도 불구하고 자신을 용서해 주신 주님의 사랑을 높이기 위함이다. 그리스도 예수 안에 있는 사람에게는 결코 정죄함이 없기 때문이다.

에베소서 2장 8-9절

너희는 그 은혜에 의하여 믿음으로 말미암아 구원을 받았으니 이것은 너희에게서 난 것이 아니요 하나님의 선물이라 행위에서 난 것이 아니니 이는 누구든지 자랑하지 못하게 함이라

본질적으로 죄인이요, 죽을 수밖에 없는 에노스였던 우리가 구원 얻은 것은 절대로 우리의 공로가 아니다. 그것은 십자가에서 우리의 죗값을 치러 주신 예수님의 공로요, 우리를 위해 예수님을 보내 주신 하나님의 일방적인 은총이다. 이 사실을 깨달으면 자신을 자랑하거나 교만에 빠질 수 없다. 오직 주님의 사랑과 하나님의 은혜를 자랑할 것이요, 그 자랑은 주님의 말씀을 좇아 구원받은 사람으로서의 의무를 다하는 것으로 나타날 것이다.

내가 존경하는 장로님 가정이 있다. 잘 알려진 학자였던 장로님에게는 명문대학을 졸업한 엘리트 아들이 있었다. 어느 날, 장래가 촉망되는 그

아들이 학교라고는 문턱에도 가 본 적이 없는 자기 집 가정부 처녀와 결혼하기를 원했을 때 장로님은 깜짝 놀랐다. 일반인의 상식으로는 있을 수 없는 결혼이었다. 그러나 아들의 뜻이 변함없자 장로님은 하나님을 믿는 믿음으로 결혼을 허락했다. 그 뒤부터 아들은 아내에게 공부를 가르치기 시작했다. 아내는 마침내 검정고시를 거쳐 명문대학을 졸업, 사람들로부터 존경받는 현모양처가 되었다. 남편이 자신을 지명하여 선택하는 순간부터 그녀의 인생이 새로워졌다. 신분이 달라졌다. 자기 삶의 가치가 예전과는 비교할 수도 없을 만큼 귀하게 되었다. 만약 그녀가 지금처럼 현모양처가 된 것이 자신의 공로라며 자랑하고 다닌다면 얼마나 우스꽝스럽겠는가? 현재 자신의 처지가 귀하게 여겨지면 여겨질수록 자신을 선택해 준 남편과 시아버지에게 감사할 것이요, 그 감사는 아내와 며느리의 도리를 다하는 것으로 드러날 것이다.

생각해 보라. 하나님께서 우리를 지명하여 선택하시고 구원하여 주심으로 우리가 얼마나 큰 은혜를 누리고 있는가? 우선 우리의 신분이 바뀌었다. 죄의 노예에서 하나님의 자녀가 되었다. 우리 삶의 가치가 전혀 새로워졌다. 삶의 질이 달라졌다. 참된 자유를 얻었다. 무엇보다도 영원한 생명을 얻었다. 이 사실을 아는 사람이 어찌 자신을 자랑할 수 있겠는가? 이것을 믿는 사람이 어찌 헛된 욕망을 위하여 또다시 주님을 이용하려 하겠는가? 이것을 깨달은 사람이 어찌 주님께 등을 돌릴 수 있겠는가? 지금 나의 나 됨이 귀하게 여겨지면 여겨질수록, 주님께 대한 도리를 다함으로 주님만 자랑하지 않겠는가?

하나님이 세상을 이처럼 사랑하사 독생자를 주셨으니 이는 그를 믿는 자마다 멸망하지 않고 영생을 얻게 하려 하심이라

성경이 말하는 영생은 곧 천국이다. 예수 그리스도 안에서 구원받은 우리에게는 영원한 생명 곧 천국이 주어졌다. 주님과 함께라면 이 세상도 아름답기 그지없거늘, 영원한 천국에서 주님과 함께하는 영원한 삶은 얼마나 황홀하겠는가? 주님께서 우리에게 맡기신 이 세상의 삶에 최선을 다하며 살다가, 어느 날 주님께서 작정하신 때 불현듯 천국으로 입성한다는 것은 얼마나 흥분되는 일인가?

나는 잠자리에 들기 전, 종종 주님께 이런 기도를 드린다.

'주님! 내일 저를 이 땅에서 필요로 하시면 내일 아침 이 잠자리에서 일어나게 하시고, 천국에서 저를 필요로 하시면 내일 아침 천국에서 눈 뜨게 해주십시오.'

그대는 어떻게 이런 기도가 가능한지 아는가? 그대가 믿는 예수 그리스도 때문이다. 예수 그리스도께서 누구시기에 이런 기도가 가능할 수 있는가? 예수 그리스도께서는 유일한 구원자시요, 영원한 부활자시요, 참사람이시요, 임마누엘 하나님이시기 때문이다. 그 예수 그리스도께서 십자가에서 우리의 죗값을 대신 치러 주심으로 우리의 모든 죄를 머리끝에서 발끝까지 하나도 빠짐없이, 철저하게, 온전히, 본질적으로, 영원히 대속해 주시고, 영원한 생명을 주신 것이다.

4

성령님은 누구신가

사도행전 2장 38절
베드로가 이르되 너희가 회개하여 각각 예수 그리스도의 이름으로 세례를 받고 죄사함을 받으라
그리하면 성령의 선물을 받으리니

성령하나님의 성경적 근거

내가 아버지께 구하겠으니 그가 또 다른 보혜사를 너희에게 주사 영
원토록 너희와 함께 있게 하리니 그는 진리의 영이라 세상은 능히 그
를 받지 못하나니 이는 그를 보지도 못하고 알지도 못함이라 그러나
너희는 그를 아나니 그는 너희와 함께 거하심이요 또 너희 속에 계시
겠음이라(요 14:16-17).

보혜사 곧 아버지께서 내 이름으로 보내실 성령 그가 너희에게 모
든 것을 가르치고 내가 너희에게 말한 모든 것을 생각나게 하리라(요
14:26).

내가 아버지께로부터 너희에게 보낼 보혜사 곧 아버지께로부터 나오시

는 진리의 성령이 오실 때에 그가 나를 증언하실 것이요(요 15:26).

그러나 내가 너희에게 실상을 말하노니 내가 떠나가는 것이 너희에게
유익이라 내가 떠나가지 아니하면 보혜사가 너희에게로 오시지 아니
할 것이요 가면 내가 그를 너희에게로 보내리니(요 16:7).

요한은 물로 세례를 베풀었으나 너희는 몇 날이 못 되어 성령으로 세
례를 받으리라(행 1:5).

오직 성령이 너희에게 임하시면 너희가 권능을 받고 예루살렘과 온
유대와 사마리아와 땅 끝까지 이르러 내 증인이 되리라(행 1:8).

오순절 날이 이미 이르매 그들이 다 같이 한 곳에 모였더니 홀연히 하
늘로부터 급하고 강한 바람 같은 소리가 있어 그들이 앉은 온 집에
가득하며 마치 불의 혀처럼 갈라지는 것들이 그들에게 보여 각 사람
위에 하나씩 임하여 있더니 그들이 다 성령의 충만함을 받고 성령이
말하게 하심을 따라 다른 언어들로 말하기를 시작하니라(행 2:1-4).

예수님께서는 성령님이 오실 것을 약속하셨고, 그 약속대로 성령님께서
이 땅에 임하셨다. 바로 그 성령님께서 지금 우리와 함께하고 계시며, 우리
는 그분과 더불어 살고 있다. 그러므로 성령님을 바로 알지 못하고는 바른
신앙인이 될 수 없다. 이것이 지금부터 우리가 이 장을 시작하는 이유이다.
창세기 1장 1절은 태초에 하나님이 천지를 창조하셨음을 밝혀 준다. 그

다음 구절인 2절의 증언은 다음과 같다.

> 땅이 혼돈하고 공허하며 흑암이 깊음 위에 있고 하나님의 영은 수면
> 위에 운행하시니라

그때 '하나님의 영', 즉 성령님께서도 함께하고 계셨다는 증언이다. 그리고 요한복음 1장은 태초에 '말씀'이 계셨는데 그 말씀이 곧 하나님이셨고, 그 말씀이 육신을 입고 이 땅에 오신 분이 성자하나님이신 예수 그리스도이심을 전해 주고 있다. 이것은 성자하나님과 성령하나님께서 어느 날 갑자기 나타나신 분이 아니라, 태초부터 성부하나님과 함께하고 계셨음을 의미한다. 창세기 1장 26절은 그 좋은 증거다.

> 하나님이 이르시되 우리의 형상을 따라 우리의 모양대로 우리가 사
> 람을 만들고 그들로 바다의 물고기와 하늘의 새와 가축과 온 땅과 땅
> 에 기는 모든 것을 다스리게 하자 하시고

하나님께서 당신 자신을 가리켜 '우리'라 말씀하셨다. '우리'란 복수이지 단수가 아니다. 그래서 하나님을 일컫는 히브리어 '엘로힘אֱלֹהִים'은 복수형으로만 쓰인다. 그런데 희한하게도 복수형 '엘로힘'에 호응하는 동사는 항상 단수형이다. 이것은 하나님께서 성부와 성자 그리고 성령이 일체를 이루시는, 삼위일체 하나님이심을 우리에게 일깨워 준다. 따라서 우리는 성령님 역시 삼위일체 하나님으로서의 성령하나님 되심을 잊지 말아야 한다.

삼위일체 하나님에 대한 이해

그렇다면 '삼위일체 하나님'이란 무슨 의미인가? 성부, 성자, 성령의 세 위격이 하나의 실체이신 하나님 안에 존재한다는 것이다. 이것은 쉽게 두 가지로 설명할 수 있다.

첫째, 하나님께서 한 분이시지만 또한 세 분이시라는 것이다.

인간은 장소에 따라 각각 다른 역할을 행할 수 있다. 나는 교회에서 목사이면서 집에서는 아빠이고 남편이고 자식이다. 나는 내게 맡겨진 이 여러 가지 역할을 충실히 행하려고 애쓴다. 그렇지만 나는 교회에 있으면서 동시에 집에도 있거나, 집에서 일하면서 동시에 교회에서도 일하고 있을 수는 없다. 내게 주어진 역할은 많아도 나 자신은 언제나 하나이기 때문이다. 집에 있을 때는 교회를 비울 수밖에 없고, 교회에 있을 때는 집에 있기를 포기할 수밖에 없다.

그러나 하나님께서는 한 분이시지만 또한 세 분이시기에 각각 다른 곳에서도 동시에 사역하실 수 있다. 만약 하나님께서 한 분으로만 존재하신다면, 하나님께서 육신을 입고 예수 그리스도로 이 땅에 계시던 동안 하늘은 비어 있어야 한다. 그랬더라면 하나님 없는 이 우주는 혼란에 빠져 버리고 말았을 것이다. 그러나 하나님께서는 한 분이시지만 또한 세 분이시기에, 성자하나님이신 예수 그리스도께서 이 땅에서 사역하시는 동안에도 성부하나님과 성령하나님께서는 각각 다른 사역을 동시에 행하실 수 있었다.

예수께서 세례를 받으시고 곧 물에서 올라오실새 하늘이 열리고 하나님의 성령이 비둘기같이 내려 자기 위에 임하심을 보시더니 하늘로부터 소리가 있어 말씀하시되 이는 내 사랑하는 아들이요 내 기뻐하는 자라 하시니라(마 3:16-17).

이 본문은 한 분이시지만 동시에 세 분이신 삼위일체 하나님을 잘 보여준다. 육신을 입고 예수 그리스도로 이 땅에 와 계시는 성자하나님, 비둘기처럼 임하시는 성령하나님, 하늘에서 말씀하시는 성부하나님께서 각각 그러나 동시에 역사하셨다.

삼위일체 하나님의 두 번째 의미는, 하나님께서 세 분이시지만 그러나 한 분이시라는 것이다.

만약 하나님께서 세 분으로만 존재하시면서 각각 다른 사역을 행하신다면, 결국 그 세 분은 서로 다른 세 신(三神)일 수밖에 없다. 그들 사이에는 아무 연관성도 없을 것이고, 그들의 의견이 일치하기도 쉽지 않을 것이다. 그들이 함께 모이면, 오히려 불일치로 인한 다툼과 혼란만 야기될 것이다.

그러나 하나님께서는 세 분이시지만 한 분이시기에, 서로 다른 곳에서 다른 사역을 담당하셔도 그 사역은 분열되거나 분리되지 않는다. 성부하나님의 창조, 성자하나님의 구원, 성령하나님의 인도하심은 언제나 완벽한 일치와 조화와 통합을 이룬다.

몸이 하나요 성령도 한 분이시니 이와 같이 너희가 부르심의 한 소망 안에서 부르심을 받았느니라 주도 한 분이시요 믿음도 하나요 세례도 하나요 하나님도 한 분이시니 곧 만유의 아버지시라 만유 위에 계시고 만유를 통일하시고 만유 가운데 계시도다(엡 4:4-6).

하나님께서는 세 분이시지만 또한 한 분이시기에 우리는 한 분이신 하나님 안에서 나 자신의 통합과, 나와 더불어 사는 모든 사람들과의 통합을 이루어 갈 수 있는 것이다.

그러나 이것이 정말 가능한 일인가? 한 분이시지만 또한 세 분이시고, 세 분이시지만 그러나 한 분이시라는 이것이 과연 있을 수 있는 일인가? 적잖은 사람들이 이것을 믿기 어려워한다.

이에 대하여 라틴 교부학의 창시자로 일컬어지는 테르툴리아누스 Tertullianus는 태양을 예로 들어 설명하였다. 하늘에 떠 있는 태양은 분명 하나다. 절대로 둘이거나 셋이 아니다. 그러나 그 태양은 빛으로도 존재한다. 어디 그뿐인가? 태양은 열熱로도 존재한다. 태양은 하늘에 떠 있고, 그 빛은 우주를 채우고, 그 열은 땅을 덥힌다. 분명히 태양은 하나인데 그러나 셋이고, 그 셋은 셋이지만 또한 하나이다. 대단히 훌륭한 설명이다. 하지만 태양은 시간과 공간의 지배를 받는다. 태양이 비치는 지구 반대쪽은 태양과 무관할 수밖에 없다. 따라서 태양으로 삼위일체 하나님을 설명하기에는 한계가 있을 수밖에 없다.

어떻게 하나님께서 시간과 공간을 초월하여 한 분이시면서 또한 세 분이시며, 세 분이시지만 또 한 분이실 수 있는가? 그것은 하나님께서 하나님이시기에 가능하다. 하나님께서는 본래 그런 분이다. 하나님께서는 사람이 아니시다. 하나님께서 하나님이시기에 인간에게는 불가능한 것도 하나님께는 얼마든지 가능하다. 그래서 한 분이지만 세 분이실 수 있고, 세 분이면서 동시에 한 분이실 수 있다.

절지동물인 지네의 특징은 다리가 많다는 것이다. 보통 15-23쌍의 다리가 있는데, 종류에 따라서는 31-173쌍의 다리를 지닌 지네들도 있다고 한다. 어느 날 지네를 만난 구더기가 깜짝 놀랐다. 자기에게는 단 하나도 없는 다리가 지네에게는 셀 수 없을 만큼 많았고, 그 많은 다리들이 조금도 엉키지 않고 질서정연하게 움직이기 때문이었다. 한동안 넋을 잃고 쳐다보던 구더기가 지네에게 물었다.

"애, 지네야! 넌 정말 다리가 많구나. 그런데 네가 움직일 때 그 많은 다리들을 어떤 순서로 움직이니?"

그것은 지네로서는 한 번도 생각해 본 적이 없는 질문이었다. 그제야 지네는 자기 다리를 돌아보았다. 그러고는 깜짝 놀랐다. 자기 몸에 그렇게 많은 다리들이 붙어 있다는 사실을 비로소 절감했기 때문이다. 그 순간부터 지네는 낭패스럽지 않을 수 없었다. 그 많은 다리들을 대체 어떤 순서로 움직였는지, 제일 먼저 움직이는 다리는 몇 번째 다리이고 그다음에는 또 몇 번째 다리를 움직여야 하는지, 아무리 생각해도 막막하기만 했다. 몇 번째 다리부터 움직여야 하는지 알 수 없으니, 지네는 한 발자국도 움직일 수가 없었다. 갑자기 다리 하나 없는 구더기가 부러워지면서, 자기 몸에 붙어 있는 그 많은 다리들이 원망스럽기만 했다.

꼼짝도 못하고 한동안 멈추어 있던 지네에게 섬광처럼 스치는 생각이 있었다. 이제껏 어떤 순서로 다리를 움직여야 하는지 전혀 알지 못하고서도 잘만 걸었다는 생각이었다. 그 생각이 들자 이번에는 믿음이 생겼다. 여태까지 잘만 걸어왔으니 아무리 다리가 많아도, 다리들을 움직이는 순서를 규명하지 못해도, 예전처럼 계속 잘 걸을 수 있으리라는 믿음이었다. 지네는 그 믿음으로 걷기 시작했다. 다리들을 움직이는 순서는 여전히 밝히지 못했지만, 지네는 옛날처럼 멋지게 자신이 원하는 대로 걸을 수 있었다. 그래서 지네는 중요한 교훈을 얻었다. '규명'이 아니라 '믿음'이 걷게 한다는 교훈이었다. 믿음으로 다시 걷기 시작하자, 많은 다리들은 더 이상 원망의 대상이 아니었다. 오히려 그 많은 다리들이 전혀 엉클어지지 않고 질서정연하게 움직인다는 사실에 스스로 경탄해 마지않았다.

삼위일체 하나님은 규명의 대상이 아니라 믿음의 대상이시다. 하나님께서는 인간과 달리 하나님이시기에 한 분이시지만 또한 세 분이실 수 있고, 세 분이시지만 그러나 한 분이실 수 있다. 하나님께서는 본래 그런 분이시다. 이 사실을 믿음으로 받아들일 때, 그대는 그 신비로우신 하나님에 대해 경탄할 수밖에 없을 것이다.

그렇다면 삼위일체 하나님에 대하여 왜 경탄하지 않을 수 없는지, 이제 그 이유를 생각해 보자.

하나님께서는 삼위일체 하나님이시기에 오직 하나님만 유일신이시다.

신에 대한 인간의 인식은 크게 네 가지로 구분되는데, 가장 저급한 신관神觀이 다신관多神觀이다. 이 땅에 수없이 많은 신들이 존재한다는 인식이다. 산마다 산신이 있고, 마을과 거리마다 수호신이 따로 있다. 신들이 많은 만큼 신들의 활동 영역은 지극히 제한되어 있을 수밖에 없다. 각각의 신들은 자기 영역에서만 영향력을 미치는 것이다. 다신관에 비해 발전된 신관이 일신관一神觀이다. 많은 신들 가운데 하나의 신이 한 나라나 민족을 다스린다는 신관이다. 다신관에 비해서는 신의 활동 영역이 훨씬 넓어졌다. 그러나 그 신도 국경을 넘어서면 영향력을 상실하기는 마찬가지다. 그다음으로 범신관汎神觀이 있다. 이것은 천하 만물과 만인이 모두 신성을 가지고 있다는 견해로, 경배 대상으로서의 신이 따로 있을 수 없으므로 우리에게는 이것도 전혀 고려의 대상이 아니다.

그리스도인이 하나님에 대해 갖는 신관은 유일신관唯一神觀이다. 오직 한 분이신 하나님께서 거리와 마을과 산과 국경과 지구, 인류의 역사와 우주 만물을 그분 뜻대로 다스리신다는 신관이다. 이것이 올바른 신관이다. 하나님만이 우주 만물을 주관하는 유일신이시다. 어떻게 하나님께서 하늘과 땅과 바다를 동시에 주관하는 유일신이실 수 있는가? 삼위일체 하나님이시기 때문이다. 한 분이시지만 또한 성부, 성자, 성령님으로 존재하시기에 온 우주를 통치하시고도 남음이 있는 것이다. 그래서 우리가 한국에 있든 미국에 있든, 하늘에 있든 바다 속에 있든, 언제 어디서나 유일하신 하나님 한 분의 이름을 부르는 것으로 족하다. 인간이 한 분 하나님만 찾음으로 모든 문제를 해결받을 수 있다는 것은 얼마나 크나큰 은총인가?

《우치무라 간조 회심기》를 쓴 우치무라 간조内村鑑三는 어릴 적부터 신심이 깊은 사람이었다. 그런데 그가 태어난 일본은 귀신들의 천국이다. 마을이나 거리에는 물론이고, 심지어 나무나 바위에도 귀신이 붙어 있다고 믿는 나라다. 어려서부터 어디를 가든 지나는 길목마다 버티고 있다는 귀신들의 이름을 다 기억하고, 그 귀신들이 기뻐할 주문을 외운다는 것은 그에게 여간 곤혹스러운 일이 아니었다. 어느 날 선교사로부터 복음을 전해 들은 그는 놀랐다. 한 분 하나님께서 온 우주를 다스리신다는 것이었다. 그분 한 분의 이름을 부르는 것만으로 모든 것은 족하단다. 세상에 이보다 더 감사하고 위대한 신이 어디에 또 있겠는가? 그가 그리스도인이 된 것은 유일신이신 여호와 하나님, 삼위일체 되신 하나님을 만난 사람의 사필귀정이었다.

그대가 믿는 하나님은 유일신이시요, 삼위일체 하나님이시다. 그러므로 하나님의 호칭에 대해 걱정하지 말라. 그대가 성부이신 하나님 아버지의 이름을 부를 때, 그 아버지 안에서 성자와 성령님께서 함께 역사하신다. 그대가 성자하나님이신 예수님의 이름을 부를 때, 그분 안에서 성부와 성령님께서 또한 같이 계신다. 하나님께선 삼위일체 하나님이시기에 세 분이지만 또한 한 분이기 때문이다. 똑같은 이치로 그대가 그대 곁에 계시는 성령하나님을 찾을 때, 그 성령님 안에서 성부와 성자하나님께서 동시에 그대에게 응답하시는 것이다.

성령님에 대한 예수님의 설명

이제 예수님께서 성령님을 소개하신 내용을 함께 살펴보자.

> 내가 아버지께 구하겠으니 그가 또 다른 보혜사를 너희에게 주사 영원토록 너희와 함께 있게 하리니(요 14:16).

예수님께서는 성령님을 가리켜 '보혜사保惠師'라고 부르셨다. 헬라어로는 '파라클레토스παράχλητος'이며 '위로자', '돕는 자'란 뜻이다.

주님께서는 성령님을 주술적이거나 마술적인 힘이 아닌, 인격자로 소개하셨다. 인격자가 아니시고서야 어찌 '위로자', '돕는 자'가 되실 수 있겠는가? 천지를 창조하신 성부하나님께서 인격자시듯이, 십자가의 죽음으로 우리를 구원하신 성자하나님께서 인격자시듯이, 성령하나님 또한 인격자시다. 그러므로 우리는 성령하나님을 인격적으로 만나야 한다. 다시 말해 인격자이신 성령하나님과의 사귐을 통해 그분을 닮아가야 한다. 그분이 우리를 인격적으로 위로하고 도우시는 것처럼, 우리도 타인을 위한 인격적인 위로자와 돕는 자가 되어야 한다.

누가 성령충만한 사람인가? 그대의 기도가 비록 서툴고 어눌하다 할지라도 그대가 성령님을 좇아 살면서 그대의 인격이 변해 가고 있다면, 그 인격의 변화가 남을 위로하고 돕는 것으로 나타나고 있다면, 그대야말로 진정 성령충만한 사람이다.

> 그는 진리의 영이라 세상은 능히 그를 받지 못하나니 이는 그를 보지도 못하고 알지도 못함이라 그러나 너희는 그를 아나니 그는 너희와 함께 거하심이요 또 너희 속에 계시겠음이라(요 14:17).

예수님께서는 성령님을 가리켜 이번에는 '진리의 영'이라 부르신다. 성령님은 세상의 영이 아니라 진리의 영이시다. 오직 진리로 말씀하시고 진리를 통해서만 당신을 보이신다. 진리 아닌 것과는 어떤 경우에도 함께하시지 않는다. 그러므로 성령님과 깊이 사귀는 사람은 진리 안에 거하는 사람이요, 그의 삶을 통하여 진리가 드러나는 사람이다.

누가 성령충만한가? 그대가 비록 밤을 새워 가며 기도하지는 못한다 해도, 시간이 흘러갈수록 그대의 삶을 통해 진리가 배어난다면 바로 그대가 성령충만한 사람이다.

예수님께서 성령하나님의 사역에 대해서는 또 어떻게 설명하고 계신가?

> 보혜사 곧 아버지께서 내 이름으로 보내실 성령 그가 너희에게 모든 것을 가르치고 내가 너희에게 말한 모든 것을 생각나게 하리라(요 14:26).

성령님의 첫째 사역은 우리에게 주님의 말씀을 가르쳐 주시고 생각나게 해 주시는 것이다. 내가 이해할 수 없는 영의 말씀을 영으로 일깨워 주신다. 그리고 필요할 때마다 필요한 말씀을 생각나게 해 주신다. 우리가 항상 성령님의 도우심을 구해야 할 까닭이 여기에 있다.

나는 목사다. 내가 길을 걸어가는데 지나가던 행인이 갑자기 달려와 내 얼굴을 쳤다고 하자. 목사인 내가 과연 어떤 반응을 보이겠는가? 만약 그 순간 내가 목사란 사실을 상기한다면 적어도 맞받아치는 일만은 없을 것이다. 다행히 "누구든지 네 오른편 뺨을 치거든 왼편도 돌려대라"는 주님의 말씀이 떠오른다면, 한 대를 더 맞더라도 분을 삭일 수 있을 것이다. 한걸음 더 나아가 "너희 원수를 사랑하며 너희를 박해하는 자를 위하여 기도하라"는 말씀까지 생각난다면, 오히려 그를 웃으면서 대할 수도 있을 것이다. 그러나 내가 느닷없이 얻어맞는 순간 이런 말씀들이 전혀 생각나지 않는다면, 나는 필경 팔을 걷어붙이고 육두문자를 써 가며 한판 붙고 말 것이다.

느지막이 신학을 시작한 전도사님이 있었다. 신학교에 다닐 때 그는 끼니를 때우기 힘들 정도로 형편이 어려웠다. 어느 날 그가 절도죄로 구속되었다. 친구 사무실에 들렀다가, 마침 직원이 잠시 자리를 비운 책상 위의 돈뭉치를 들고 나오다 현장에서 붙잡힌 것이었다. 사건이 마무리된 뒤, 아무리 어려워도 신학도가 왜 그런 짓을 했느냐는 나의 질문에 그의 대답이 참으로 기막혔다.

"돈을 보는 순간, 그 돈을 들고 도망쳐야 한다는 것 외에는 아무 생각이 나지 않았습니다."

그렇다. 결정적인 순간에 주님의 말씀이 생각나지 않는다면, 그리스도인이 불신자와 구별될 까닭이 없다. 주님의 말씀이 생각나지 않는데 신학이 무슨 소용이 있으며, 또 목회자라고 무엇이 다를 바 있겠는가? 필요할 때마다 필요한 말씀이 생각난다면 어찌 목사가 타락할 수 있으며, 본이 되어야 할 목사와 장로의 다툼으로 교회가 찢어질 수 있겠는가? 겸손하게 성령님의 도움을 간구하지 않으면, 우리의 삶은 이처럼 추해질 수밖에 없다. 차라리 믿지 않았던들 욕을 듣지는 않을 텐데 말이다.

> 그러나 내가 너희에게 실상을 말하노니 내가 떠나가는 것이 너희에게 유익이라 내가 떠나가지 아니하면 보혜사가 너희에게로 오시지 아니할 것이요 가면 내가 그를 너희에게로 보내리니 그가 와서 죄에 대하여, 의에 대하여, 심판에 대하여 세상을 책망하시리라(요 16:7-8).

예수님에 의하면, 성령님의 두 번째 사역은 우리를 책망하시는 것이다. 우리 삶의 잘못된 부분들을 꾸짖어 주신다. 우리가 말씀을 읽는 동안 양심의 찔림을 받는다면 그것은 성령님의 역사이다. 성령님의 조명 아래 있는 사람의 양심은 절대로 죽지 않는다. 내 양심의 주인 되신 성령님께서 진리의 영이시기 때문이다. 진리로 찔림 받는 양심만이 언제나 싱싱하게 살아 있을 수 있고, 살아 있으면서도 남을 해치는 흉기가 되지 않는다.

> 그러나 진리의 성령이 오시면 그가 너희를 모든 진리 가운데로 인도하시리니 그가 스스로 말하지 않고 오직 들은 것을 말하며 장래 일을 너희에게 알리시리라(요 16:13).

예수님께서 말씀하신 성령님의 또 다른 사역은 우리를 진리 가운데로 인도하시는 것이다. 성령님께서 우리를 책망하시고 양심을 꾸짖어 주시는 것이 대단히 귀한 은총이긴 하지만, 만약 그것으로 그친다면 우리의 양심은 중압감에 질식하든지 아니면 타성이 붙어 무디어져 버릴 것이다. 하지만 성령님께서는 책망으로 그치시지 않고 우리의 양심을 흔들어 깨우신 뒤, 우리를 친히 진리 가운데로 인도해 주신다.

어린아이가 홀로 설 수 있기까지는 어머니의 손길이 끊임없이 함께해야만 한다. 본질적인 죄에 갇혀 살던 우리가 어떻게 진리의 사람으로 홀로 설 수 있단 말인가? 성령하나님께서 우리와 함께 계시면서 중단 없이 우리를 가르치시고, 말씀을 생각나게 하시고, 꾸짖어 주시고, 우리의 손을 잡아 친히 진리 가운데로 인도해 주시기에 가능하다.

성령님의 역사

이처럼 좋으신 성령님과 함께 동행하는 사람에게 구체적으로 어떤 역사가 일어나는지 성경에서 함께 찾아보자.

감동

사무엘이 기름 뿔병을 가져다가 그의 형제 중에서 그[다윗]에게 부었더니 이날 이후로 다윗이 여호와의 영[성령]에게 크게 감동되니라(삼상 16:13).

성령님께서 계시는 곳에는 언제나 감동이 있다. 위대한 다윗이 다윗일 수 있었던 것은 성령님께서 그의 마음을 감동시켜 주신 결과였다. 생각해 보라. 성령님께서 우리 마음을 감동시켜 주시지 않았던들 죄 가운데 있던 우리가 어떻게, 나는 이 책을 쓰고 있으며 그대는 이 책을 지금 읽고 있겠는가? 성령님께서 우리 마음을 감동시키신 결과다. 성령님께서 우리 마음을 움직이신 것을 알기에, 성령님께서 다른 사람의 마음도 감동시켜 주실 것을 믿으므로 우리는 사람을 포기치 않을 수 있고, 또 사람으로 인해 절망하지 않을 수도 있다.

한국유리 창업주인 최태섭 장로님의 간증은 매우 감동적이다. 장로님은 젊은 시절 중국에서 공장을 경영하여 상당한 재산을 모았다. 그러던 어느 날 일어난 공산혁명은 온 세상을 뒤바꾸어 놓았다. 공장 근로자들이 사장을 인민재판에 회부하여 즉석에서 처형하는 끔찍한 일이 도처에서 일어났다. 장로님의 공장이라고 예외일 수는 없었다. 장로님은 모든 것을 포기하고 하나님께 자신의 생명을 맡겼다. 마침내 인민재판이 열렸다. 분위기가 험악했다. 그런데 한 근로자가, 우리 사장은 다른 사장과 달리 우리에게 진정으로 잘해 주었으므로 죽여서는 안 된다고 말했다. 공산혁명의 열기가 하늘을 찌르던 당시, 인민의 편이 아니라 자본가의 편을 든다는 것은 목숨을 버리는 일이었고, 또 그런 주장이 먹혀들 분위기도 아니었다. 그런데도 그 근로자는 용감하게 말했고, 이상하게 근로자들이 한 사람 두 사람 그의 의견에 동조하기 시작하더니 마침내 모두가 동의하기에 이르렀다. 그 결과, 인민의 입장에서 보면 이유 여하를 막론하고 처단하여야 할 지주요 자본가인 장로님은 무사히 살아 귀국할 수 있었다. 군중심리는 참으로 무섭다. 한 사람이라도 "죽여라" 하고 소리 지르면 군중은 금방 흥분해 버리는 법이다. 그런데 장로님이 인민재판 받던 날엔 어찌 그런 사람이 단 한 사람도 없었던가? 성령하나님께서 그곳에 모인 사람들의 마음을 감동시키셨기 때문이다.

그대를 짓밟으려는 사람들이 그대 주위를 겹겹이 둘러싸고 있다 할지라도, 그대가 그대와 함께하시는 성령님을 정녕 믿는다면 결코 두려워 말라. 성령님께서 작정하신 때가 되면 반드시 그들의 마음을 감동시키시어 그대와 한마음이 되게 해주시든가, 아니면 그대를 떠나가게 해주실 것이다.

말씀

> 너희를 넘겨 줄 때에 어떻게 또는 무엇을 말할까 염려하지 말라 그때에 너희에게 할 말을 주시리니 말하는 이는 너희가 아니라 너희 속에서 말씀하시는 이 곧 너희 아버지의 성령이시니라(마 10:19-20).

> 그들이 베드로와 요한이 담대하게 말함을 보고 그들을 본래 학문 없는 범인으로 알았다가 이상히 여기며(행 4:13).

성령님과 함께하는 사람에게 성령님께서는 반드시 말씀을 주신다. 웬만한 말이 아니라 생각해 보지도 않았던 귀한 말씀을 주신다. 그래서 성령충만한 베드로가 설교했을 때, 그를 그저 갈릴리의 무식한 어부로만 생각했던 예루살렘 사람들이 깜짝 놀랐다.

나는 모든 예배시간에 성경을 순서대로 설교한다. 그러므로 때로 난해하거나 설명하기 어려운 구절도 피해갈 수가 없다. 신비스러운 것은, 그때마다 성령님께서 언제나 친히 말씀해 주신다는 것이다. 가령 외출하려고 나섰는데, 내 자동차 앞에 문이 잠긴 다른 차가 주차되어 있어 내 차가 움직일 수 없게 되었을 때, 나는 그 차의 주인을 찾으려 애쓰지 않았다. 성령님께서 나와 함께 계심에도 내 차가 움직일 수 없는 형편이라면, 지금 움직여서는 내게 좋지 않거나 아니면 외출보다 더 중요한 일이 있기에 성령님께서 나의 외출을 막으시는 것으로 받아들였다. 그래서 그 차 주인이 나타날 때까지 기다릴 요량으로 사무실로 돌아와 책꽂이에 있는 아무 책이나 뽑아 읽기 시작했다. 놀라운 것은 내가 직면한 난해 구절의 해답이 바로 그 책 속에 들어 있는 것이었다. 그 구절과는 아무 상관도 없는 책인데 말이다. 이런 경험은 한두 번이 아니었다. 성령님께서 이처럼 말씀을 주시지 않는다면 내 능력이나 실력만으로는, 단 한 주일도 제대로 설교하는 것이 불가능했을 것이다.

이것은 내게만 있는 일이 아니다. 성령님께서는 그대에게도 끊임없이 말씀을 주고 계신다. 문제는 그대가 그분의 말씀에 귀 기울이고, 그 말씀에 순종하려는 마음을 지니고 있느냐는 것이다.

위로

> 그리하여 온 유대와 갈릴리와 사마리아 교회가 평안하여 든든히 서 가고 주를 경외함과 성령의 위로로 진행하여 수가 더 많아지니라(행 9:31).

성령님과 동행하는 사람에게는 성령님의 위로가 함께하신다. 사람의 위로와 성령님의 위로는 동일하지 않다. 사람의 위로는 '빈말'이지만 성령님의 위로는 언제나 '채움'이다. 사람은 해결해 줄 능력이 없거나, 혹은 능력은 있지만 해결해 주고 싶은 마음이 없을 때 빈말로 위로하게 된다. 그래서 사람의 위로는 아무리 받아도 당면 문제가 해결되지 않는다. 그러나 성령님의 위로는 성령님의 '채움'이기에 언제나 '해결'을 의미한다. 말할 수 없이 큰 아픔과 고통을 당한 사람이 성령님의 위로 속에서 오히려 전보다 더 굳게 설 수 있는 까닭이 여기에 있다.

그대가 지금 어떤 슬픔 속에 있든 더 이상 사람의 위로를 구하려 하지 말라. 그대가 사람의 위로에 목말라 하면 할수록 그대는 더욱 공허해질 것이다. 인간의 위로는 빈말이며, 빈말은 사람의 빈 마음을 결코 채워 주지 못한다. 오히려 그것은 사람으로부터 많은 것을 앗아갈 뿐이다. 성령님의 위로를 구하라. 성령님의 위로를 빌라. 그분의 위로만이 그대에게 채움과 해결을 안겨다 준다. 오직 성령님만 참된 '파라클레토스'—진정한 위로자시기 때문이다.

사랑

> 소망이 우리를 부끄럽게 하지 아니함은 우리에게 주신 성령으로 말미암아 하나님의 사랑이 우리 마음에 부은 바 됨이니(롬 5:5).

성령님과 함께하는 사람의 마음속에는 하나님의 사랑이 부어진다. 성령님은 하나님의 영이시요 하나님께서는 사랑이신즉, 성령님께서 하나님의 사랑을 부어 주심은 당연한 일이다. 하나님의 이 사랑을 힘입어 우리는 비로소 남을 사랑할 수 있다.

나는 본래 사랑과는 거리가 먼 사람이었다. 6남매의 막내, 그것도 외아들로 자랐으니 오죽했겠는가? 많은 사람들에게 상처만 주면서 살았다. 그러나 성령님께서 내 마음을 만져 주시고 하나님의 사랑을 부어 주심으로 비로소 상대방 위주로 사람을 사랑하는 법을 알게 되었다. 사람을 사랑하게 되면서부터 사람에 대한 도리를 하게 되었고, 사람과의 참된 나눔도 가능해졌다. 사람을 사랑하지 못할 때는 사람보다 물질이 늘 먼저 보였으므로, 가장 작은 것조차 나눌 수 없었다. 그러나 사람을 사랑하게 되자, 내 것을 나누었을 때 기뻐할 상대의 모습이 먼저 보이기에 나눔은 나의 즐거움이 되었다. 성령 받은 초대교회 교인들이 자신들의 소유를 조금도 아까워하지 않고 필요한 사람에게 나누어 줄 수 있었던 것은, 그들의 소유가 모두 쓰레기처럼 가치 없는 것이었기 때문이 아니라, 성령님께서 그들의 마음속에 하나님의 사랑을 부어 주셨기 때문이다.

그대, 사랑해야 할 사람을 사랑하지 못해 괴로워하는가? 하나님의 사랑을 부어 주시는 성령님의 도우심을 겸손하게 간구하라. 물질을 위해서는 그토록 망설임 없이 금식기도마저 하면서도, 어찌 그보다 더 중요한 사랑을 위해서는 단 한 번의 금식기도도 드리지 못하는가?

소망

소망의 하나님이 모든 기쁨과 평강을 믿음 안에서 너희에게 충만하게 하사 성령의 능력으로 소망이 넘치게 하시기를 원하노라(롬 15:13).

성령님께서는 당신과 함께하는 사람에게 소망이 넘치게 하여 주신다.

지금 내 형편이 암울하고 절망적이기만 한데 어떻게 내게 소망이 넘치도록 하실 수 있는가? 성령님께서 나로 하여금 전능하신 하나님을 바라보게 하시고, 내 마음속에 끊임없이 하나님의 말씀을 생각나게 하시어, 그 말씀으로 내 심령을 가득 채워 주시기 때문이다.

너는 두려워하지 말라 내가 너를 구속하였고 내가 너를 지명하여 불렀나니 너는 내 것이라(사 43:1).

두려워하지 말라 내가 너와 함께함이라 놀라지 말라 나는 네 하나님이 됨이라 내가 너를 굳세게 하리라 참으로 너를 도와주리라 참으로 나의 의로운 오른손으로 너를 붙들리라 보라 네게 노하던 자들이 수치와 욕을 당할 것이요 너와 다투는 자들이 아무것도 아닌 것같이 될 것이며 멸망할 것이라(사 41:10-11).

배에서 태어남으로부터 내게 안겼고 태에서 남으로부터 내게 업힌 너희여 너희가 노년에 이르기까지 내가 그리하겠고 백발이 되기까지 내가 너희를 품을 것이라 내가 지었은즉 내가 업을 것이요 내가 품고 구하여 내리라(사 46:3-4).

일어나라 빛을 발하라 이는 네 빛이 이르렀고 여호와의 영광이 네 위에 임하였음이니라 보라 어둠이 땅을 덮을 것이며 캄캄함이 만민을 가리려니와 오직 여호와께서 네 위에 임하실 것이며 그의 영광이 네 위에 나타나리니 나라들은 네 빛으로, 왕들은 비치는 네 광명으로 나아오리라 네 눈을 들어 사방을 보라 무리가 다 모여 네게로 오느니라(사 60:1-4).

너희는 마음에 근심하지 말라 하나님을 믿으니 또 나를 믿으라(요 14:1).

내가 너희를 고아와 같이 버려두지 아니하고 너희에게로 오리라(요 14:18).

평안을 너희에게 끼치노니 곧 나의 평안을 너희에게 주노라 내가 너희에게 주는 것은 세상이 주는 것과 같지 아니하니라(요 14:27).

볼지어다 내가 세상 끝날까지 너희와 항상 함께 있으리라(마 28:20).

그렇다. 성령님께서 이처럼 말씀을 계속 생각나게 하시고 말씀으로 우리 심령을 채워 주시는데, 사망의 음침한 골짜기라 한들 어찌 우리 심령에 소망이 흘러넘치지 않으리!

거룩

이 은혜는 곧 나로 이방인을 위하여 그리스도 예수의 일꾼이 되어 하나님의 복음의 제사장 직분을 하게 하사 이방인을 제물로 드리는 것이 성령 안에서 거룩하게 되어 받으실 만하게 하려 하심이라(롬 15:16).

성령님께서는 당신과 함께하는 사람을 거룩하게 하신다. 성령님께서 책망하시고 꾸짖어 주시기 때문이다. 그래서 성령님의 빛 속에 거하는 사람은 언제나 양심의 가책과 더불어 갈등을 느끼기 마련이다. 잘못된 삶을 잘못된 줄 알면서도 계속하는 데 대한 갈등이다. 불의한 삶을 불의한 줄 알면서도 포기하지 못하는 데 대한 갈등이다. 그래서 그것은 거룩한 갈등이요, 창조적인 갈등이다.

나팔꽃은 줄을 타고 위로 오른다. 일단 줄에 매달린 꽃머리는 줄의 더 높은 곳을 잡기 위해 계속 떨게 된다. 이 떨림, 이 흔들림, 이 갈등이 없이는 나팔꽃은 더 높은 곳으로 올라갈 수 없다. 그 흔들림이 멈추는 순간, 나팔꽃의 꽃머리는 자체의 무게를 이기지 못해 땅으로 떨어지고 만다.

만약 그리스도인에게 창조적인 흔들림, 즉 거룩한 갈등이 전혀 없거나 멈추어 버린다면, 거룩하고 구별된 삶의 꽃은 피워지지 않는다. 그대가 성령님에 의해 끊임없이 흔들림을 당하고 있다면, 그것은 그대가 성령님 안에서 이미 거룩한 사람이 되었기 때문이다.

자유

주는 영이시니 주의 영이 계신 곳에는 자유가 있느니라(고후 3:17).

성령님과 함께하는 사람은 어떤 상황 속에서도 자유를 얻는다. 비록 내가 이해할 수 없는 상황을 맞는다 해도, 그것이 나를 위한 성령님의 역사임을 아는 까닭이다.

결혼한 다음 날부터 밤낮 울고 살던 신부가 참다 못해 친정어머니를 찾아가 눈물로 하소연하였다. 친정어머니 역시 눈물로 딸의 사연을 다 들은 뒤, 마침내 입을 열었다.

"그래도 네가 참고 살아야지 어떡하겠니?"

만약 그 신부가 그리스도인이어서 나를 찾아와 상담을 한다면, 나도 그녀의 친정어머니와 똑같은 대답을 할 것이다. 그러나 그 의미는 전혀 다르다. 하나님을 믿지 않는 그녀의 친정어머니가 "네가 참아라" 하는 것은 그 외에는 다른 길이 없기에 내뱉는 절망의 탄식이지만, 목사인 내가 "참아라" 하고 권하는 것은 당면한 상황 속에 성령님의 역사가 있음을 믿음으로 자유를 얻으라는 의미다.

지금 남편이 내 속을 썩이고 있다면, 그것은 성령님께서 남편을 통해 나의 모난 성격을 갈고 계시는 것이다. 지금 아내가 어리석은 짓을 하고 있다면, 그것은 성령님께서 아내를 도구 삼아 나를 성숙게 하고 계시는 것이다. 지금 내 자식이 말썽을 피운다면, 그것은 성령님께서 내 자식을 통해 나의 실상을 보게 하시므로 나를 회개케 하심이다. 이런 과정을 거쳐 성령님께서 작정하신 때가 될 때, 성령님께서는 이 모든 것을 합력하여 아름다운 선으로 마무리 지어 주실 것이다. 이렇게 믿을 때 우리는 모든 상황 속에서, 그 어떤 것에도 속박됨이 없이 자유를 누릴 수 있다.

그뿐 아니다. 성령님께서는 우리의 마음과 생각을 거룩하게 해 주시기에, 우리는 죄의 유혹으로부터도 자유를 얻는다. 확실히 성령님께서 계시는 곳에는 그 어느 곳이든, 그 무엇으로부터이든, 참된 자유가 있다.

치유

성령님께서는 당신과 함께하는 사람들을 치유해 주신다. 치유에 대해서는 다음 장에서 상세하게 다루고 있으므로 여기서는 그냥 지나가기로 한다.

> 여호와의 영(성령)이 삼손에게 강하게 임하니 그가 손에 아무것도 없이 그 사자를 염소 새끼를 찢는 것같이 찢었으나(삿 14:6a).

> 삼손이 레히에 이르매 블레셋 사람들이 그에게로 마주 나가며 소리 지를 때 여호와의 영(성령)이 삼손에게 갑자기 임하시매 그의 팔 위의 밧줄이 불탄 삼과 같이 그의 결박되었던 손에서 떨어진지라(삿 15:14).

삼손이 맨손으로 사자를 찢어 죽이고 그를 결박한 줄을 불탄 삼과 같이 끊어 버린 것은, 그 자신의 힘이 아니라 성령님의 권능이요 능력이었다. 성령님께서는 당신과 함께하는 사람을 당신의 능력으로 도우신다. 그분의 능력은 홍해를 가르신 능력이요, 여리고를 무너뜨리신 권능이다. 이것은 전설이 아니다. 지금 이 시간 이 순간에도 우리 삶 속에서 살아 역사하시는 능력이요 권능이다.

오래전의 일이다. 비가 몹시도 내리던 주일 아침이었다. 그때는 내가 살던 합정동 집에서 강북 강변도로로 진입하려면 절두산성당 마당을 거쳐야 했다. 그런데 자동차가 절두산성당 마당의 웅덩이에 빠져 차체 밑바닥이 땅에 닿아 버렸다. 공사를 하느라 웅덩이를 파둔 것을, 폭우로 온 마당이 물바다가 된지라 알 수 없었던 탓이었다. 계속 액셀러레이터를 밟아 보았지만 바퀴만 헛돌 뿐이었다. 차체가 땅바닥에 닿았는데 액셀러레이터를 밟은들 무슨 소용이 있겠는가? 참으로 난감했다. 그곳은 외진 강변도 로변인지라 택시를 잡을 수도 없었다. 그날따라 성찬식이 있는 주일이어 서 평소보다 더 빨리 가야 했다. 차를 내버려 두고 큰길까지 걸어 나가 택 시를 잡는다 해도 교회에 제시간에 도착하기는 어려웠다. 나는 핸들을 잡 은 채 마음속으로 잠시 기도를 드렸다.

'주님, 지금 가지 않으면 예배를 제시간에 드릴 수 없습니다. 도와주십 시오.'

기도가 끝난 뒤, 무심코 액셀러레이터를 밟은 나는 깜짝 놀랐다. 마치 평지에서 미끄러지듯이 자동차가 웅덩이에서 빠져나오는 것이었다. 그날 주일예배를 제시간에 드릴 수 있었음은 물론이다. 나는 알고 있다. 그날 자동차가 아무런 인위적 조치 없이 웅덩이에서 빠져나온 것은 성령님의 능력이었음을 말이다.

평소 J장로님은 늘 하나님의 능력을 구체적으로 경험해 보기 원했다. 어 느 날 밤 갑자기 딸 방에서 불이 났다. 누전이었다. 장로님이 그 방문을 열 었을 때 불은 온 천장에 번지고 있었다. 장로님은 급히 소화기를 찾아와 손잡이를 눌렀지만 전혀 작동되지 않았다. 단 한 번도 소화기를 써 본 적 이 없으므로 사용법을 알지도 못했다. 장로님은 다급한 마음으로 주님 을 외치며 소화기의 손잡이를 다시 눌렀다. 그 순간 소화액이 뿜어져 나 왔고, 덕분에 불은 꺼졌다. 뒤늦게 화재 사실을 안 아파트 경비원들이 찾 아왔다. 그리고 불을 어떻게 껐는지 물었다. 장로님이 사실대로 대답하자, 소화기를 본 경비원들은 장로님의 말을 믿으려 하지 않았다. 소화기는 안 전핀을 뽑지 않으면 절대로 작동되지 않는 법이다. 그런데 장로님이 사용 한 그 소화기에는 손을 댄 흔적도 없는 안전핀이 그대로 꽂혀 있었다. 그러니 경비원들이 장로님의 말을 믿지 않는 것은 너무나 당연한 일이었다. 그 까닭을 안 장로님이 소화기를 확인해 보니 정말 안전핀이 그대로 있었다. 장로님은 그때까지 소화기에 안전핀이 붙어 있다는 사실조차 몰랐다. 손잡이를 눌러 보았지만 꿈쩍도 하지 않았다. 안전핀 때문이었다. 안전핀이 그대로 붙어 있는 소화기―그러나 그 속은 텅 비어 있었다. 안전핀이 꽂혀 있는 채로 소화액이 다 뿜어져 나왔기 때문이다. 사람들은 어떻게 그 소화기에서 소화액이 나와 불을 끌 수 있었는지 이해하지 못했다. 아니, 계속 믿으려 하지 않았다. 그러나 장로님은 알고 있었다. 그 소화기를 작동시킨 것은 성령님의 권능이었음을.

B성도님은 주일 아침, 그날따라 예배가 시작되기 전에 기도드리고 싶은 마음에 서둘러 집을 나서느라 그만 돋보기를 두고 나왔다. 예배당에 앉아서야 그 사실을 안 성도님은 난감했다. 돋보기 없이는 성경을 볼 수 없음은 물론 찬송 한 절도 부를 수 없었다. 주님께 기도드리는 수밖에 없었다. 예배가 시작되었다. 그런데 신비로운 일이 일어나기 시작했다. 돋보기 없이 찬송가가 보이는 것이었다. 깨알 같은 주보 글씨도, 성경도, 조금도 불편 없이 읽을 수 있었다. 그 신비로운 역사는 예배가 끝날 때까지 계속되었다. 다른 사람은 몰라도 B성도님은 분명히 알고 있다. 그날 그 신비로운 역사는 성령님의 능력이었음을.

성령님께서는 오늘도 당신의 능력으로 우리와 함께하고 계신다. 그분의 능력은, 처녀의 몸에서 예수 그리스도가 태어나게 하신 창조의 능력이다. 우리가 성령님을 좇는 삶을 살아갈 때, 성령님께서는 바로 그 능력으로 우리를 세우고 붙드신다. 하지만 인간이 성령님의 능력 자체만을 목적으로 삼는다면, 성령님께서는 단연코 그 사람을 거부하신다. 그것은 성령님을 믿는 것이 아니라 이용하려는 것이요, 인격자이신 성령님을 전적으로 부정하는 행위이기 때문이다. 성령님의 능력은 사람의 필요에 의해서가 아니라, 오직 성령님께서 당신을 좇는 사람에게 당신의 필요에 따라 베푸시는 능력이다.

> 이에 두 사도가 그들에게 안수하매 성령을 받는지라 시몬이 사도들의 안수로 성령 받는 것을 보고 돈을 드려 이르되 이 권능을 내게도 주어 누구든지 내가 안수하는 사람은 성령을 받게 하여 주소서 하니 베드로가 이르되 네가 하나님의 선물을 돈 주고 살 줄로 생각하였으니 네 은과 네가 함께 망할지어다 하나님 앞에서 네 마음이 바르지 못하니 이 도에는 네가 관계도 없고 분깃 될 것도 없느니라 그러므로 너의 이 악함을 회개하고 주께 기도하라 혹 마음에 품은 것을 사하여 주시리라 내가 보니 너는 악독이 가득하며 불의에 매인 바 되었도다(행 8:17-23).

열매

> 오직 성령의 열매는 사랑과 희락과 화평과 오래 참음과 자비와 양선과 충성과 온유와 절제니 이 같은 것을 금지할 법이 없느니라(갈 5:22-23).

성령님 안에 거하는 사람들에게는 성령님의 열매가 맺힌다. 사람들은 성령님의 은사 얻기를 갈망한다. 그러나 그보다 더 중요한 것은 성령님의 열매이다(성령님의 은사와 열매에 대해서는 《성숙자반》에 상세하게 다루어져 있다). 성령님의 은사는 인격의 변화 없이도 받을 수 있다. 인격의 변화 없이 얼마든지 방언을 할 수 있고 병을 고칠 수도 있다. 자신이 받은 성령님의 은사를 과시하는 사람들 가운데, 우리가 인격적으로 이해할 수 없는 언행을 일삼는 사람이 의외로 많은 것은 이런 연유이다. 그러나 성령님의 열매는 인격의 변화 없이는 절대로 맺어지지 않는다. 사랑, 화평, 오래 참음, 자비 등 성령님의 모든 열매는 인격의 터 위에서만 거두어지는 열매이다.

우리의 인격이 어떻게 변화될 수 있는가? 인격자이신 성령님을 힘입음으로 가능하다. 고매한 인격자를 사귀는 사람과, 비인격자를 사귀는 사람이 동일한 인격을 지닐 수는 없다. 사람은 더불어 사귀는 사람의 인격에 동화되는 법이다. 우리가 인격자이신 성령님과 깊이 사귀어 갈 때 우리의 인격은 성령님의 인격을 닮아갈 것이고, 날로 변화해 가는 우리의 인격을 통해 성령님의 열매는 알알이 맺어질 것이다. 그러므로 우리는 성령님의 인격 속에서 생각하고, 그 인격으로 말하고, 그 인격을 힘입어 행동하는 훈련을 게을리 하지 말아야 한다. 남편과 아내가, 부모와 자식이, 형제와 형제가, 성도와 성도가 그리스도인으로서의 참 화평을 누리는 첩경이 바로 거기에 있다.

우리에게 임하신 성령님의 사랑

우리는 지금까지 삼위일체 하나님이신 성령하나님에 대하여 많은 것을 함께 생각해 보았다. 그리고 성령님을 떠나서는 우리가 바르게 존재할 수 없음을 깨달았다. 이제 마지막 단계가 남았다. 이 귀한 성령님을 어떻게 받을 수 있느냐는 것이다. 아니, 어떤 사람에게 성령님께서 임하시는가? 여기에는 하나의 답이 있을 수 없다. 성경은 여러 가지 경우의 예를 증언하고 있다.

> 오순절 날이 이미 이르매 그들이 다같이 한 곳에 모였더니(사도행전 1장 12-14절에 의하면 그들은 이곳에서 기도하고 있었다) 홀연히 하늘로부터 급하고 강한 바람 같은 소리가 있어 그들이 앉은 온 집에 가득하며 마치 불의 혀처럼 갈라지는 것들이 그들에게 보여 각 사람 위에 하나씩 임하여 있더니 그들이 다 성령의 충만함을 받고 성령이 말하게 하심을 따라 다른 언어들로 말하기를 시작하니라(행 2:1-4).

> 베드로가 이르되 너희가 회개하여 각각 예수 그리스도의 이름으로 세례를 받고 죄사함을 받으라 그리하면 성령의 선물을 받으리니 이 약속은 너희와 너희 자녀와 모든 먼 데 사람 곧 주 우리 하나님이 얼마든지 부르시는 자들에게 하신 것이라(행 2:38-39).

> 너희가 나무에 달아 죽인 예수를 우리 조상의 하나님이 살리시고 이스라엘에게 회개함과 죄사함을 주시려고 그를 오른손으로 높이사 임금과 구주로 삼으셨느니라 우리는 이 일에 증인이요 하나님이 자기에게 순종하는 사람들에게 주신 성령도 그러하니라(행 5:30-32).

> 이에 두 사도가 그들에게 안수하매 성령을 받는지라(행 8:17).

> 베드로가 이 말을 할 때에 성령이 말씀 듣는 모든 사람에게 내려오시니 (행 10:44).

어떤 사람은 기도하다가 성령님을 받았고, 어떤 이는 회개함으로, 또 다른 사람은 순종하는 삶을 살다가, 혹은 안수를 받음으로, 또는 말씀을 듣다가 각각 성령님을 받았다.

그렇다면 그대에게 한 가지 질문을 던져 보겠다.

그대는 성령님을 받았는가?

여기에 대해 그대는 확신에 찬 대답을 할 수도 있고, 머뭇거릴 수도 있고, 아닌 것 같다고 대답할 수도 있다. 그러나 한 가지 분명한 사실은, 그대의 대답과 상관없이 그대에게는 이미 성령님께서 임하셨다는 것이다. 고린도전서 12장 3절이 다음과 같이 증거한다.

그러므로 내가 너희에게 알리노니 하나님의 영(성령)으로 말하는 자는 누구든지 예수를 저주할 자라 하지 아니하고 또 성령으로 아니하고는 누구든지 예수를 주시라 할 수 없느니라

그대가 지금 예수님에 대한 관심 때문에 이 책을 읽고 있다는 것 자체가, 이미 그대에게 성령님께서 임하셨다는 증거다. 성령님께서 그대에게 임하지 않으셨다면, 그대가 예수님에 대해 관심을 갖는 것조차 불가능하기 때문이다. 2천 년 전 지구 반대편을 거쳐 간 과거의 인물에 그대가 관심을 가질 까닭이 없다. 그러나 성령님께서 그대에게 임하셨으므로 그대는 예수님을 부인하지 않고, 그분에 대한 관심으로, 그분에 대해 좀더 많은 것을 알기 위해 지금 이 책을 읽고 있는 것이다.

그렇다면 그대는 이렇게 질문할 수 있다. 나는 회개한 적도 없고, 안수 받은 적도 없으며, 성령님을 받게 해 달라고 기도한 적도 없는데, 어떻게

내게 성령님께서 임하셨단 말인가? 그대가 행한 것이 아무것도 없음에도 오직 성부하나님께서 그대를 사랑하심으로 인하여 그대에게 성령님을 보내 주셨다. 청년 사울은 본래 예수 믿는 그리스도인들을 핍박하던 박해자였지만, 단지 하나님께서 사랑하시므로 성령님을 그에게 보내 주셨고, 그에게 임하신 성령님의 도우심 속에서 그는 위대한 사도 바울이 되었다.

성령충만한 삶을 살기 위하여

> 그리고 하나님께서도 표징과 놀라운 일과 여러 가지 기적을 나타내시고 또한 당신의 뜻을 따라 성령을 선물로 나누어 주심으로써 그들의 증언을 뒷받침해 주셨습니다(히 2:4, 공동번역).

그대가 성령님을 받기 위해 아무 노력도 하지 않았을지라도, 하나님께서는 그대를 사랑하심으로 인해 당신의 뜻을 따라 그대에게 성령님을 보내 주셨다. 우리 하나님께서는 그런 분이시다. 그러므로 성령님을 어떻게 받을 수 있느냐는 명제는 더 이상 그대에게 필요하지 않다. 그대가 지금부터 집중해야 할 일은, 이미 그대에게 임하신 성령님을 날마다 의식하면서 그분의 음성에 귀 기울이고, 그분의 인도하심을 따라 성령충만한 삶을 살아가는 것이다. 다시 말해 그대가 기도의 삶, 순종의 삶, 말씀의 삶을 살아간다면 그것은 성령님을 받기 위함이 아니라, 이미 그대에게 임하신 성령님과 함께 성령충만한 삶을 살기 위함이어야 한다는 말이다. 그대가 오늘 이 글을 읽다가 성령님께서 이미 그대에게 임하셨다는 사실을 깨닫고, 이제부터 성령충만한 삶을 살기 위해 그대의 삶에 분명한 획을 긋는다면, 오늘이 바로 그대가 성령세례 받은 날이다. 그것은 성령님의 역사가 아니고서는 절대로 불가능한 일이기 때문이다.

성령세례는 평생에 한 번 받는 것이지만, 성령충만은 매일 이루어져야 한다. 사랑하는 남녀가 결혼 예식은 한 번 갖지만, 사랑은 매일 나누어야 하는 것과 같은 이치다. 부부가 함께 지내며 서로 의무를 다함으로써 부부의 사랑이 지속되고 깊어지듯이, 그대와 함께하시며 그대에 대한 하나님의 의무를 다하시는 성령하나님의 빛 속에서 그대가 그분을 믿는 그리스도인의 의무를 다하려 할 때, 그대의 성령충만한 삶은 날마다 심화될 것이다.

신대원 마지막 해 졸업여행을 갔을 때다. 당시 세 살이던 큰아이 승훈이를 데리고 갔다. 서울에서 목포까지는 기차, 목포에서 제주도는 배, 그리고 제주도에서 귀경할 때는 비행기를 타기로 되어 있었으니, 떠나기 전부터 승훈이의 기대는 대단하였다. 서울에서 목포에 닿기까지 승훈이는 기차 안에서 마냥 즐겁기만 했다. 목포에서 점심 식사를 한 뒤 여객선을 타기 위해 터미널로 갔다. 개찰구와 여객선 사이가 너무 가까워 배 안으로 들어간다기보다는 마치 큰 건물 안으로 들어가는 것 같은 느낌이었다. 우리는 배 밑바닥의 3등 선실에 자리를 잡고 앉았다. 이윽고 배가 출발했다. 그러나 3등 선실에서 밖이 보일 리가 없었다.

한참 후 승훈이가 느닷없이 물었다.

"아빠, 우리 언제 배 타요?"

지금 우리가 배 안에 앉아 있다고 대답하자 아이는 금방, 아빠는 거짓말쟁이라며 울음을 터트렸다. 아무리 달래도 막무가내였다. 가만히 생각하니 까닭을 알 것 같았다. 배를 탈 때에 개찰구와 배 사이가 너무 가까워, 아이가 배 전체의 모습을 보지 못한 것이다. 더구나 밖도 내다보이지 않는 배 밑바닥에 앉아 있으니, 아이는 지금 어떤 건물 지하실에 있는 것으로 생각함이 분명했다. 나는 승훈이를 안고 갑판으로 올라갔다. 거기라면 우리가 타고 있는 배 모습을 확인할 수 있을 것이라는 생각에서였다. 그런데 3천 톤급 여객선 갑판은 거대한 건물의 옥상 같아서, 장난감을 보듯 배의 전 모습이 한눈에 들어오지 않았다. 난간으로 가서 바다를 보여주어도 아이에게는 그것이 배를 타고 있다는 증거가 되지 못했다. 그 아이에게 필요한 것은 장난감 모양과 같은 배 전체의 모습을 한눈으로 확인하는 것인데 도저히 그렇게 해 줄 방법이 없었다. 승훈이의 기대는 또 깨어졌고, 이번에는 전보다 더 크게 울었다. 목포를 출발한 지 한 시간 반쯤 지나자 바다 외에는, 산이고 섬이고 아무것도 보이지 않았다. 승훈이는 아직까지 배 전체의 모습을 확인하지는 못했지만, 사방에 아무것도 보이지 않는 것만은 이상하게 여기는 듯했다. 그러나 우리가 배를 타고 있다는 나의 말은 여전히 믿지 않았다.

마침내 배가 제주도에 도착하였다. 제주항 터미널 건물은 선착장으로부터 꽤 떨어져 있었다. 승훈이는 내 손을 잡고 걸으면서도 얼굴은 계속 뒤를 향하고 있었다. 자신이 밤새 타고 온 것이 진짜 배인지 아닌지 확인하기 위해서였다. 배에서 점점 멀어지자 배 전체의 모습이 한눈에 들어왔다. 갑자기 승훈이가 껑충 뛰면서 외쳤다.

"와—! 배 탔다!"

그제야 승훈이는, 늘 장난감에서 보던 것과 같은 배의 전체 모습을 확인한 것이다. 그러나 불행히도 그때는 이미 배에서 내린 뒤였다.

3박 4일 동안의 제주 일정을 마치고 귀경하기 위해 비행기를 탔다. 승훈이와 나는 제주 공항에서 보딩브리지boarding bridge를 통해 비행기에 탑승하였다. 이를테면 승훈이가 이번에도 비행기의 모습을 보지 못하고 비행기를 탄 것이다. 그 아이의 눈에 비친, 의자만 놓여 있는 비행기 실내는 절대로 비행기일 수가 없었다. 잠시 후 승훈이가 물었다.

"아빠, 우리 비행기 언제 타요?"

배 안에서와 똑같은 상황이 벌어진 것이다. 나는 우리가 지금 비행기 안에 있노라고 열심히 설명했고, 승훈이는 아빠 거짓말쟁이라며 또 울었다. 마침내 비행기가 김포공항에 도착했다. 당시 김포공항에서는, 국내선 여객은 보딩브리지가 아닌 트랩으로 비행기에서 내려 국내선 청사까지 걸어가야 했다. 이번에도 승훈이의 얼굴은 뒤를 향해 있었다. 자신이 타고 온 것이 비행기인지 아닌지 확인하기 위해서였음은 물론이다. 잠시 후 승훈이는 또다시 껑충 뛰면서 소리를 질렀다.

"와—! 비행기 탔다!"

마침내 장난감과 똑같이 생긴 비행기의 전체 모습을 확인한 것이다. 그러나 그때 역시 비행기 여행이 끝난 뒤였다.

그때 만약 승훈이가 아빠 말을 믿었더라면, 승훈이의 선박 여행과 비행기 여행은 아빠와 더불어 한없이 즐거웠을 것이다. 그러나 아빠 말을 믿지 못했던 승훈이는, 그토록 기대하던 배와 비행기를 탔음에도 전혀 배를 타고 비행기를 탄 것이 아니었다. 그 여행은 원망과 불평으로 시작하여 원망과 불평으로 끝나고 말았다. 불신 때문이었다.

그대가 그대와 함께하시는 성령님의 빛 속에서 멋지고도 아름다운 삶을 성령충만하게 살 것인가, 아니면 성령님께서 그대와 함께하심을 믿지 못하고 무력하게 원망과 불평의 삶을 살 것인가, 그 선택은 전적으로 그대의 자유다. 그러나 선택이 그대 자유인 만큼, 그 선택의 결과에 대한 책임 또한 온전히 그대 몫이다.

성경이란

디모데후서 3장 15절

성경은 능히 너로 하여금 그리스도 예수 안에 있는 믿음으로 말미암아 구원에 이르는 지혜가 있게
하느니라

성경이 하나님의 말씀인 이유

《침묵》,《예수의 생애》,《그리스도의 탄생》등의 작품으로 널리 알려진 일본 작가 엔도 슈사쿠遠藤周作와 한국의 함석헌 선생은 묘하게도 똑같은 말을 했다. 교회 목사와 교인들의 언행을 보면 하나님을 믿기 힘든데, 성경으로 돌아가면 성경 안에서는 하나님에 대한 모든 궁금증이 해결된다는 것이다. 왜 그럴까? 성경이 무엇이기에 성경으로 돌아가기만 하면 하나님에 대한 모든 궁금증이 해결되는가?

성경은 하나님의 살아 있는 말씀이며 모습이자 능력이다. 성경말씀을 통해 하나님의 음성을 듣고, 하나님의 모습을 뵈며, 하나님의 능력을 확인할 수 있는 까닭이다. 그러나 이 사실을 알지 못하는 사람에게 성경은 한낱 서가에 꽂혀 있는 장식품에 불과할 뿐이다. 이러한 의미에서 성경에 대한 바른 이해는 곧 하나님을 바르게 이해하는 것이다. 믿음은 하나님의 말씀에 대한 믿음이요 순종이며, 하나님의 말씀이 곧 성경이기 때문이다.

성경을 가리켜 하나님의 말씀이라 부르지만, 그렇다고 하나님께서 직접 성경을 쓰신 것은 아니다. 성경은 약 1,500년에 걸쳐 40여 명의 손에 의해 기록되었다. 이처럼 사람에 의해 기록된 성경을 그리스도인들은 왜 하나님의 말씀이라 부르고, 또 그렇게 믿고 있는가?

오래전의 일이다. 교회 사무실에 있던 나는 저녁 식사 시간이 되어 중국집에 자장면을 주문하였다. 배달 나온 소년이 책상 위에 성경이 펴져 있는 것을 보고 내게 말을 걸었다.

"아저씨, 성경을 누가 썼어요?"

"하나님께서 쓰셨지."

"에이, 구라(거짓말이란 뜻의 속어)!"

"왜?"

"그걸 아저씨가 직접 봤어요?"

"네 이름은 누가 지었니?"

"우리 아빠가요."

"에이, 구라!"

"아니, 왜요?"

"그걸 네가 직접 봤어?"

"어……? 그 말 되네!"

그날 그 소년은 나를 골려 주려다가 판정패를 당한 셈이다. 그러나 이런 식으로 성경이 하나님의 말씀임을 증명할 수는 없다. 우리는 분명한 근거를 갖고 있어야 한다. 사람의 손에 의해 기록된 성경이 어떻게 하나님의 말씀일 수 있는가?

첫째, 성령님의 감동으로 기록되었기 때문이다.

성경을 기록한 사람들을 가리켜 저자著者라 부르지 않는다. 저자란 자신의 생각과 의도를 글로 표현해 내는 사람을 의미한다. 성경을 기록한 사람은 기자記者로 불린다. 성령님의 감동에 의해 하나님으로부터 주어지는 말씀을 기록했기 때문이다.

> 먼저 알 것은 성경의 모든 예언은 사사로이 풀 것이 아니니 예언은 언제든지 사람의 뜻으로 낸 것이 아니요 오직 성령의 감동하심을 받은 사람들이 하나님께 받아 말한 것임이라(벧후 1:20-21).

성령님의 감동하심을 입은 사람들이 하나님께 받아 기록한 것이 성경이므로 그 기록자가 누구인지는 중요하지 않다. 성경은 기록자의 말이 아니라 하나님의 말씀이기 때문이다. 성경이 성령님의 감동으로 기록되었다는 증거가 있는가? 물론 있다. 성령님의 감동으로 기록되었기 때문에 성경을 읽을 때마다 성령님께서 역사하신다. 이것이 첫째 증거다.

아무리 완벽한 세계 명작이라도 몇 번이나 되풀이하여 읽을 수는 없다. 이미 아는 내용이기에 지루해지는 까닭이다. 그래서 평론가처럼 직업적인 목적이 아니고서는, 아무리 끈기 있는 사람이라도 같은 작품을 그의 생애에 열 번, 스무 번 읽는 사람은 거의 없다. 그러나 성경은 그렇지 않다. 매일 읽어도 전혀 지루하지 않다. 몇 번을 거듭 읽어도 늘 새롭다. 평생에 걸쳐 수십 번을 읽어도 감동이 엷어지기는커녕, 더더욱 깊어지기만 한다. 성령님의 감동으로 씌어졌기에 성령님께서 계속 역사하시기 때문이다.

둘째, 완전한 통일성을 지니고 있기 때문이다.

창세기부터 요한계시록까지 성경은 66권의 크고 작은 책들로 이루어져 있다. 이미 말한 바와 같이 그 모든 내용은 약 1,500년에 걸쳐 여러 지역에서 40여 명의 손으로 기록되었다. 그들 가운데 대부분은 동시대의 인물들이 아닐뿐더러 서로 정보를 교환한 적도 없었다. 그런데도 성경은 처음부터 끝까지 완벽한 통일성을 지닌다. 성령님의 감동에 의해 기록되었을 뿐 아니라 성령님의 역사로 한데 모아졌기 때문이다.

> 주도 한 분이시요 믿음도 하나요 세례도 하나요 하나님도 한 분이시니 곧 만유의 아버지시라 만유 위에 계시고 만유를 통일하시고 만유 가운데 계시도다(엡 4:5-6).

만약 성경이 성령님의 감동으로 기록된 하나님의 책이 아니라면, 각각 다른 시기와 장소에서 각각 다른 사람에 의해 씌어진 성경은 통일성은커녕 모순투성이였을 것이고, 그것을 알아차린 인간에 의해 그런 성경은 이미 폐기처분되고 말았을 것이다.

셋째, 시간과 공간을 초월하여 모두를 위한 말씀이기 때문이다.

성경은 일차적으로 기록될 당시의 사람들을 향한 하나님의 말씀이다. 그렇지만 그들에게만 국한된 말씀이 아니다. 만약 성경말씀이 기록된 시대를 뛰어넘지 못한다면 하나님은 유일신이 아니다. 겨우 그 당시의 사람만을 위한 일신—神일 수밖에 없다.

> 깨어 있으라 내가 너희에게 하는 이 말은 모든 사람에게 하는 말이니라 (막 13:37).

성경말씀은 기록될 당시의 시대와 공간을 초월하여 모든 시대 모든 사람을 위한 하나님의 말씀이다. 그렇기에 성경이 기록된 지 2천 년이 지난 오늘도 세계의 도처에서 수많은 인종, 수많은 민족, 수많은 인간이 이 말씀에 의해 새 생명을 얻고 있다.

나아가 성경은 시간과 공간을 초월하여 나를 향한 하나님의 말씀이다. 그래서 예수님을 세 번씩이나 부인했던 베드로가 새벽녘 닭 우는 소리를 듣고 땅을 치며 통곡할 때 시도 때도 없이 주님을 부인하던 나 역시 베드로와 더불어 통곡하며, 부활하신 주님께서 당신을 배신했던 베드로에게 "네가 나를 사랑하느냐?"고 물으실 때 나 또한 베드로와 함께 송구스러워 몸 둘 바를 몰라 한다. 만약 성경이 시간과 공간을 초월하여 나를 위한 하나님의 말씀이 아닌들, 2천 년 전 지구 반대편 갈릴리의 어부였던 베드로를 향한 주님의 말씀이 구구절절 내 마음에 와 닿을 까닭이 없다.

성경의 목적

사람의 손에 의해 기록된 성경이 어떻게 하나님의 말씀일 수 있는지 그 이유를 알았다. 이제는 하나님께서 우리에게 성경을 주신 목적이 무엇인지 알아보자.

종교개혁자 칼뱅J. Calvin이 성경공부를 인도할 때 있었던 일이라고 한다. 한 교인이 일어나 "하나님이 태초에 천지를 창조하시기 전에는 무엇을 하셨느냐"고 물었다. 물론 그것은 칼뱅을 골려 주려는, 단지 질문을 위한 질문이었다. 그런데 칼뱅의 대답이 걸작이다.

"당신 같은 질문을 하는 사람을 위해 지옥을 만들고 계셨소!"

성경은 인생 만사를 위한 백과사전이 아니다. 성경은 하나의 분명한 목적이 있다. 이것을 알지 못하면 성경에서 엉뚱한 것을 구하려다 일생을 낭비해 버리고 만다. 하나님께서 성경을 주신 목적은 과연 무엇인가?

먼저 요한복음 20장 30-31절을 찾아보자.

> 예수께서 제자들 앞에서 이 책에 기록되지 아니한 다른 표적도 많이 행하셨으나 오직 이것을 기록함은 너희로 예수께서 하나님의 아들 그리스도이심을 믿게 하려 함이요 또 너희로 믿고 그 이름을 힘입어 생명을 얻게 하려 함이니라

본문은 성경의 목적이 '예수 그리스도를 믿어 생명을 얻게 하기 위함'임을 못박고 있다. 한마디로 '구원'이 목적이다. 하나님께서는 바로 그 생명, 그 구원을 주시기 위해 오랜 기간 많은 사람을 동원하시어 성경을 기록하게 하시고, 모으시고, 우리에게 전해 주셨다. 창세기에서부터 요한계시록까지 성경의 카메라는 구원에 초점을 맞추고 있다. 구원에 관한 한 성경은 완벽한 백과사전이다. 그러므로 우리가 성경에서 맞추어야 할 초점 또한 구원이다.

본문은 구원을, 하나님의 아들 예수 그리스도를 믿어 생명을 얻는 것이라고 정의한다. 성경이 말하는 생명은 언제나 영원한 생명이요, 그것은 곧 천국을 의미함은 이미 언급했다. 그래서 마태복음 4장 17절은, 이 땅에서 공생애를 시작하신 예수님의 첫 외침이 "회개하라 천국이 가까이 왔느니라"였음을 증언하고 있다. 예수님께서는 당신이 천국을 주기 위해 이 땅에 오셨음을 분명히 하셨다. 다시 말하면 주님께서 주시는 구원이 곧 천

국임을 밝히신 것이다. 따라서 성경의 목적이 새 생명을 얻는 구원에 있다는 것은, 성경의 목적이 천국에 있다는 말이다. 다시 말해 이 땅에서 천국의 백성으로 살아가는 데 있다. 그러므로 성경을 믿는 그리스도인은 성경을 통해 자기 삶의 초점을 천국에 맞추고, 이 땅을 천국으로 일구어 가야 한다. 그래야 이 세상의 헛된 유혹을 극복하면서 이중적인 삶에 비로소 마침표를 찍을 수 있다.

가끔 끔찍한 대형 사고에서 구사일생으로 살아난 분들의 간증을 듣게 된다. 함께 있던 사람이 모두 죽는 죽음의 현장에서 혼자 살았다는 것은 참으로 감격적인 일이다. 그래서 살아 있다는 것 자체를 감사하며 하나님을 찬양하는 그 심정은 충분히 이해하고도 남는다. 그러나 살아난 것만을 자랑하는 분들은 자신의 간증이 천국보다 이 세상이 더 좋다는 것과, 죽은 사람은 다 불쌍하다는 것을 자신도 모르게 강조했음을 간과하고 있다. 정말 천국을 믿는다면, 그 사고의 현장에서 죽은 사람들 가운데 주님을 믿던 그리스도인들은 바로 그날 천국에 영광스럽게 입성하였음을 알아야 한다. 오히려 살아난 사람이 그날 그 영광에서 제외된 것이다. 이 것을 바르게 깨닫는다면, 이 땅에서 못다 한 무엇이 남았기에 하나님께서 이 땅에 남겨 두셨는지 진지하게 생각하게 될 것이고, 그 경우 그의 간증은 분명히 그 내용이 달라질 것이다.

믿는 사람에게는 모든 형태의 죽음이 은총이다. 죽음을 통해 천국에 입성하기 때문이다. 교통사고로 죽든, 병으로 죽든, 전쟁터에서 죽든, 죽음의 형태와 장소는 전혀 문제 되지 않는다. 그렇지 않다면 십자가에 거꾸로 매달려 죽은 베드로나 참수형을 당한 사도 바울은 이 세상에서 가장 불쌍한 인간일 것이다. 천국을 바르게 알 때 죽음을 초월할 수 있고,

죽음을 초월할 때 신앙과 현실의 괴리가 메워진다. 그렇지 않을 경우, 천국을 믿는다면서도 실은 세상을 천국보다 더 사랑하는 그리스도인은 일평생 이중인격자로 살게 된다. 일평생 올곧은 신앙의 삶으로 일관하다가 임종을 맞아, 이제 자신은 천국에 입성하니 승리의 노래를 불러 달라는 유언으로 자신의 장례식을 축제 되게 하는 믿음의 선진들은, 그래서 천국을 믿는 모든 그리스도인의 귀감이다.

하나님께서 그대에게 성경을 주신 목적이 '천국'에 있음을 잊어서는 안 된다.

이번에는 디모데후서 3장 15-17절을 찾아보자.

> 또 어려서부터 성경을 알았나니 성경은 능히 너로 하여금 그리스도 예수 안에 있는 믿음으로 말미암아 구원에 이르는 지혜가 있게 하느니라 모든 성경은 하나님의 감동으로 된 것으로 교훈과 책망과 바르게 함과 의로 교육하기에 유익하니 이는 하나님의 사람으로 온전하게 하며 모든 선한 일을 행할 능력을 갖추게 하려 함이라

본문은 성경을 주신 목적이 '온전한 사람'과 '온전한 선행'을 이루기 위함이라고 밝히고 있다. 구원 즉 천국이 성경을 주신 목적을 나타내는 총론이라면, 이것은 각론인 셈이다. 구원받은 사람은 구원받은 사람답게, 천국의 백성답게, 영원한 생명을 얻은 사람답게 살아가야 한다. 바로 온전한 사람과 온전한 선행을 이루어 가는 삶이다. 이것을 위해 성경이 주어졌다. 성경말씀의 교훈과 책망을 통한 훈련에 의해 온전한 사람과 온전한 선행이 완성되게 된다. 구원은 믿음으로 얻지만, 구원받은 그리스도인의 바른

삶은 중단 없는 훈련에 의해 가꾸어지는 법이다.

그대가 성경을 가까이하지도 않으면서 온전한 사람과 온전한 선행을 이루기를 꿈꾼다면, 그것이야말로 꿈이 아니겠는가?

성경의 구성

이제 성경의 구성에 대해 살펴보자. 이미 말한 바와 같이 성경은 크고 작은 66권의 작은 책들이 모아진 큰 책이다. 이 모든 글들이 성자하나님이신 예수 그리스도를 믿음으로 구원을 얻게 하려는 목적에서 기록되었음은 방금 배웠다. 이 중에서 '오실 예수 그리스도'에 대해 쓰인 글들의 묶음을 '구약'이라 하고, '오신 예수 그리스도'에 대한 글들의 묶음을 '신약'이라 부른다. 구약은 39권, 신약은 27권으로 이루어져 있다. 초신자 가운데 이 수를 기억하지 못하는 경우가 더러 있는데, '삼구 이십칠'(3×9=27)이란 구구단을 생각하면 잊어버리지 않을 것이다.

구약

창세기, 출애굽기, 레위기, 민수기, 신명기, 여호수아, 사사기, 룻기, 사무엘상, 사무엘하, 열왕기상, 열왕기하, 역대상, 역대하, 에스라, 느헤미야, 에스더—이것은 구약의 앞부분을 이루는 책들의 제목으로, 이 17권의 책들을 '역사서'라 부른다. 얼핏 이스라엘의 역사를 일컫는 것처럼 보이지만 실은 끊임없이 하나님을 배신한 인간의 배신의 역사요, 그럼에도 변함없이 구원의 손길을 내미신 하나님의 구원의 역사이다.

역사서 중에서도 제일 첫머리에 있는 5권의 책들, 즉 창세기, 출애굽기,

성경의 역사

1	2	3	4	5	6	7	8	9	10	11	12	13	14	15	16	17		18	19	20	21	22
창세기	출애굽기	레위기	민수기	신명기	여호수아	사사기	룻기	사무엘상	사무엘하	열왕기상	열왕기하	역대상	역대하	에스라	느헤미야	에스더	칠룻기	마태복음	마가복음	누가복음	요한복음	사도행전

		욥기	시편	잠언	이사야	학개		로마서
					예레미야	스가랴		고린도전서
					예레미야애가	말라기		고린도후서
				전도서	에스겔			갈라디아서
					다니엘			에베소서
				아가	호세아			빌립보서
					요엘			골로새서
					아모스			데살로니가전서
					오바댜			데살로니가후서
					요나			디모데전서
					미가			디모데후서
					나훔			디도서
					하박국			빌레몬서
					스바냐			히브리서
								야고보서
								베드로전서
								베드로후서
								요한일서
								요한이서
								요한삼서
								유다서
								요한계시록

레위기, 민수기, 신명기를 따로 구별하여 '율법서'라 한다. 인간을 향한 하나님의 법이 담겨 있는 까닭이다.

역사서 다음 5권의 책은 '시가서詩歌書' 혹은 '성문서聖文書'로 불린다. 시와 노래 그리고 지혜를 담고 있는 이 책들은 욥기, 시편, 잠언, 전도서, 아가서로 되어 있다.

그다음에 예언의 말씀이란 의미로 '예언서預言書' 혹은 '선지서先知書'로 불리는 17권의 책들이 있다. 예언이란 점쟁이가 점치 듯 말하는 예언豫言이란 의미가 아니라, 하나님의 말씀을 맡았다는 뜻에서의 예언預言이다. 예언서는 그 시기의 순서에 따라 '전기예언서'와 '후기예언서'로, 혹은 전기예언

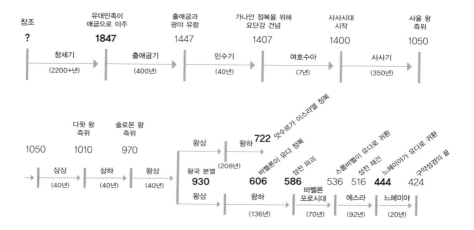

* 6가지 주요 사건의 연대는 굵은 숫자로 표시했다.
* BC 1050년 이전의 연대 일부는 어림수이다.

서들의 분량이 후기예언서들에 비해 많다는 이유로 '대선지서'와 '소선지
서'란 명칭으로 구분된다. 이사야, 예레미야, 예레미야애가, 에스겔, 다니엘
이 전기예언서(대선지서)에 속하는 책들이고, 호세아, 요엘, 아모스, 오바댜,
요나, 미가, 나훔, 하박국, 스바냐, 학개, 스가랴, 말라기가 후기예언서(소선
지서)들이다.

신약

제일 먼저 등장하는 마태복음, 마가복음, 누가복음, 요한복음을 '복음서
福音書'라 부른다. 문자 그대로 인간을 구원하는 '복된 소리'란 의미이다. 이
중에서도 요한복음을 제외한 세 복음서는 같은 관점에서 기술되었다 하
여 '공관복음共觀福音'이라 부른다.

연대순 신약성경

1	2	3	4	5	6	7	8	9	10	11	12
					바울의 전도여행					후기 사도	역사의 끝
마태	마가	누가	요한	교회의 형성	1차	2차	3차	4차	5차		
				사도행전 1-12장	사도행전 13-15장	사도행전 16-18장	사도행전 19-21장	사도행전 22-28장			
					갈라디아서	데살로니가전서	고린도전서	에베소서	디모데전서	요한1서	요한계시록
					야고보서	데살로니가후서	고린도후서	골로새서	디모데후서	요한2서	
							로마서	빌레몬서	디도서	요한3서	
								빌립보서	베드로전서	유다서	
									베드로후서	히브리서	

- 표를 보는 방법의 예로, 바울의 전도여행 1차 시기는 사도행전 13-15장 내용에 해당하며, 갈라디아서와 야고보서가 당시 차례로 씌어졌음을 의미한다.
- 점선은 사도행전에 나타나 있지 않은 내용이거나 아직 오지 않은 시대를 뜻한다.

복음서 다음의 사도행전은 사도들의 행적을 기록한 '역사서'다.

사도행전에 이어진 21권의 짧은 책들은 편지의 형태로 씌어졌기에 '서신서'라 부른다. 이 가운데 사도 바울에 의해 씌어진 14권은 '바울서신', 그리고 그 외의 서신은 '공동서신'이라 부른다.

바울서신은 로마서, 고린도전서, 고린도후서, 갈라디아서, 에베소서, 빌립보서, 골로새서, 데살로니가전서, 데살로니가후서, 디모데전서, 디모데후서, 디도서, 빌레몬서, 히브리서(히브리서는 바울서신이 아니라고 주장하는 학자들도 많다)이다. 이 중에서 교리를 다룬 로마서, 고린도전서, 고린도후서, 갈라디아서(이상 4권)는 '교리서신'이라 부르고, 바울이 감옥에서 쓴 에베소서, 빌립보서, 골로새서, 빌레몬서(이상 4권)는 '옥중서신'이라 부른다. 목회에 대해 기술한 디모데전서, 디모데후서, 디도서(이상 3권)는 '목회서신', 그리고 나머지 3권(데살로니가전서, 데살로니가후서, 히브리서)은 '일반서신'으로 분류된다.

'공동서신'은 야고보서, 베드로전서, 베드로후서, 요한1서, 요한2서, 요한3서, 유다서(이상 7권)로 이루어져 있다. 바울서신과 공동서신의 차이점은, 바울서신은 수신자의 이름이 서신의 제목인데 반해 공동서신은 발신자의 이름이 제목이라는 점이다.

신·구약을 통틀어 마지막 책인 요한계시록은 '예언서'로 분류된다.

위 도표들은 나침반사에서 출간된 《성경종합개관》의 도표들을 해당 출판사의 허락을 받아 전재(轉載)한 것으로, 성경의 구성에 대한 이해를 도와줄 것이다.

성경말씀의 특징

모든 것은 그 자체만의 특징이 있기 마련이다. 특징이란 다른 것이 흉내 낼 수 없는 것을 의미한다. 이제 성경말씀의 특징에 대하여 생각해 보자.

> 시몬 베드로가 대답하되 주여 영생의 말씀이 주께 있사오니 우리가 누구에게로 가오리이까(요 6:68).

성경말씀의 특징은 무엇보다도 영생의 말씀이시라는 것이다. 어떻게 그것이 영생의 말씀이실 수 있는가? 영생하시는 분의 말씀이시기 때문이다. 대통령에 당선된 사람이 대통령에 취임하는 순간부터 그의 모든 말은 대통령의 말이 된다. 연설이든 농담이든, 사무실에서의 말이든 집에서의 말이든, 그가 하는 말은 모두 대통령의 말이다. 이유는 간단하다. 그가 대통령이기 때문이다. 삼위일체 하나님께서는 시간과 공간을 초월한 영원한 분이시기에, 그분의 말씀은 무엇이든 언제나 영생의 말씀이시다.

영생의 말씀이시라면 그 말씀은 항상 계시는 말씀이어야 한다. 영생은 선이지 점이 아니다. 언제 어디서나 늘 계시는 말씀이 아니라면 그것은 영생의 말씀이실 수 없다. 그래서 베드로전서 1장 23절은 이렇게 증거한다.

너희가 거듭난 것은 썩어질 씨로 된 것이 아니요 썩지 아니할 씨로 된 것이니 살아 있고 항상 있는 하나님의 말씀으로 되었느니라

아무리 항상 계시는 말씀이라 할지라도 내가 가까이할 수 없다면 내게는 아무 소용이 없다. 남의 집 금고 안에 늘 있는 돈이 나와 무슨 상관이 있겠는가? 항상 계시는 말씀일 뿐만 아니라, 반드시 내 곁에 계시는 말씀이어야 한다.

내가 오늘 네게 명령한 이 명령은 네게 어려운 것도 아니요 먼 것도 아니라 하늘에 있는 것이 아니니 네가 이르기를 누가 우리를 위하여 하늘에 올라가 그의 명령을 우리에게로 가지고 와서 우리에게 들려 행하게 하랴 할 것이 아니요 이것이 바다 밖에 있는 것이 아니니 네가 이르기를 누가 우리를 위하여 바다를 건너가서 그의 명령을 우리에게로 가지고 와서 우리에게 들려 행하게 하랴 할 것도 아니라 오직 그 말씀이 네게 매우 가까워서 네 입에 있으며 네 마음에 있은즉 네가 이를 행할 수 있느니라(신 30:11-14).

얼마나 내게 가까이 계시는지 아예 내 입속에, 내 마음속에 들어와 계

신다. 생각할수록 감사한 일이 아닐 수 없다. 그러나 아무리 내 속에 계시더라도 그 말씀이 단 한 순간이라도 능력을 소멸해서는 안 된다. 능력을 소멸한 말씀은 말이지 말씀이 아니다. 이것이 사도행전 19장 20절이 다음과 같이 증언하는 이유다.

이와 같이 주의 말씀이 힘이 있어 흥왕하여 세력을 얻으니라

내 속에 계시는 말씀은 능력이 소멸되지 않는다. 그 말씀은 언제나 힘이 있고 흥왕하여 세력을 확장하는 말씀이다. 그렇다면 그 말씀은 참되지 않으면 안 된다. 힘과 능력은 지녔으면서도 참됨이 결여된 말은 도리어 사람을 해치기 마련이다.

1970년대에 사회생활을 하면서 알게 된 독일인이 있었는데, 그는 독일군으로 2차 세계대전에 참전했던 사람이다. 독일군 중 대부분의 젊은이들이 히틀러에 비판적이었지만, 일단 히틀러의 연설을 한 번이라도 직접 듣기만 하면 모두 히틀러에게 열광했다고 한다. 내가 만난 그 독일인도 징병을 당해 어쩔 수 없이 참전했지만, 히틀러의 연설을 직접 들은 뒤에는 목숨을 걸고 히틀러를 위해 싸웠다고 한다. 입 하나로 사람들을 열광시켜 온 세계를 상대로 전쟁을 치를 정도라면, 히틀러의 말은 확실히 힘 있고 능력 있는 말임이 분명하다. 그러나 그의 말에 참됨이 결여되어 있었기에 결과적으로 그의 말은 수많은 사람을 죽이고 말았다. 그래서 사무엘하 7장 28절은 이렇게 증거한다.

주 여호와여 오직 주는 하나님이시며 주의 말씀들이 참되시니이다

성경말씀이 참된 말씀이라면, 그 말씀은 우리의 실상을 보여 줄 수 있어야 한다. 오직 참된 것만 만물의 실상을 반영하는 거울이 될 수 있는 까닭이다. 히브리서 4장 12-13절이 이 사실을 확인해 준다.

> 하나님의 말씀은 살아 있고 활력이 있어 좌우에 날선 어떤 검보다도 예리하여 혼과 영과 및 관절과 골수를 찔러 쪼개기까지 하며 또 마음의 생각과 뜻을 판단하나니 지으신 것이 하나도 그 앞에 나타나지 않음이 없고 우리의 결산을 받으실 이의 눈앞에 만물이 벌거벗은 것같이 드러나느니라

이처럼 성경말씀이 우리를 비추어 주는 온전한 거울이기에, 우리는 말씀 속에서 우리의 추악한 실상을 발견하고 말씀으로 우리를 가꿈으로 온전한 사람과 온전한 선행을 이루어 가게 되는 것이다. 우리에게 말씀이 주어지지 않았다면 생각조차 못할 일이다.

예전에 잠시 살던 아파트 전체가 목욕탕 파이프를 교체할 때의 일이다. 목욕탕 천장과 바닥에 큰 구멍이 뚫려 있다 보니 갑자기 쥐들이 들끓기 시작했다. 집 곳곳에 쇠고기 미끼를 붙인 끈끈이 판을 설치하였다. 어느 날 한밤중에 화장실의 불을 켰을 때였다. 큰 쥐 한 마리가 걸려들어 있었다. 쥐가 끈끈이 판에 붙었다는 것은 이제 죽었다는 뜻이다. 그런데 끈끈이 판에 붙은 그 쥐는 그 죽음의 상황 속에서 한가로이 쇠고기 미끼를 뜯어먹고 있었다.

말씀의 거울이 우리를 비추어 주지 않는다면 그 쥐야말로 욕망에 눈이 어두워 자기 생명을 스스로 갉아먹는, 영락없는 우리 자신의 모습일 것이다.

성경말씀의 능력

성경은 하나님의 말씀이다. 그 말씀이 육신을 입고 이 땅에 오신 분이 예수님이시다. 예수님께서는 이 땅에 오셔서 말씀의 능력을 친히 보여 주셨고, 사람들은 예수님을 통해 말씀의 권능을 확인할 수 있었다. 이제부터 예수님께서 친히 보여 주신 말씀의 능력 속으로 함께 들어가 보자.

첫째, 부르시는 능력이다.

> 갈릴리 해변에 다니시다가 두 형제 곧 베드로라 하는 시몬과 그의 형제 안드레가 바다에 그물 던지는 것을 보시니 그들은 어부라 말씀하시되 나를 따라오라 내가 너희를 사람을 낚는 어부가 되게 하리라 하시니 그들이 곧 그물을 버려두고 예수를 따르니라 거기서 더 가시다가 다른 두 형제 곧 세베대의 아들 야고보와 그의 형제 요한이 그의 아버지 세베대와 함께 배에서 그물 깁는 것을 보시고 부르시니 그들이 곧 배와 아버지를 버려두고 예수를 따르니라(마 4:18-22).

주님께서 같은 장소에서 네 명의 제자들을 부르시는 장면이다. 주님께서는 그들에게 돈을 주시지 않았다. 그들에게 높은 지위를 약속하신 것도 아니다. 그런데도 제자들이 주님을 좇아 나섰다. 그들이 대단한 결단력의 사람들이어서인가? 아니다. 주님의 말씀이 '부르시는 능력'을 지녔기 때문이다. 사울은 본래 예수 믿는 사람들을 색출하여 투옥하던 박해자였다. 그 정도라면 그의 자아가 얼마나 강했겠는가? 그런 사울이, 그를 부르시는 단 한 번의 주님의 음성에 주님을 좇아 나섰다. 말씀의 '부르시는 능력' 때문이다.

이 '부르시는 능력'이 우리를 부르셨다. 우리가 지혜로워 우리가 먼저 주님을 찾은 것이 아니라, 주님의 부르시는 능력이 우리로 하여금 주님을 바라보게 한 것이다. 이 사실을 깨닫고 그분의 부르심에 겸손히 귀 기울일 때, 그대는 주님으로부터 더 깊은 부르심의 음성을 듣게 될 것이다. 부르시는 능력으로 어부 베드로를 부르셨던 주님께서는 그 능력으로 베드로를 사도 베드로로 다시 부르셨고, 부르시는 능력으로 주님의 대적 사울을 부르셨던 주님께서는 바로 그 능력으로 사울을 세계의 역사를 변화시키는 사도 바울로 다시 부르셨다.

둘째, 치유하시는 능력이다.

한 나병환자가 예수께 와서 꿇어 엎드려 간구하여 이르되 원하시면 저를 깨끗하게 하실 수 있나이다 예수께서 불쌍히 여기사 손을 내밀어 그에게 대시며 이르시되 내가 원하노니 깨끗함을 받으라 하시니 곧 나병이 그 사람에게서 떠나가고 깨끗하여진지라(막 1:40-42).

예수님께서 한센병자에게 "깨끗함을 받으라"고 말씀하시는 순간, 썩어 문드러지던 그의 육체가 깨끗게 되었다. 예수님의 말씀이 지닌 '치유하시는 능력'으로 인함이었다. 오늘도 주님의 이 '치유하시는 능력'에 의해 많은 사람들이 치유되고 있다. 나 역시 나의 병이 낫는 체험도 했고, 내가 타인을 낫게 하는 도구가 되기도 했다. 그러나 창조주 하나님에 의해 인간의 병이 나을 수 있다는 것은 당연한 일일 뿐, 기적이랄 것도 없다. 따라서 여기에 보다 중요한 사실이 있다. 주님께서 치유하시는 능력을 지니셨기에 치유의 방법도 주님의 소관이고, 나아가 주님의 더 깊으신 뜻을 위하여 치유해 주시지 않을 수도 있다는 사실이다. 이것을 깨닫는 것이 바르고 성숙한 믿음이다.

Y장로님이 급성 맹장염으로 갑자기 병원에 입원하였다. 수술이 시작되기 전에 병실을 찾은 나는 Y장로님과 함께 말씀을 보고 기도드렸다. 그런데 장을 찢는 것 같던 통증이 일거에 멎어 버렸다. 장로님은 수술받을 필요도 없이 그냥 퇴원하였다. 몇 해 지나 장로님의 부인이 병원에 입원하였다. 몸속에서 혹이 발견된 것이다. 우리는 말씀을 의지하고 기도하였다. 그러나 그분은 수술을 통해 치유되었다.

여고생 H양이 자다가 복통을 일으켜 구급차에 실려 응급실로 옮겨졌다. 역시 급성 맹장염이었다. 이번에도 수술 직전에 말씀을 읽고 함께 기도드렸고, H양 또한 멀쩡한 몸으로 그 즉시 퇴원하였다. 수술받지 않고 치유된 것이다. 그러나 H양의 아버지는 수술을 거쳐 담석증이 완치되었다. 말씀으로 즉석에서 치유받는 것도 은혜지만, 수술실에 누워 인생이 무엇인지, 생명은 또 무엇인지 깊이 묵상할 수밖에 없는 수술을 통해 치유받는 것도 큰 은혜다. 그 선택은 내가 하는 것이 아니라, 우리의 체질을 아시고 우리 각자에게 필요한 은총을 내려 주시는 주님의 선택 사항이다.

당뇨에 중풍이 겹쳐 오른쪽 손과 발이 마비된 데다, 오른쪽 눈마저 의안을 넣은 K장로님을 찾아갔을 때 장로님은 책상 앞에 앉아 성경을 읽고 있었다. 몸을 제대로 쓰지 못해 얼마나 불편한지 묻는 나의 질문에 장로님은 이렇게 대답했다.

"불편하다니요! 오히려 감사합니다. 발을 하나 쓰지 못하니 죄지으러 다니지 않아서 좋고, 손이 하나밖에 없으니 술 담배 안 해서 좋고, 눈이 하나뿐이니 세상 보지 않고 성경만 보게 되니 감사합니다."

그렇다. 그분은 건강할 때 자신의 욕망을 좇아 살던 분이었다. 장로님에게는 육체의 건강을 잃어버린 것이 은혜였다.

《당신의 날개로 날으리라》의 주인공인 인도의 마리 버기스는 어느 날 교통사고로 두 다리를 잃어버렸다. 젊은 처녀에게 그보다 더한 절망은 없을 것이다. 그러나 절망의 세월을 뛰어넘어 불쌍한 한센병자를 위한 의사가 되어, 수많은 인도인의 존경을 받은 그녀는 이렇게 고백했다.

"나는 두 다리를 원했지만, 하나님께서는 두 날개를 주셨습니다."

그렇다. 그녀는 인도 최상류 가정의 딸이었다. 두 다리가 있었다면 건강한 두 다리 때문에 하나님을 필요로 하지 않았을 것이다. 그러나 두 다리를 잃음으로 그녀는 하나님께서 주신 두 날개를 얻었다. 그녀가 두 다리를 잃은 것은 하나님의 은총이었다.

결핵, 척추 카리에스, 직장암, 파킨슨병, 그리고 그 외에도 여러 가지 병으로 몇 번이나 죽음의 문턱을 드나들었고, 그 후유증으로 일평생 병약한 삶을 살다가 1999년 77세를 일기로 사망한 일본 작가 미우라 아야코三浦綾子 여사는 이렇게 고백했다.

병들지 않고서는 드리지 못할 기도가 따로 있습니다.
병들지 않고서는 믿을 수 없는 기적이 따로 있습니다.
병들지 않고서는 들을 수 없는 말씀이 따로 있습니다.
병들지 않고서는 가까이 갈 수 없는 성소가 따로 있습니다.

병들지 않고서는 우러러볼 수 없는 얼굴이 따로 있습니다.

오, 병들지 않고서는 나는 인간이 될 수조차도 없습니다.

이런 믿음을 지녔으니, 병 속에서 건강한 사람이 상상도 못할 하나님의 은혜를 깊이 체험한 미우라 아야코 여사의 글은 늘 우리의 영혼에 따스한 불을 지펴 준다.

사도 바울은 평생 불치병에 시달렸지만, 그러나 자신을 교만치 않게 하시려는 하나님의 은혜로 알고 감사하였다. 그래서 바울은 죽을 때까지 병자였지만, 그 병이 결코 바울을 지배할 수 없었다. 엘리사는 죽은 사람도 살리는 위대한 능력의 선지자였다. 그러나 자신이 죽을병에 걸렸을 때, 그는 자기 병이 낫기를 바라는 단 한 번의 기도도 드리지 않고 그냥 죽음을 받아들였다. 죽지 않고서는 그토록 소망하는 천국에 들어갈 수 없기 때문이었다.

지금 그대의 병이 낫지 않고 있다면 주님의 능력이 부족해서가 아니라, 그 병 속에 그대를 향한 주님의 은총이 깃들어 있기 때문임을 그대는 알아야 한다. 이것을 바로 인식할 때에만 더 이상 병의 노예가 되지 않을 수 있으며, 건강이란 이름의 우상숭배자로 전락지 않을 수 있다. 이것을 바르게 깨닫는다면, 그대는 진정으로 주님의 '치유하시는 능력' 속에서 살고 있는 사람이다.

셋째, 변화시키시는 능력이다.

예수께서 그곳에 이르사 쳐다보시고 이르시되 삭개오야 속히 내려오

라 내가 오늘 네 집에 유하여야 하겠다 하시니 급히 내려와 즐거워하
며 영접하거늘 뭇사람이 보고 수군거려 이르되 저가 죄인의 집에 유
하러 들어갔도다 하더라 삭개오가 서서 주께 여짜오되 주여 보시옵
소서 내 소유의 절반을 가난한 자들에게 주겠사오며 만일 누구의 것
을 속여 빼앗은 일이 있으면 네 갑절이나 갚겠나이다 예수께서 이르
시되 오늘 구원이 이 집에 이르렀으니 이 사람도 아브라함의 자손임
이로다(눅 19:5-9).

삭개오는 불의한 세리장이었다. 그의 재산은 모두 불의한 방법으로 치
부한 것이다. 그런데 주님을 만난 뒤 그가 변했다. 주님의 말씀이 '변화시
키시는 능력'인 까닭이다. 사람을 변화시키시는 능력은 곧 포기케 하시는
능력이다. 삭개오는 먼저 자신의 재산 절반을 가난한 사람들에게 나누어
주고, 남의 것을 토색한 것은 네 배로 갚겠다고 하였다. 그의 재산이 모두
불의한 재산이었음을 감안하면, 그것은 사실상 전 재산의 포기 선언이었
다. 말씀의 변화시키시는 능력, 포기케 하시는 능력 덕분이었다. 이 능력
을 얻지 못했던들 삭개오는 불의한 재산을 신주단지처럼 모시다가 영영
파멸하고 말았을 것이다. 포기케 하시는 말씀의 능력 속에서 포기할 것을
과감하게 포기함으로 그는 영원한 생명을 얻었다. 그래서 주님께서 그를
향해 "오늘 이 집에 구원이 이르렀다"고 즉석에서 구원을 선포하셨다.
어떤 사람이 길을 걷다가 강을 만났다. 나무를 잘라 뗏목을 엮어 강을
건넜다. 건너고 보니 애써 만든 뗏목을 버리기 아까웠다. 그는 뗏목을 짊
어지고 걷기 시작했다. 제대로 걸을 수 있을 리 만무했지만, 그는 뗏목을
버릴 생각은 아예 하지도 않았다. 결국 뗏목 때문에 그는 목적지에 닿기

도 전에 쓰러졌고, 다시는 일어나지 못했다.

　그대가 지금 버리지 못해 등이 휘어지도록 지고 있는 뗏목은 무슨 뗏목인가? 주님의 말씀의 능력 속에서만 삭개오처럼 버릴 것을 버릴 수 있다. 그 능력 속에서만 무엇이 정말 큰지, 무엇이 영원한지, 바른 구별이 가능하다. 도공이 정성을 다해 만든 자신의 작품을 미련 없이 깨뜨리는 것은 최고의 예술품을 얻기 위해서다. 시인이 글을 절제하는 것은 불후의 명시名詩를 낳기 위함이다. 그리스도인이 포기할 것을 주저 없이 포기하는 것은, 이왕 믿을 바에야 참 그리스도인이 되기 위함이다.

　한 조각가가 예수상을 완성했다. 얼마나 완벽했던지, 마치 살아 계신 예수님을 보는 듯했다. 평소에 예수상을 조각하려다가 번번이 실패한 또 다른 조각가가 그에게, 어떻게 하면 그처럼 완벽한 예수상을 조각할 수 있는지 물었다. 그가 이렇게 대답했다.

　"나도 예전에는 당신처럼 예수상을 조각하려다가 늘 실패했습니다. 그래서 이번에는 대리석을 갖다 놓고, 그 대리석이 예수님의 상이 되는 데 불필요한 부분을 계속 뜯어내어 보았습니다. 그랬더니 이런 예수상이 남았습니다."

　그대가 포기케 하시는 말씀의 능력을 의지하여 그대의 삶에서 뜯어내어야 할 것들을 날마다 뜯어낸다면, 언젠가 사람들은 그대를 통해 살아 계신 예수 그리스도를 만나게 될 것이다.

넷째, 격려하시는 능력이다.

　예수께서 헌금함을 대하여 앉으사 무리가 어떻게 헌금함에 돈 넣는가를 보실새 여러 부자는 많이 넣는데 한 가난한 과부는 와서 두 렙돈 곧 한 고드란트를 넣는지라 예수께서 제자들을 불러다가 이르시되 내가 진실로 너희에게 이르노니 이 가난한 과부는 헌금함에 넣는 모든 사람보다 많이 넣었도다(막 12:41-43).

렙돈이란 당시에 사용되던 화폐 단위 중에 가장 작은 단위로, 두 렙돈이라면 웬만한 사람은 돈으로 여기지도 않는 금액이었다. 요즘 우리나라의 1원짜리나 10원짜리 동전 두 닢을 연상하면 된다. 그런데 그 작은 금액을 헌금한 여인에게 주님께서는 '네가 최고'라고 격려하셨다. 주님으로부터 뜻하지 않게 격려의 말씀을 들은 이 여인은, 이 세상을 다 주고도 사지 못할 힘과 용기를 얻었을 것이다. 그리고 더 이상 세상의 격려가 아니라 주님의 격려를 바라며 살아가는 참되고 은밀한 봉사자가 되었을 것이다. 세상 사람들의 격려와 갈채를 구하는 사람은 참된 봉사를 행할 수 없다. 그가 행하는 봉사란, 실은 자기 내세우기에 지나지 않기 때문이다.

요즈음 웬만한 교회에 가면 물건마다 헌납자의 명패가 붙어 있는 것을 쉽게 발견할 수 있다. 꽤 오래전에는 국민일보에 어느 교회의 희한한 광고가 실렸다. 예배당을 짓다가 빚을 졌는데, 얼마 이상 헌금하는 사람을 위해서는 교육관이나 예배실의 명칭을 헌금자의 이름으로 짓고, 부채 전액을 갚아 주는 사람이 있을 경우에는 아예 교회 이름을 그 사람의 이름으로 변경해 주겠다는 광고였다. 각 신학대학도 예외는 아니다. 벽에는 으레 건축 헌금한 사람이나 교회의 명단이 붙어 있다. 이처럼 모두 사람의 갈채에만 관심을 갖는다. 그곳에는 주님의 격려가 있을 리 없다. 주님의 격려가 없는 곳에는 공허함만 남고, 공허한 사람은 더더욱 인간의 갈채에

몰입하다가 어느 순간 초라하게 무너지고 만다. 인간의 박수 위에 지어진 집은 언제나 사상누각으로 끝날 뿐이다.

그대가 정말 그대의 속이 진리로 꽉 찬 그리스도인이 되기 원한다면, 그대는 지금부터 자신을 숨기는 훈련을 시작해야 한다. 사람의 갈채가 없는 곳에 주님의 격려가 임하고, 주님의 격려만이 우리의 속을 진리로 채운다. 그 속이 진리로 채워진 사람의 인생은 결코 무너지지 않는다.

다섯째, 사탄을 물리치시는 능력이다.

> 이에 예수께서 말씀하시되 사탄아 물러가라 기록되었으되 주 너의 하나님께 경배하고 다만 그를 섬기라 하였느니라 이에 마귀는 예수를 떠나고 천사들이 나아와서 수종드니라 (마 4:10-11).

예수님의 말씀의 능력 앞에서 예수님을 시험하던 사탄은 쫓겨나고 말았다. 사탄은 언제 어디서나 말씀의 능력을 이기지 못한다. 이 능력은 말씀이신 하나님의 능력이다. 하나님의 능력을 이길 수 있는 것은 이 세상에 존재하지 않는다. 그러므로 비록 선의의 목적일지라도 하나님의 능력보다 사탄의 능력을 더 크게 부각하는 것은 옳지 않다. 우리가 바로 알아야 할 것은 언제나 하나님의 능력이다. 세상의 모든 문제는 하나님의 논리로 풀어야지 사탄의 논리로 풀려 해서는 안 된다는 말이다.

욥을 시험한 것은 사탄이었다. 그러나 사탄은 하나님의 능력 속에 있는 욥을 끝내 이기지 못했다. 게다가 욥은 자신을 시험하는 것이 사탄인지도 몰랐다. 사탄을 쫓아내려고 소리친 적도 없었고 금식기도한 적도 없었다.

그런데도 욥이 이겼다. 그가 하나님의 능력 가운데 있었기 때문이다. 앞에서 언급한 것처럼 사도 바울에게는 불치의 병이 있었다. 바울은 그 병을 '육체에 가시 곧 사탄의 사자'라 불렀다. 사탄이 준 병이란 말이다. 그런데도 그는 오히려 그 병을 감사하였다. 하나님의 능력 속에 있음에도 사탄이 시험한다면 그것은 주님께서 사탄을 도구 삼아 더 큰 은혜를 주시기 위함임을 확신함으로, 그는 도리어 하나님의 능력의 말씀 위에 자신을 더욱 굳게 세웠다.

베드로전서 5장 8-9절이 다음과 같이 증거한다.

> 근신하라 깨어라 너희 대적 마귀가 우는 사자같이 두루 다니며 삼킬 자를 찾나니 너희는 믿음을 굳건하게 하여 그를 대적하라

우리를 삼키려 두루 다니는 마귀를 대적하는 유일한 방법은 '믿음을 굳건하게 하는 것'이다. 믿음을 굳건하게 한다는 것은 사탄을 대적하기 위해 사탄을 찾아 나서는 것을 의미하지 않는다. 그것은 두말할 것도 없이 말씀 위에 굳게 서는 것이다. 말씀이 곧 '사탄을 물리치는 능력'이기 때문이다. 예수님께서도 사탄의 시험을 받으셨을 때 말씀으로 물리치셨다.

마지막으로, 창조의 능력이다.

> 태초에 말씀이 계시니라 이 말씀이 하나님과 함께 계셨으니 이 말씀은 곧 하나님이시니라 그가 태초에 하나님과 함께 계셨고 만물이 그로 말미암아 지은 바 되었으니 지은 것이 하나도 그가 없이는 된 것이

없느니라(요 1:1-3).

주님의 말씀은 '창조의 능력'이다. 만물이 다 그 말씀의 능력으로 창조되었다. 창조란 있던 것의 변형이 아니라, 없음에서 있음이 있게 하는 것이다. 그대에게 아무것도 없을지라도 주님께서는 그대에게 모든 것을 있게 하실 수 있다. 사람들은 이 능력으로 바빌로니아를 세우려 하기에 이 능력을 얻지 못한다.

이스라엘은 우리나라 경상남북도를 합친 정도의 작은 땅덩어리다. 그나마 쓸 만한 땅은 별로 많지 않다. 이스라엘 주위에는 비옥한 땅이 많았고, 언제나 당시 세계 최대의 제국들이 자리 잡고 있었다. 아시리아제국, 바빌로니아제국, 이집트제국, 페르시아제국, 헬라제국, 로마제국 등이다. 그러나 그 제국들은 모두 사라지고 말았다. 그 작고 척박한 이스라엘만 그 자리에 그대로 있다. 그것 자체가 하나님의 위대한 교훈이다. 주님의 '창조의 능력'이 붙들고 있으면, 아무리 작고 볼품없어도 영원하다는 것이다. 바꾸어 말해 인간의 욕망으로 거대한 것을 잡으려 하지 말고, 오직 창조의 능력 속에서 영원한 것을 추구하라는 의미다. 그러나 사람들은 창조의 능력을 이용하여 거대한 바빌로니아만을 추구하려 하기 때문에, 그 능력 속에서 영원을 얻는 데 실패하고 만다. 바빌로니아는 거대한 것 같으나 그 수명은 일시적이다. 거대한 바빌로니아를 목표로 삼는 사람은 반드시 불의와 벗하기 마련이고, 불의는 결코 그 수명이 길지 못한 탓이다.

영원이란 올해를 뛰어넘는 것이고, 내 생애를 초월하는 것이다. 올해 안에, 내가 살아 있는 동안에 반드시 열매를 거두겠다면, 그 열매는 영원한 열매일 수 없다. 우리는 영원히 살 사람들이다. 영원 속에서 열매를 거두려는 마음을 가질 때 우리는 진리와 동행할 수 있고, 그때 우리가 무엇을 추구하든 주님께서 당신의 창조적인 능력으로 우리를 영원한 이스라엘로 세우신다. 바빌로니아를 꿈꾸는 자들은 언제나 인류의 역사를 후퇴시켰지만, 역사를 새롭게 한 사람들은 언제나 영원을 바라보는 사람들이었다. 주님의 '창조의 능력'이 후자의 편에 있기 때문이다.

이제 그대는 성경말씀에 대해 많은 것을 알게 되었을 것이다. 그리고 그리스도인으로서 성경말씀을 읽지 않고는 아무것도 할 수 없음도 깨달았을 것이다. 보통 사람이 책을 읽는 속도로 성경을 한 번 읽는 데 필요한 시간은 약 80시간이다. 하루 15분씩만 성경을 읽는다면 그대는 이 세상 살아 있는 동안 매년 한 번씩 성경을 완독할 수 있으며, 해가 거듭할수록 말씀의 능력과 은혜 속에서 그대 자신이 날마다 새로이 빚어질 것이다.

신앙생활이란 중단 없는 훈련의 삶을 사는 것이고, 그 훈련은 말씀의 훈련에서 시작된다.

6

기도란

로마서 8장 26절

이와 같이 성령도 우리의 연약함을 도우시나니 우리는 마땅히 기도할 바를 알지 못하나 오직 성령이
말할 수 없는 탄식으로 우리를 위하여 친히 간구하시느니라

그리스도인의 특권, 기도

대화 없는 부부가 있다면 이미 파경 길에 들어선 것과 같다. 대화 없는 부모 자식은 오히려 남남보다 못하다. 대화 없는 곳에 따뜻한 사랑과 애정 어린 격려는 있을 수 없다. 기도는 하나님과 인간 사이에 존재하는 대화의 통로다. 기도를 통해 하나님께 내 마음을 아뢰고, 기도를 통해 하나님의 말씀을 듣는다. 기도하지 않는 그리스도인과 하나님의 관계는 별거 중인 부부와 같다.

데살로니가전서 5장 17절은 "쉬지 말고 기도하라"고 명령한다. 쉬지 말고 기도해야 할 이유가 무엇인가?

너희가 내 이름으로 무엇을 구하든지 내가 행하리니 이는 아버지로 하여금 아들로 말미암아 영광을 받으시게 하려 함이라 내 이름으로 무엇이든지 내게 구하면 내가 행하리라(요 14:13-14).

기도는 그리스도인의 특권임을 밝혀 주고 있다. 피조물인 인간이 창조주이신 하나님과 언제 어디에서든 자신의 언어로 대화를 나누고, 또 응답받을 수 있다는 것은 참으로 커다란 특권이다. 주어진 특권을 행사하지 않는다면 어리석은 사람이다. 대통령에게는 여러 가지 특권이 주어진다. 만약 대통령이 그 특권을 모조리 사양하며 자기 집에서 지하철로 출퇴근하고 국빈을 자기 집에서 맞으려 한다면, 그는 겸손하기보다는 관계자와 국민을 번거롭게 하는 어리석은 대통령이다. 주어진 특권은 언제나 겸손하게 사용하여야 한다.

여기서 세 가지 질문이 제기된다.

첫째, 하나님께서 인간에게 기도라는 엄청난 특권을 주신 까닭은 무엇인가?

둘째, 정말 기도하면 무엇이든 응답되는가?

셋째, 과연 인간이 쉬지 않고 기도할 수 있는가? 없다면 하나님께서는 왜 불가능한 것을 요구하시는가?

먼저 첫째 질문에 대해 생각해 보자. 하나님께서 기도란 특권을 주신 까닭이 무엇인가?

민주사회에서 대통령에게 여러 특권을 주는 것은 대통령을 위해서가 아니라 국민을 위해서다. 최적의 상태에서 국민을 위해 옳고 바른 결정과 처신을 할 수 있게끔 국민이 특권을 부여하는 것이다. 따라서 대통령은 국민을 위해 경호원이 지키는 청와대에서 살아야 하고, 방탄 자동차를 이용해야 한다. 그러나 만약 대통령이 이 사실을 망각한 채, 주어진 모든 특권을 자기 자신을 위해 남용하고 오용한다면 그는 반드시 그 특권을 부여한 국민의 저항을 받게 된다.

기도의 특권은 하나님께서 하나님 당신을 위해 인간에게 부여하신 것이다. 인간으로 하여금 하나님의 영광을 위해 바르고 아름답게 살게 하기 위함이다. 따라서 인간은 이 기도의 특권을 자기 욕망을 위해서가 아니라, 하나님의 뜻을 분별하고 그 뜻대로 진실하게 살아가기 위해 사용하여야 한다. 돈을 구할 수도 있고 건강을 구할 수도 있지만, 궁극적으로 무엇이든 하나님의 뜻과 영광을 위해 구하여야 한다. 이것을 알지 못할 때 기도는 미신의 도구로 전락한다.

미신과 바른 신앙의 차이는 인간의 변화 유무에 달려 있다. 미신은 자신의 변화에는 관심 없이, 자신이 가진 것으로 신을 달래고 얼러 자신의 욕망을 성취하려는 마음이다. 그래서 미신은 사람을 거룩하게 변화시키기는커녕 오히려 욕망만 배가시킨다. 반면에 신앙은 하나님을 변화시키려는 것이 아니라, 하나님의 뜻을 알아 그 뜻에 맞게 자기 자신이 변화되려는 의지이다. 그 결과로서 참된 신앙인에게는 언제나 변화가 뒤따른다. 만약 그리스도인이 자신의 변화 없이 하나님의 마음을 달래고 얼러 자기 욕망만을 이루기 위해 기도한다면, 그것은 무당을 찾아가 푸닥거리하는 사람과 무엇이 다르겠는가? 인간이 기도의 특권을 계속 자신의 욕망만을 위해 남용하고 오용한다면, 그는 끝내 그 특권을 주신 하나님의 외면을 당하게 될 것이다.

이제 두 번째 질문에 대해 생각해 보자. 기도하면 정말 무엇이든 응답되는가?

이 질문에 대한 해답은 본 장의 내용을 읽어 가는 동안 얻게 될 것이다.

한 가지 잊지 말아야 할 것은, 기도의 특권을 오용하고 남용하는 동안에는 하나님의 응답이 있을 수 없다는 사실이다.

그다음으로 마지막 질문이다. 과연 인간이 쉬지 않고 기도할 수 있는가? 하나님께서 그처럼 불가능해 보이는 것을 인간에게 요구하시는 이유는 무엇인가? 이 질문에 대해서는 이 장의 끝부분에서 논하겠다.

우리가 정말 구해야 할 것

마태복음 8장 1-15절은 우리의 기도가 어떻게 진전되어야 하는지를 보여 주는 좋은 예문이다.

> 예수께서 산에서 내려오시니 수많은 무리가 따르니라 한 나병환자가 나아와 절하며 이르되 주여 원하시면 저를 깨끗하게 하실 수 있나이다 하거늘 예수께서 손을 내밀어 그에게 대시며 이르시되 내가 원하노니 깨끗함을 받으라 하시니 즉시 그의 나병이 깨끗하여진지라 예수께서 이르시되 삼가 아무에게도 이르지 말고 다만 가서 제사장에게 네 몸을 보이고 모세가 명한 예물을 드려 그들에게 입증하라 하시니라 예수께서 가버나움에 들어가시니 한 백부장이 나아와 간구하여 이르되 주여 내 하인이 중풍병으로 집에 누워 몹시 괴로워하나이다 이르시되 내가 가서 고쳐 주리라 백부장이 대답하여 이르되 주여 내 집에 들어오심을 나는 감당하지 못하겠사오니 다만 말씀으로만 하옵소서 그러면 내 하인이 낫겠사옵나이다 나도 남의 수하에 있는 사람이요 내 아래에도 군사가 있으니 이더러 가라 하면 가고 저더러 오라

하면 오고 내 종더러 이것을 하라 하면 하나이다 예수께서 들으시고 놀랍게 여겨 따르는 자들에게 이르시되 내가 진실로 너희에게 이르노니 이스라엘 중 아무에게서도 이만한 믿음을 보지 못하였노라 또 너희에게 이르노니 동 서로부터 많은 사람이 이르러 아브라함과 이삭과 야곱과 함께 천국에 앉으려니와 그 나라의 본 자손들은 바깥 어두운 데 쫓겨나 거기서 울며 이를 갈게 되리라 예수께서 백부장에게 이르시되 가라 네 믿은 대로 될지어다 하시니 그 즉시 하인이 나으니라 예수께서 베드로의 집에 들어가사 그의 장모가 열병으로 앓아 누운 것을 보시고 그의 손을 만지시니 열병이 떠나가고 여인이 일어나서 예수께 수종들더라

본문에는 세 사람이 등장한다. 제일 먼저 등장한 인물은 한센병자이다. 그는 주님께 나아와 자신의 병을 낫게 해 주시기를 간구함으로 응답받은 사람이다. 당시 한센병자들은 외딴 곳에 격리되어 있었다. 한센병의 전염을 차단하기 위함이었다. 따라서 한센병자들이 격리된 장소를 떠나 임의로 돌아다닐 경우 사람들은 돌팔매질로 그를 쫓아내었다. 그런데도 본문의 한센병자가 한센병으로 썩어 문드러진 얼굴 그대로 예수님을 찾아온 것은 목숨을 건 용기였다. 예수님께서는 그의 중심을 보시고 그의 병을 깨끗게 해 주셨다. 그리고 그더러 아무에게도 말하지 말고, 다만 제사장을 찾아가 정해진 예물을 바치고 깨끗해진 몸을 보이라고 명령하셨다. 제사장을 찾아가라 하신 것은 제사장으로부터 한센병이 나았다는 판정을 받아야 정상적인 사회생활을 재개할 수 있기 때문이요, 아무에게도 말하지 말라 하신 것은 그의 믿음이 다른 사람에게 자랑하고 내세울 만한 믿

음은 아니었기 때문이다.

우리가 우리의 애절한 문제를 주님 앞에 아뢰고 응답받는 것은 아름다운 신앙 체험이다. 그러나 그 자체가 참된 믿음의 증거일 수는 없다. 자신의 뜻이 이루어지고 자기 소원이 성취되기를 바라는 것은 모든 인간의 공통된 마음이다. 그런 마음으로 설령 원하는 것을 얻었다 해도, 그것이 참된 믿음의 결과인 것은 아니다. 그런 응답은 무당을 통해서도 얻어질 수 있다.

우리는 이기적인 인간이다. 신앙도, 기도도, 그 출발점은 항상 우리 자신이다. 나를 위해 믿고, 내 자식과 내 사업을 내가 원하는 대로 가꾸기 위해 기도한다. 이것은 어쩔 수 없는 인간의 한계이다. 그러므로 우리의 이기심은 신앙의 출발점으로 쓰여야지, 신앙의 종착역이 되어서는 안 된다. 우리가 이기적인 목적으로 주님을 찾고 기도하기 시작했더라도, 우리의 신앙과 기도는 그다음 단계로 나아가지 않으면 안 된다는 말이다. 그렇지 않을 경우 우리의 신앙생활은 진부함을 벗어나지 못한다. 이것은 마치 초등학생이 어른이 되어서도 여전히 초등학생으로 남아 있는 것과 같다.

본문에 등장하는 두 번째 인물은 백부장이다. 그는 예수님 앞에 자신의 문제를 들고 나오지 않았다. 그가 예수님을 찾은 것은 타인의 문제로 인함이었다. 타인이라고 해서 백부장의 가족이거나 친척인 것도 아니었다. 그는 자기 집의 종을 위해 예수님을 찾아 나왔다. 당시의 종이란 노예요, 노예는 주인에게는 사람이 아니었다. 백부장은 그처럼 하찮은 종의 중풍병이 낫기를 주님께 간구했다. 우리의 믿음과 기도가 진전해 나아가야 할 두 번째 단계가 바로 이것이다. 자신의 수준에 미칠 수도 없는 타인을 위해 기도한다는 것은 참으로 성숙한 믿음이다. 사람들은 저마다 주님께서 자기 집을 방문해 주시기를 원하고, 자신의 병든 곳을 직접 만져 주시기를 원하기 마련이다. 그러나 백부장은 주님께서 그의 집으로 친히 가 주시려 하였지만 사양하였다. 그는 주님께서 멀리서 말씀만 하셔도 종의 병이 완치될 줄로 믿었다. 그의 믿음이 얼마나 성숙한지를 보여 주는 좋은 증거였다. 주님께서 그를 위해 칭찬을 아끼지 않으셨다. 칭찬받아 마땅한 믿음이었기 때문이다. 그러나 그것도 믿음의 마지막 단계는 아니었다.

본문 속의 마지막 인물은 베드로다. 그의 장모는 열병을 앓고 있었다. 당시의 의술은 열병을 다스리지 못했다. 생명이 위독한 셈이었다. 그런데 베드로는 장모의 회복을 위해 단 한 차례의 기도를 드린 적도 없었지만 주님께서 친히 그녀를 고쳐 주셨다. 그 이유는 무엇이었을까? 베드로가 주님과 동행하고 있었기 때문이다. 베드로가 주님과 동행하는 삶을 살 때, 주님께서 그에게 있어야 할 것을 미리 아시고 응답해 주신 것이다. 우리가 다다라야 할 마지막 단계가 바로 이 지점이다. 주님과 동행하는 삶 —이 단계가 되면 주님께서 우리의 모든 것을 책임지신다.

군에 입대하는 아들의 등에 군 복무 기간 동안 먹을 쌀과 반찬 그리고 이불을 지워 보내는 부모는 아무도 없다. 나라를 위해 입대한 이상 나라가 책임짐을 아는 까닭이다. 하물며 주님을 위해 주님과 동행하는 사람을 주님께서 책임져 주심은 너무도 당연한 일이 아니겠는가?

또 기도할 때에 이방인과 같이 중언부언하지 말라 그들은 말을 많이 하여야 들으실 줄 생각하느니라 그러므로 그들을 본받지 말라 구하기 전에 너희에게 있어야 할 것을 하나님 너희 아버지께서 아시느니라 (마 6:7-8).

내게 있어야 할 것이 무엇인지 아시지도 못한다면 어찌 하나님이실 수 있겠는가? 하나님께서는 내게 있어야 할 것이 무엇인지 나보다도 더 정확하게 알고 계신다. 그래서 하나님께서 내게 있어야 할 것으로 결정하신 것만 실은 내게 필요한 것이다. 그 외의 것을 구하는 것은 다 헛된 일이요, 설령 취한다 해도 내게 유익이 되지 않는다. 그래서 '우리가 구하기 전에 우리에게 있어야 할 것을 하나님 우리 아버지께서 이미 다 알고 계심'을 일깨워 주신 주님께서 계속하여 다음과 같이 말씀하신다.

> 그러므로 너희는 이렇게 기도하라 하늘에 계신 우리 아버지여 이름이 거룩히 여김을 받으시오며 나라가 임하시오며 뜻이 하늘에서 이루어진 것같이 땅에서도 이루어지이다 오늘 우리에게 일용할 양식을 주시옵고 우리가 우리에게 죄 지은 자를 사하여 준 것같이 우리 죄를 사하여 주시옵고 우리를 시험에 들게 하지 마시옵고 다만 악에서 구하시옵소서 (나라와 권세와 영광이 아버지께 영원히 있사옵나이다 아멘)(마 6:9-13).

주님께서 친히 우리에게 가르쳐 주신 기도이다. 그래서 우리는 이것을 '주님의기도'라고 부른다. 인간이 하나님께 드릴 수 있는 기도 중에 가장 아름다운 기도인 '주님의기도'는 깊이 들여다보면, 그 내용이 모두 아름다운 결단으로 이루어져 있다. 나 자신이나 나의 뜻을 위해서가 아니라 거룩하신 하나님의 나라와 뜻을 위해 살며, 나와 더불어 사는 사람들과 함께 일용할 양식으로도 자족한 삶을 살고, 사람의 허물을 용서하는 삶을 살면서, 세상의 유혹과 죄악으로부터 구별된 삶을 살기 원하는 결단의 기도이다. 어떻게 이런 아름다운 결단의 기도가 가능할 수 있는가? 우리

가 사용하는 개역개정판 성경은 주님의기도 마지막 구절에서 헬라어 원
문의 한 단어를 빠뜨리고 있다.

대개 나라와 권세와 영광이 아버지께 영원히 있사옵나이다

바로 '대개大蓋'란 단어이다. '대개'란 흔히 잘못 알고 있는 것처럼 '거의
almost'란 뜻이 아니다. 이 단어의 헬라어 원문은 '호티ὅτι'인데, 이것은 '……
때문에because'란 의미이다. 따라서 주님의기도의 마지막 구절을 알기 쉽게
번역하면 다음과 같다.

나라와 권세와 영광이 영원토록 아버지의 것이기 때문입니다

우리가 어떻게 주님의기도처럼 아름다운 결단의 기도를 하나님께 드릴
수 있는가? 하나님 아버지께서 모든 나라와 모든 권세와 모든 영광을 영
원히 가지신 분이기 때문이다. 그 하나님 아버지께서, 내가 구하기 전에
내게 있어야 할 것을 다 아시고 모든 것을 책임져 주시기 때문이다. 다시
말해 모든 나라와 권세와 영광을 영원히 갖고 계신 하나님께서 나와 함
께 계심을 믿는 까닭에, 그 하나님을 의지하여 하나님의 나라와 뜻을 위
해 살며, 나와 더불어 사는 사람들과 함께 일용할 양식으로도 자족하며
살고, 타인의 허물을 용서하는 넉넉한 마음을 지니며, 세상의 유혹과 죄
악으로부터 구별된 삶을 결단하고 또 실천할 수 있는 것이다.

그러므로 내가 너희에게 이르노니 목숨을 위하여 무엇을 먹을까 무엇

을 마실까 몸을 위하여 무엇을 입을까 염려하지 말라 목숨이 음식보다 중하지 아니하며 몸이 의복보다 중하지 아니하냐 공중의 새를 보라 심지도 않고 거두지도 않고 창고에 모아들이지도 아니하되 너희 하늘 아버지께서 기르시나니 너희는 이것들보다 귀하지 아니하냐 너희 중에 누가 염려함으로 그 키를 한 자라도 더할 수 있겠느냐 또 너희가 어찌 의복을 위하여 염려하느냐 들의 백합화가 어떻게 자라는가 생각하여 보라 수고도 아니하고 길쌈도 아니하느니라 그러나 내가 너희에게 말하노니 솔로몬의 모든 영광으로도 입은 것이 이 꽃 하나만 같지 못하였느니라 오늘 있다가 내일 아궁이에 던져지는 들풀도 하나님이 이렇게 입히시거든 하물며 너희일까보냐 믿음이 작은 자들아 그러므로 염려하여 이르기를 무엇을 먹을까 무엇을 마실까 무엇을 입을까 하지 말라 이는 다 이방인들이 구하는 것이라 너희 하늘 아버지께서 이 모든 것이 너희에게 있어야 할 줄을 아시느니라 그런즉 너희는 먼저 그의 나라와 그의 의를 구하라 그리하면 이 모든 것을 너희에게 더하시리라(마 6:25-33).

하나님의 의를 구한다는 것은 하나님과 바른 관계를 맺는 것을 의미한다. 하나님의 나라, 하나님의 영광, 하나님의 뜻을 위해 사는 것이다. 그러므로 지금부터 우리의 신앙생활과 기도생활의 초점은, 하나님의 나라와 그의 의를 먼저 구하는 데 맞추어져야 한다. 그와 같은 삶을 살아가는 한, 내가 구하기 전에 내게 있어야 할 것을 미리 아시고 책임져 주시는 하나님의 은총을 더 넓고 더 깊고 더 높게 누리게 될 것이다. 무엇보다도 그때 비로소 우리는 의식주의 노예 된 삶으로부터 자유하는 참 그리스도인이 될 것이다.

미우라 아야코 여사의 《기도해 보시지 않을래요?》는 매우 감동적인 이야기를 소개하고 있다. 함께 은혜를 나누어 보자.

다음에는 우리가 직접 기도를 받은 가고시마의 이토 에이이치 목사의 체험담을 소개한다.

당시 이토 선생은 야마구치 현의 보우후라는 곳에서 목사로 있었다. 그러나 중국 대륙에의 전도가 꿈이어서 자비량自備糧으로 중국행을 결심했다. 그 소문을 들은 의사인 어떤 신자가 중국까지의 표를 사 주었다. 또 다른 신도들이 2엔, 3엔씩 헌금을 해 주어 모든 준비가 끝난 후에도 50엔이라는 돈이 남았다. 1938년 당시 중국 체재비가 월 30엔이었으므로 50엔이 있으면 당분간은 걱정이 없겠다고 마음 놓고 출발할 예정이었다.

그런데 출발 전날 선생은 교회에 49엔의 가불이 있다는 기억이 불현듯 떠올랐다. 그 돈은 선생 자신이 쓴 것이 아니었다. 교회의 신자 중에 매우 가난한 신자가 있어 보다 못해 선생의 이름으로 교회에서 빌린 돈이었다. 그 돈을 선생은 먼저 변제했다. 50엔 중에서 49엔을 갚았으므로 수중에 남은 것은 1엔뿐이었다. 선생은 매우 곤란해졌다. 아무리 표는 있다지만 단돈 1엔으로는 여행 중의 식사비도 되지 않는다. 그렇다고 교인들의 헌금을 써 버린 지금 중국행을 단념할 수도 없는 처지였다. 일단 교회에다 돈을 갚았으니 다시 사정하여 돈을 빌려 볼까 하는 궁색한 생각을 해 보았다. 그렇게 생각하고 교회 회계집사의 집을 찾아 나서다가, '아니지' 하고 선생은 주저앉았다. 교인들에게 자신은 언제나 뭐라고 설교해 왔던가? "무엇을 먹을까 무엇을 마실까 무엇을 입을까 염려하지 말라 이는 다 이방인들이 구하는 것이라 너희 천부께서 이 모든 것이 너희에게 있어야 할 줄을 아시느니라 너희는 먼저 그의 나라와 그의 의를 구하라 그리하면 이 모든 것을 너희에게 더하시리라"는 그리스도의 말씀으로 항시 하나님에 대한 믿음을 강조해 오지 않았던가? 그런 자신이 다급할 때 회계집사에게 돈을 빌리러 찾아 나서다니, 절대로 안 될 말이었다. 자신이 갚은 돈을 회계집사가 분명히 가지고 있으니만치 선생의 한마디에 회계집사는 기꺼이 필요한 돈을 빌려 줄 터였다. 그러므로 선생은 더욱 찾아갈 수 없었다. 그렇다고 1엔으로 중국 대륙을 향해 출발한다는 것은 아무리 생각해도 무리였다. 마침내 출발은 내일 아침으로 다가왔다.

'그렇지. 동생에게 말해 보자.'

그러나 동생은 요코하마에 있었다. 지금 전보를 쳐도 시간적 여유가 없다.

'모지에 있는 그 사람에게……'

모지 역은 중국으로 가는 도중에 있다. 그러나 이런 생각을 하고 있는 그의 가슴은 뭔가 석연치 않은 느낌으로 가득 차 있었다.

'이래서야 역시 사람을 의지하는 것에 불과하지 않은가? 왜 아버지 하나님께 기도할 생각을 하지 않았을까?'

마침내 선생은 무릎을 꿇고 기도하기 시작했다.

"하나님 아버지시여, 가불금을 갚고 나니 단돈 1엔밖에 없습니다. 이제 와서 출발할 수 없다고 할 수도 없는 처지입니다. 목사로서의 체면에 관계된 일입니다. 필요한 돈을 허락해 주십시오."

선생은 이와 같은 기도를 되풀이하였다. 그러나 그 기도에는 힘이 없었다.

'어째서 이렇게 기도에 힘이 없을까?'

기도를 중지하고 선생은 생각했다. 그러고는 이내 깨달았다. 방금 자신은, 내일 중국을 향해 출발하지 못한다면 전송 나온 사람들 앞에서 낭패스러울 자신의 체면만을 생각하고 있었다. 문제는 나의 체면 따위가 아니지 않은가? 하나님께서 나를 정녕 중국을 위해 필요로 하신다면 설사 1엔의 여비밖에 없어도 책임져 주실 것이 아닌가? 추구해야 할 것은 하나님의 영광과 하나님의 뜻일 뿐 나의 체면이 아니다. 이렇게 생각을 굳히자 선생의 기도에는 힘과 감사가 넘치기 시작했다.

"하나님, 1엔의 돈을 들고 출발하는 것이 하나님의 뜻이라면 저는 1엔을 들고 가겠습니다. 제가 중국으로 출발하는 것이 하나님께 영광이 된다면 출발시켜 주십시오. 그러나 하나님의 뜻이 아니라면 제발 출발을 저지해 주십시오. 제가 앓게 되거나 어머님의 건강에 지장이 일어나는 형태로 저지해 주십시오."

오랜 기도 끝에 그날 밤 늦게 잠자리에 들었다. 다음 날 아침에 눈을 떴다. 머리가 아프지나 않나, 복통이라도 일지는 않나, 열이 오르는 것은 아닌가 하고 아무리 살펴보아도 건강 상태는 매우 좋았다. 어머니에게도 아무런 문제가 생기지 않았다. 역시 출발은 하나님의 뜻이라고 생각하며 1엔을 주머니에 넣고 보우후 역으로 떠났다. 역에는 많은 교회 신자들과 친지들이 전송차 나와 있었다. 그 사람들은 선생이 1엔밖에 갖지 않았다는 사실을 알 리가 없었다. 그러나 선생의 마음은 편했다. 그런데 전송자 중의 몇 사람이 선생 옆으로 다가와 살며시 봉투를 내밀었다. 선생은 놀랐다. 선생의 생각으로는 헌금을 받을 곳은 모두 받은 것으로 알고 있었다. 그런데 열세 사람이 헌금 봉투를 내미는 것이 아닌가. 그들의 전송을 받으면서 선생은 보우후 역을 떠났다. 기차 안에서 세어 보니 헌금 총액은 30엔이었다.

이윽고 기차는 시모노세키에 도착했다. 거기서도 아는 사람이 전송차 나와 헌금을 주었다. 15엔이었다. 선생은 감사하며 큐슈로 건너갔다. 아직 해저 터널이 뚫리지 않았을 때의 일이다. 큐슈에 기항하자 친구 두 사람이 전송하기 위해 나와 있었다. 그들 역시 선생에게 헌금을 주었다. 선생은 배 안에서 두 사람이 준 봉투를 열었다. 그 순간 선생은 너무나 놀라 호흡이 멎어 버리는 듯했다. 두 사람이 준 헌금은 2엔씩 합계 4엔이었다. 그러니까 30엔, 15엔, 4엔, 그 모두를 합친 금액은 정확하게 49엔이었다.

선생은 배 안에서 눈물을 흘리며 하나님께 감사했다. 선생이 가난한 사람을 위해 교회에서 빌리고 변제한 금액은 49엔이었다. 하나님은 그의 기도를 들어주셔서 그 49엔을 1전의 과부족도 없이 그대로 내리신 것이었다. 이것이야말로 중국 전도를 떠나는 선생을 향한 하나님의 크신 복이었던 것이다. 그것은 바로 하나님은 살아 계신다는 하나님으로부터의 신호이자 응답이기도 했다. 또한 중국 전도에서 어떤 곤란이 밀려오더라도 항상 너와 함께할 것이라는 격려의 손길이기도 했다.

닫힌 기도와 열린 기도

하나님의 영광을 위해 간구하는 기도의 삶은 참으로 아름답다. 있어야 할 것을 미리 아시고, 그 모든 것을 당신의 방법으로 채워 주시는 하나님의 손길이 그와 함께하시기 때문이다. 그러므로 기도의 참된 의의는 기도 내용의 고수에 있는 것이 아니라, 자발적인 변경에 있다.

이에 예수께서 제자들과 함께 겟세마네라 하는 곳에 이르러 제자들에게 이르시되 내가 저기 가서 기도할 동안에 너희는 여기 앉아 있으라 하시고 베드로와 세베대의 두 아들을 데리고 가실새 고민하고 슬퍼하사 이에 말씀하시되 내 마음이 매우 고민하여 죽게 되었으니 너희는 여기 머물러 나와 함께 깨어 있으라 하시고 조금 나아가사 얼굴을 땅에 대시고 엎드려 기도하여 이르시되 내 아버지여 만일 할 만하시거든 이 잔을 내게서 지나가게 하옵소서 그러나 나의 원대로 마시옵고 아버지의 원대로 하옵소서 하시고(마 26:36-39).

십자가에 못박히시기 전날 밤, 예수님께서 그 유명한 겟세마네 동산에 엎드려 하나님께 기도드린 내용이다. 임박한 십자가의 죽음을 예견한 예수님께서 심각한 고민과 슬픔에 잠긴 채 기도를 시작하실 때, 그 내용은 "이 잔을 내게서 지나가게 해 달라"는 것이었다. '이 잔'이란 바로 십자가의 죽음이었다. "이 잔을 내게서 지나가게 해 달라"는 이 말은 처절했던 예수님의 기도 내용을 한마디로 압축한 것이지, 이것 자체가 기도의 전문全文인 것은 아니다. 예수님의 기도가 겨우 이 한마디에 불과했다면, 어찌 기도하시는 예수님으로부터 피 같은 땀이 흘러내릴 수 있었겠는가? 예수님께서는 심히 고민하고 슬퍼하시면서, 그리고 피땀을 흘리시며 처절하게 기도를 시작하셨다. 할 수만 있다면 십자가의 죽음을 피하게 해 달라고 말이다. 그러나 그 기도 내용은 이내 반전되었다.

그러나 나의 원대로 마시옵고 아버지의 원대로 하옵소서

참으로 극적인 대반전이다. 피땀 흘리며 당신의 원하는 바를 위해 기도하시던 예수님께서, 살고 싶은 것은 나의 뜻이요 하나님의 뜻은 십자가를 지는 것이며, 이 잔을 피하는 것은 나의 영광을 위함이요 마시는 것은 아버지의 영광을 위함임을 확인하신 것이다. 그래서 예수님께서는 당신의 원대로가 아니라 오직 아버지의 원대로 하시라고 기도를 마무리 지으셨다. 예수님의 기도는 진정 열린 기도였다. 예수님의 기도가 단지 당신의 뜻을 관철시키려는 닫힌 기도였다면, 예수님께서 결코 만인을 위한 그리스도가 되실 수는 없었을 것이다. 예수님께서는 당신의 기도를 버리고서야 그리스도가 되셨다.

우리는 주님 앞에 무엇이든 기도할 수 있어야 한다. 그러나 그 기도는 닫힌 기도가 아니라 열린 기도여야 한다. 내 기도를 관철시키기 위함이 아니라, 언제든지 주님의 뜻을 분별하는 대로, 자신의 기도를 기꺼이 버릴 수 있기 위하여 기도해야 한다. 이런 기도를 통해 하나님의 뜻을 깨달을 수 있고, 또 하나님의 영광을 볼 수 있다. 만약 누구든지 자신의 기도를 끝까지 고수하려 하기만 한다면, 그는 이미 자기 자신을 하나님으로 착각하는 오류에 빠진 사람이다.

> 예수는 영원히 계시므로 그 제사장 직분도 갈리지 아니하느니라 그러므로 자기를 힘입어 하나님께 나아가는 자들을 온전히 구원하실 수 있으니 이는 그가 항상 살아 계셔서 그들을 위하여 간구하심이라(히 7:24-25).

이와 같이 성령도 우리의 연약함을 도우시나니 우리는 마땅히 기도할 바를 알지 못하나 오직 성령이 말할 수 없는 탄식으로 우리를 위하여 친히 간구하시느니라(롬 8:26).

성경은 성자하나님과 성령하나님께서 우리 한 사람 한 사람을 위해 친히 간구하고 계심을 밝혀 주고 있다. 하나님께서는 우리 각자를 위한 선한 뜻과 계획을 갖고 계신다. 그 뜻과 계획이 우리 삶 속에서 이루어질 수 있도록, 아니, 우리가 그것을 분별할 수 있도록 성자하나님과 성령하나님께서 성부하나님께 기도하시며 우리를 돕고 계신다. 우리가 우리의 기도를 고수하려는 것이 아니라 하나님의 뜻 앞에서 우리의 기도를 기꺼이 버리기 위해 열린 기도를 드릴 때, 우리는 우리를 위해 기도하시는 성자하나님과 성령하나님을 만나게 된다. 이 순간부터 우리의 기도는 더 이상 힘들지 않게 된다.

사람들은 하늘 저 높이 계시는 하나님께 부르짖기 위해, 혹은 저 높은 곳의 하나님을 자신에게로 끌어내리기 위해 기도하려 하기에 기도가 힘들다. 그러나 지금 내 속에서 나를 위해 간구하시면서 나의 기도를 도우시는 주님을 만나면, 나는 그분의 기도에 동참하기만 하면 된다. 전혀 힘들 것이 없다. 나를 위해 기도하시는 주님의 관점으로 나를 살피면 나의 기도가 무엇이 잘못되었는지, 나의 기도가 과연 하나님의 영광을 위한 것인지 아니면 나 자신의 욕망을 위한 것인지 분별할 수 있다. 말할 수 없는 탄식으로 나의 기도를 도우시는 성령님의 빛으로 조명하면, 내 삶의 가장 은밀한 곳에 도사리고 있는 위선과 거짓마저 보인다. 그래서 우리 기도의 내용이 자발적으로 바뀌고, 그 결과로 우리의 삶이 교정되기 시작한다.

나를 위해 기도하시는 주님을 만나 그 기도에 동참해 본 사람은 어디서 무엇을 하든 주님을 생각하게 된다. 사람을 만나 대화를 나눌 때나 사무실에서 크고 작은 결정을 내릴 때에도, 마치 셸든Charles M. Sheldon의 소설 제목처럼 '예수님이라면 어떻게 하실까?', 다시 말해 '주님께서 지금 내가 어떻게 하기를 기도하실까?'를 먼저 생각하게 된다. 그리고 주님의 말씀을 좇아 행동한다. 바로 그 자체가 곧 기도다. 자신의 생각과 행동으로 자신을 위한 주님의 기도에 동참하고 있기 때문이다. 길을 걸으면서도 주님의 기도에 동참할 수 있고, 자동차 안에서도 동참할 수 있다. 그래서 우리의 삶 자체가 온통 기도일 수 있다.

이 장의 서두에서 제기한 세 번째 질문이 있다. 과연 인간이 쉬지 않고 기도할 수 있는가?

옷깃을 여미고 기도의 골방에서 무릎 꿇는 것만을 기도라 한다면, 인간이 쉬지 않고 기도한다는 것은 절대로 불가능하다. 주님께서는 이처럼 불가능한 것을 인간에게 요구하시는 분이 아니다. 그러나 나의 생각과 삶이 주님의 기도에 동참함으로써, 나는 하루 종일 쉬지 않고 기도할 수 있다. 주님께서 내 속에서 나를 위해 기도하시고, 나는 주님의 기도와 말씀 안에 거함으로써 나의 삶 자체가 기도가 되는 것이다.

기도의 응답

너희가 내 안에 거하고 내 말이 너희 안에 거하면 무엇이든지 원하는 대로 구하라 그리하면 이루리라(요 15:7).

내 속에서 나를 위해 기도하시는 주님의 기도와 말씀에 내가 동참하기 시작할 때, 내 삶은 하나님의 응답으로 채워진다.

신학교에 입학할 때까지 나는 오랫동안 심한 피부 알레르기 증세로 시달렸다. 합섬이 몸에 닿기만 하면 금방 두드러기 증세가 나타났다. 별의별 약을 다 써 보았지만 효과가 없었다. 결국 나는 피부에 닿는 것은 모두 순면을 사용해야 했다. 내의는 물론이요, 양말과 와이셔츠까지 순면이어야 했다. 옛날에는 양말과 와이셔츠의 경우, 순면으로 만든 국산품이 거의 없었다. 내의 역시 투박한 면으로 만든 것이 대부분이었다. 그래서 조금이라도 땀에 젖기만 하면 금방 알레르기 증세가 나타나곤 했다. 할 수 없이 외국으로 출장 갈 때마다 외국에서 고급 면제품을 사다 날라야 했다. 모두 유명 상표였다. 신학교에 입학하고 보니 그대로는 안 되겠다는 생각이 들었다. 전도사로서 외국 유명 상표의 양말이나 와이셔츠를 살 돈도 더 이상 없었지만, 설령 경제적인 여유가 있다 하더라도 전도사가 그런 고급 제품을 착용하고 다녀서야 무슨 덕이 되겠는가? 무엇보다 주님께서 기뻐하시지 않으리란 생각이 들었다. 나는 주님께서 당신의 영광을 위하여 당신의 종으로 살아갈 나를 고쳐 주시기를, 그래서 교인들 앞에서 무엇이든지 입을 수 있게 해 주시기를 기도드렸다. 기를 쓰고 울부짖는 기도가 아니었다. 금식을 한 것도 아니다. 그저 내 마음속으로 간절히 기도드렸을 뿐이다. 그날부터 지금까지 내 피부에는 무슨 천이 닿아도 아무 이상이 없다.

신학교에 입학할 때까지 나는 방언을 하지 못했다. 아주 오래전에 어떤 기도원에 갔다가 "개도 하는 방언 사람이 못 하면 개만도 못하다"는 말을 듣고 개가 되지 않으려고 밤새도록 방언 조교의 지시를 따라 "라라라라……"를 되풀이하며 혀 굴리는 연습을 했지만 끝내 실패하고 말았다.

그 후에는 방언의 필요성을 느껴 본 적이 없었다. 그러나 신학교에 입학한 뒤 어느 날 고린도전서 12장에 나타난 성령님의 은사를 읽다가 생각이 바뀌었다. 성령님의 은사를 경험해 보지도 않고 그 내용에 대한 성경공부를 인도할 수는 없을 것 같아서였다. 나는 학교 기도탑으로 올라갔다. 1인용 기도 골방에 무릎을 꿇은 나는, 앞으로 고린도전서 12장을 누구하고든 나눌 수 있도록 방언을 내려 주시기를 조용히 기도드렸다. 그순간, 내 기도가 채 끝나기도 전에 환상 속에서 기도방의 앞 벽이 돌연히 날아가 버렸다. 계속하여 나머지 세 벽들도 차례대로 날아가더니 온 천지가 끝도 없이 넓은 벌판으로 변했다. 그와 동시에 갑자기 내 혀끝이 말려올라가면서 방언이 터졌다. 그리고 그날 이후 나의 삶 속에서 갖가지 성령님의 은사가 나타나기 시작했다.

성경 통독이 취미이던 H장로님은 돋보기를 써야 글을 읽을 수 있던 분이었다. 돋보기를 쓰고 성경을 읽는 것은 쉬운 일이 아니었다. 그분은 단지 말씀을 사모하는 심정으로 성경을 마음껏 읽을 수 있게 해 달라고 기도했다. 그날 이후 그분은 더 이상 돋보기를 쓰지 않았다. 돋보기가 아예필요 없게 된 것이었다.

K집사님은 일본에 거주하는 분이었다. 70세가 가까워서야 주님을 영접한 그분은 매일 아침저녁으로 자신이 정한 시간에 집에서 혼자 하나님께 예배를 드렸다. 비가 부슬부슬 내리는 날 밤이었다. 예배시간에 맞추어 귀가하려는데 자신이 위치한 곳은 택시가 잘 다니지 않는 외진 길이었다. 택시를 잡으려면 큰길까지 한참 걸어가야 했다. 제시간에 귀가하기는 어려운 상황이었다. 그는 잠시 마음속으로 하나님의 도움을 청했다. 기도가 끝나는 순간 앞 골목에서 집사님 쪽으로 회전하는 택시의 헤드라이트가

보였다. 그 택시를 탄 집사님은 너무 신기해서, 왜 빈 택시가 사람도 다니지 않는 외진 길로 오게 되었는지 기사에게 물어보았다. 기사는, 본래는 다른 목적지를 향해 가고 있었는데 갑자기 이쪽으로 오고 싶은 마음이 일어나 급히 핸들을 돌렸노라고 대답했다. 주님께서 응답하신 것이었다.

> 구하라 그리하면 너희에게 주실 것이요 찾으라 그리하면 찾아낼 것이요 문을 두드리라 그리하면 너희에게 열릴 것이니 구하는 이마다 받을 것이요 찾는 이는 찾아낼 것이요 두드리는 이에게는 열릴 것이니라 너희 중에 누가 아들이 떡을 달라 하는데 돌을 주며 생선을 달라 하는데 뱀을 줄 사람이 있겠느냐 너희가 악한 자라도 좋은 것으로 자식에게 줄 줄 알거든 하물며 하늘에 계신 너희 아버지께서 구하는 자에게 좋은 것으로 주시지 않겠느냐(마 7:7-11).

하나님께서는 성도의 기도에 반드시 응답하신다. 만약 응답이 없는 것처럼 여겨진다면 그것은 하나님께서 응답하시지 않는 것이 아니라, 내가 구한 것보다 '더 좋은 것'으로 응답해 주시기 위함이다.

J군은 매우 부유한 집안의 아들이었다. 그렇지만 고등학교 시절, 당시 그 유명한 불법 비밀과외를 한 번도 받아 본 적이 없었다. 본인이나 부모나 모두 신앙 양심이 허락하지 않았기 때문이다. 그래서 그 시절의 법이 허용하는 학원에 다니는 것으로 만족했다. 고등학교 3학년이 되어서도 주일이면 어김없이 교회에서 지냈다. 평일에도 매일 30분을 말씀묵상과 기도의 시간으로 할애했다. J군의 어머니는 기도 많이 하기로 소문난 분이다. 아들을 위해 늘 기도했음은 두말할 나위도 없다. 그런데 그해 대학 입

학시험에서 J군은 낙방했다. 그는 재수를 하면서도 예전의 방법을 바꾸지 않았다. 주위 사람들은, 아무리 예수를 믿어도 현실은 현실이니 비밀과외를 시키라고 부모에게 권했다. 그러나 부모는 정중하게 사양했다. 그저 자신의 아들이 정도正道를 걷고도 진학할 수 있도록 기도했다. 1년이 지나 J군은 다시 응시했다. 그 정도로 신실한 젊은이를 하나님께서 합격시켜 주시면 좋으련만 두 번째 시험에서도 떨어지고 말았다. 삼수가 시작되었다. J군은 여전히 비밀과외를 받지 않았고, 신앙생활도 종전과 똑같이 하였다. 이번에는 주위 사람들로부터 부모에게 비난이 쏟아지기 시작했다. 아이는 철이 없어 그렇다 쳐도 부모가 아이를 망친다는 것이었다. 그래도 부모는 끝까지 J군의 편에 섰다. 그리고 그해 연말, J군은 3년 만에 대학에 합격하였다.

말이 쉬워서 그렇지, 부모가 돈이 있는데도 정도를 걷기 위해 자식에게 비밀과외를 시키지 않고 주위의 비난을 감수하면서까지 자식의 삼수를 뒷바라지한다는 것은 여간 고통스러운 일이 아니었을 것이다. 그리고 J군 본인 역시 남들이 다 가는 쉬운 길을 버리고 정도를 걷는 것은 무척 힘들었을 것이다. 그럼에도 끝까지 신앙의 길을 지킨 그 가족은 참으로 본받을 만하다.

왜 하나님께서는 그 가족의 기도에 즉시 응답해 주시지 않으셨는가? 왜 3년씩 그토록 힘든 과정을 거치게 하셨는가? 더 좋은 것을 주시기 위함이었다. 인생의 가장 중요한 고비에서 3년이나 정도를 걸은 J군은 지금도 모든 면에서 정도를 걷고 있으며, 필경 앞으로도 계속 그렇게 살 것이다. 가장 감수성이 예민한 나이에 철저하게 하나님 말씀과 함께한 그는 지금도 하나님의 말씀과 더불어 살고 있다. 많은 그리스도인들이 입시를 앞둔 자식에게 거리낌 없이 불법 과외를 시켰고, 주일에 교회 가는 것 자체를 말렸다. 그래서 원하는 대학에 진학했다 한들 벌써 불법을 예사로 저지르고, 이미 부모와 교회의 통제에서 벗어나 버린 청년들이 허다하다. 앞으로도 그들은 상당 기간 동안 인생을 허비할 것임에 틀림없다. 그런 청년들을 볼 때마다 아름다운 신앙으로 더 좋은 응답을 받은 J군이 사랑스럽기만 하다. 그가 3년을 허비한 것 같으나, 실은 그 3년으로 그는 진리 안에서 일평생을 산 것이다. 둘러 간 것 같지만, 하나님 안에서 최선의 지름길을 간 것이다.

하나님께서는 언제나 당신이 정하신 더 좋은 때에 더 좋은 것으로 응답하시는 분이다. 이것을 알지 못하면, 하나님의 응답을 받고서도 응답을 받았는지조차 알지 못하는 어리석은 사람이 되고 만다. 그러므로 우리가 기도하는 것도 중요하지만, 하나님의 응답을 알아보는 눈을 갖는 것은 더욱 중요하다. 그 눈을 가지면, 하나님께서 주시는 '더 좋은 것' 속에는 우리가 기도하지 아니하였음에도 주시는 것들이 더 많음을 알게 된다. 어린아이가 요구하는 것만 주는 부모가 세상에 어디 있겠는가? 실상 아이들이 요구하는 것은 빙산의 일각이요, 나머지는 모두 부모가 알아서 마련해 준다. 만약 어린아이가 스스로 원하는 것만을 얻는다면 그 어린아이는 제대로 자랄 수 없다. 어린아이가 구하는 것은 없어도 괜찮은 것들이요, 부모가 미리 알아서 준비해 주는 것은 없어서는 안 되는 것들이기 때문이다.

우리가 하나님께 많은 것을 기도하는 것 같지만, 우리가 기도함으로 얻는 것은 실은 미미하기 짝이 없다. 우리는 기도하지 않고서도 물과 공기 그리고 태양을 얻는다. 이것들은 모두 우리 생명과 직결된 것들이다. 어찌 그뿐이겠는가? 이른 비와 늦은 비, 밤하늘의 반짝이는 별들, 아름다운 꽃과 나무들, 사랑하는 부모 형제, 정다운 친구들—우리는 기도하지 않고서도 우리 삶에 없어서는 안 될 이 귀중한 것들을 모두 얻었다. 만약 지금 우리가 기도하고 있는 것만 하나님께서 허락하신다면 우리는 한 시간도 살아남을 수 없다. 이처럼 우리가 구하는 것들은 우리에게 없어도 되는 것들이요, 우리의 생명에 절대적으로 필요한 것들은 모두 하나님께서 거저 주시는 것들이다. 이 사실을 진정으로 깨닫는다면, 우리는 하나님에 대한 전폭적인 신뢰와 함께 하나님께서 우리에게 맡겨 주신 사명에 우리의 충성을 다 바칠 수 있다.

나는 이 책의 초판본을 1994년 외국에서 썼다. 숲으로 둘러싸인 산속이었다. 새들의 울음소리가 아름답게 들리고 산내음은 신비롭기 그지없었다. 산봉우리에 둘린 구름과 안개 그리고 파란 하늘과 빛나는 태양—그 모든 것이 아름다운 예술 작품이었다. 하루 종일 방 안에 앉아 있어도 창문을 통해서는 사람 그림자 하나 보이지 않았다. 나는 그때까지 세상에 그토록 글 쓰기 좋은 별천지가 있으리라고는 상상하지도 못했다. 1994년은 나의 안식년이었다. 그래서 안식년 동안 많은 사람들이 원하는 '새신자반'을 탈고하여, 그동안 하나님께서 베풀어 주신 은혜에 보답하려고 계획했다. 그러나 막상 안식년이 시작되자 더 바쁘기만 했다. 전혀 생각지도 않은 일들 때문에 책을 쓸 틈을 내기란 여간 어렵지 않았다. 그래서 그해 7월 초까지 겨우 제1장을 마쳤을 뿐이었다. 연말까지 집필을 끝낸다는 것은 사실상 불가능해 보였다. 안타까웠다. 그런데 하나님께서 뜻하지도 않게 당신의 신비스러운 손길로 나를 그 아름다운 곳으로 인도하셨다. 그리고 내가 하루에 20시간씩 글을 쓰고도 지치지 않게끔 내 곁에서 나와 함께해 주셨다. 조금 전에 말한 바와 같이, 나는 세상에 그런 곳이 있는 줄 전혀 몰랐다. 그런 곳으로 보내 달라고 기도한 적도 없었다. 그렇지만 하나님께서 은혜를 베풀어 주셨다. 내가 기도하지 않아도 내 마음을 아시는 하나님께서 내게 필요한 것이 무엇인지 먼저 아셨기 때문이다.

그대의 하나님은 이렇게 좋은 분이시다.

기도의 궁극적 목적

> 너희가 악한 자라도 좋은 것으로 자식에게 줄 줄 알거든 하물며 하늘에 계신 너희 아버지께서 구하는 자에게 좋은 것으로 주시지 않겠느냐 그러므로 무엇이든지 남에게 대접을 받고자 하는 대로 너희도 남을 대접하라 이것이 율법이요 선지자니라(마 7:11-12).

본문에서 유의해야 할 단어는 '그러므로'이다. 이 장의 결론이 여기에 있다. 하나님께서 내가 무엇을 구하든 항상 더 좋은 것으로 응답하시는 분이심을 알았다면, 그 좋은 것 속에는 내가 구하지도 않은 것들이 훨씬 더 많다는 사실을 깨달았다면, '그러므로' 이제부터는 아무 염려 말고 마땅히 해야 할 일을 행하라는 말씀이다. 그것은 '사람을 배려하는 삶'을 사는 것이다. 본문에서 '그러므로' 이하를 좀더 원문에 가깝게 번역하면 다음과 같다.

> 그러므로 무엇이든지 남이 너희에게 하여 주기를 원하는 모든 일을 너희도 그렇게 그들에게 행하라 이것이 율법서와 예언서(성경)의 핵심이다

내가 사랑받고 싶고, 내가 높임 받고 싶고, 내가 위함 받고 싶은 그대로 먼저 상대를 사랑하고, 높이고, 위하는 삶을 살라는 것이다. 그렇게 하면 그 나머지는 하나님께서 다 알아서 책임져 주시겠다는 의미다.

하나님과 동행하는 삶이란 무엇인가? 하나님의 나라와 그 의를 먼저 구한다는 것은 무엇인가? 하나님의 영광을 드러내고, 하나님의 뜻을 드러낸다는 것은 무엇인가? 그것은 하나님께서 독생자이신 예수 그리스도를 죽이시기까지 사랑하신 사람을 사랑하며, 사람을 위하며, 사람을 살리는 것이다. 살아생전 이 땅에서 우리가 직접 경험할 수 있는 천국과 지옥이 있다. 그것은 사람과 사람의 관계이다. 제아무리 아방궁 같은 대저택에서 산다 해도 부부 사이가 나쁘면 그들은 지옥 속에 있는 것이다. 반면에 초가삼간이라도 서로 사랑하고 위하면 그곳이 바로 천국이다. 따라서 사람과 아름다운 사랑의 관계를 심화시켜 가는 것은 곧 하나님의 나라를 확장해 가는 것을 의미한다. 그와 같은 삶을 살아가는 사람에게 어찌 하나님께서 더 좋은 것으로 충만하게 응답하시지 않겠는가? 그 사람은 하나님께서 무엇을 주시든지 그것을 사람사랑의 도구로, 하나님나라를 확장하는 연장으로 쓸 테니 말이다.

그대가 의자에 앉아서 기도할 것인가, 아니면 무릎을 꿇고 할 것인가를 놓고 고민할 필요는 없다. 소리를 지르며 기도할 것인가, 마음속으로 할 것인가도 중요하지 않다. 그런 것은 형편과 상황에 따라 좋은 대로 선택하면 된다. 중요한 것은 왜 기도해야 하는지, 기도하는 이유를 알고 기도하는 것이다.

그대는 무엇이든지 기도할 수 있다. 기도에는 제한이 없다. 그러나 그 궁극적 목적은 사람을 사랑하고 사람에게 봉사하기 위함이어야 한다. 그것이 하나님께서 원하시는 뜻이다. 예수님께서도 이것을 위하여 '내 원대로 마시고 아버지 원대로 하옵소서' 하시며 당신의 기도 내용을 바꾸시지 않았던가? 돈을 구해도 좋고 지위를 구해도 좋고 성공을 구해도 좋지만, 그 궁극적 목적은 사람을 사랑하기 위함이어야 한다. 그대가 이것을 위해 기도하고 실천해 갈 때, 그대가 구하지 아니해도 그대에게 있어야 할 것을 미리 아시는 하나님께서 '더 좋은 것'으로 응답해 주실 것이다.

　　예수께서 이르시되 네 마음을 다하고 목숨을 다하고 뜻을 다하여 주 너의 하나님을 사랑하라 하셨으니 이것이 크고 첫째 되는 계명이요 둘째도 그와 같으니 네 이웃을 네 자신같이 사랑하라 하셨으니 이 두 계명이 온 율법과 선지자의 강령이니라(마 22:37-40).

에베소서 1장 22-23절
또 만물을 그의 발 아래에 복종하게 하시고 그를 만물 위에 교회의 머리로 삼으셨느니라 교회는 그의
몸이니 만물 안에서 만물을 충만하게 하시는 이의 충만함이니라

교회의 정의

일반적으로 '교회' 하면 사람들은 종탑과 더불어 잘 지어진 '건물'을 연상한다. 그러나 그것은 '예배당'이지 교회가 아니다. 예수님께서는 이 땅에 계시는 동안 예배당을 세우기 위해 단 한 장의 벽돌도 쌓으신 적이 없다. 교회는 '건물'이 아니다. 예배당을 '집'으로 비유한다면 교회는 '가정'이다. 집과 가정은 같은 말이 아니다. 어떤 사람들은 교회를 '제도'로 생각할 수 있다. 그러나 교회 내에 제도가 존재한다고 해서 제도 그 자체가 교회인 것도 아니다. 예수님께서는 그 어떤 제도도 세우신 적이 없다.

그렇다면 교회란 무엇인가? 교회는 '사람들의 모임'이다. 우리말로 교회라 번역된 헬라어 '에클레시아^{έκκλησία}' 자체가 '부르심을 입은 사람'이란 의미다. 그래서 사도 바울은 교회를 다음과 같이 정의하였다.

하나님의 뜻을 따라 그리스도 예수의 사도로 부르심을 받은 바울과 형제 소스데네는 고린도에 있는 하나님의 교회 곧 그리스도 예수 안에서 거룩하여지고 성도라 부르심을 받은 자들과 또 각처에서 우리의 주 곧 그들과 우리의 주 되신 예수 그리스도의 이름을 부르는 모든 자들에게 하나님 우리 아버지와 주 예수 그리스도로부터 은혜와 평강이 있기를 원하노라(고전 1:1-3).

본문에서 사도 바울은 '하나님의 교회'를, '그리스도 예수 안에서 거룩하여지고 성도라 부르심을 받은 자들', 그리고 '각처에서 우리의 주 되신 예수 그리스도의 이름을 부르는 모든 자들'이라 규정하였다. 교회는 건물이나 제도가 아니라 사람들의 모임, 다시 말해 예수 그리스도의 이름을 부르는 성도들의 모임이라는 것이다. 그렇다면 '예수 그리스도의 이름을 부르는 성도들의 모임'이란 구체적으로 어떤 사람들이 모여 무엇을 하는 모임인가?

이르시되 너희는 나를 누구라 하느냐 시몬 베드로가 대답하여 이르되 주는 그리스도시요 살아 계신 하나님의 아들이시니이다 예수께서 대답하여 이르시되 바요나 시몬아 네가 복이 있도다 이를 네게 알게 한 이는 혈육이 아니요 하늘에 계신 내 아버지시니라 또 내가 네게 이르노니 너는 베드로라 내가 이 반석 위에 내 교회를 세우리니 음부의 권세가 이기지 못하리라(마 16:15-18).

이스라엘 백성들은 오랫동안 인간의 죄를 대속하러 이 땅에 오실 구원자, 임마누엘 하나님 되시는 메시아, 인간에게 구원을 주시고 거룩하신 하나님의 자녀가 되게 해 주실 그리스도를 학수고대해 왔다. 그런데 베드로가 예수님을 향하여 '주는 그리스도시요 살아 계신 하나님의 아들'이라 고백하였다. 이 땅에 오신 예수님 당신이 바로 우리가 그토록 대망하던 구원자이심을 믿는다는 고백이었다. 이 고백을 들으신 주님께서는, 마치 반석과도 같은 베드로의 그 신앙고백 위에 주님의 교회를 세우실 것을 천명하셨다. 따라서 교회는 베드로의 이 신앙고백을 자신의 고백으로 삼고 실천하는 사람들의 모임이다.

교회의 주인은 목사, 장로, 집사 혹은 교황, 추기경, 주교, 신부와 같은 '사람'이 아니다. 주님께서는 분명히, 반석과도 같은 베드로의 신앙고백 위에 '내 교회' 즉 주님의 교회를 세우신다고 말씀하셨다. 교회의 주인은 주님이시고, 이 땅 위에 있는 모든 교회는 주님의 교회다. 그러므로 교회는 예수 그리스도를 주인으로 모시고 그 주님을 경배하며, 그분의 뜻을 이 땅 위에 이루어 가는 사람들의 모임이다. 다시 정리하면 교회는, 구주이신 예수 그리스도를 믿음으로 구원받아 그분을 자기 인생의 주인으로 경배하며, 그분의 사랑과 뜻을 이 땅 위에 자신의 삶으로 심어 가는 사람들의 모임이다.

교회는 예배당 건물이 아니다. 교회는 제도도 아니다. 교회는 '사람들'이다. 2020년 삽시간에 온 세계를 삼켜버린 코로나19 팬데믹으로 온라인예배가 보편화되자, '예배는 반드시 교회에서 드려야 한다'고 주장하는 분들이 적지 않았다. '교회'를 '예배당 건물'로 오인해온 한 탓이다. 교회는 예배당 건물이 아니라 주님을 믿는 '사람들', 즉 '우리 자신'이다. 코로나19 팬데믹을 거치면서 온라인교회들이 세워지고 있는 것 역시, 교회가 예배당 건물이나 제도가 아니라 '사람들'이기에 가능하다. 사람들의 모임은 온라인상에서 시간과 공간을 초월하여 언제 어디서나 이루어질 수 있기 때문이다.

이처럼 교회는 '사람들'이기에 교회가 타락했다면 그것은 건물이나 제도가 썩었다는 말이 아니라, 교회인 우리 자신이 부패했다는 의미이다. 그렇다면 교회 된 우리 그리스도인들은 교회다운 교회이기 위하여, 교회 된 우리 자신을 어떤 모습으로 가꾸어 가야 하는가?

교회의 특성

381년에 교회는 니케아 콘스탄티노플 신조를 통하여 "우리는 하나이고, 거룩하고, 보편적이고, 사도적인 교회를 믿는다"고 고백하였다. 오늘도 유효한 이 고백 속에서, 교회 된 우리가 교회 된 우리를 어떤 모습으로 가꾸어 가야 하는지 그 해답을 찾을 수 있다.

첫째, 교회는 하나여야 한다.

교회가 하나여야 하는 이유는, 너무나 당연하게도 교회가 믿는 주님이 한 분이시기 때문이다.

> 평안의 매는 줄로 성령이 하나 되게 하신 것을 힘써 지키라 몸이 하나요 성령도 한 분이시니 이와 같이 너희가 부르심의 한 소망 안에서 부르심을 받았느니라 주도 한 분이시요 믿음도 하나요 세례도 하나요 하나님도 한 분이시니 곧 만유의 아버지시라 만유 위에 계시고 만유

를 통일하시고 만유 가운데 계시도다(엡 4:3-6).

따라서 교회가 하나 되지 않는다면 그것은 잘못된 일이다. 그러나 교회가 하나여야 한다는 것은 '모임'의 수가 하나여야 함을 의미하는 것은 아니다. 만약 그렇다면, 전 세계의 그리스도인들은 주일마다 한 장소에 모이느라 법석을 떨어야 할 것이다. 교회가 하나여야 한다는 것은, 한 분이신 하나님을 믿는 그리스도인의 믿음은 본질적으로 하나일 수밖에 없다는 말이다. 하지만 현실적으로는 교회가 여러 모양으로 나누어져 있다. 크게는 로마가톨릭, 그리스정교회, 개신교로 나누어져 있고, 개신교는 수많은 분파를 이루고 있다. '하나의 교회'라는 관점에서 우리는 이 현실을 어떻게 이해해야 하는가?

내게는 네 명의 아들이 있다. 그들과 피를 나눈 육신의 아빠는 나 외에는 없다. 나는 그들에게 '한 분인 아빠'이다. 그런데 누군가가 네 아이에게 백지를 나누어 주고 아빠에 대한 글을 써 보라고 한다면 어떻게 될까? '한 분인 아빠'에 대한 글인 만큼 아이들이 쓴 내용이 동일하겠는가? 물론 그렇지 않을 것이다. 네 아이가 쓴 내용은 서로 일치하지 않을 것이다. 아빠에 대한 그들의 경험과 인식이 동일하지 않기 때문이다. 그러나 네 아이가 쓴 내용이 상이하다고 해서 그 모든 내용이 거짓인 것은 아니다. 그 아이들이 쓴 글은 모두 '한 분인 아빠'에 대한 그들 나름대로의 진실을 담고 있다. 그러므로 사람들은 '한 분인 아빠'에 대한 네 아이의 각기 다른 내용을 모두 읽어 봄으로써, '나'라는 '한 인간'에 대하여 더욱 구체이고도 입체적으로 알 수 있게 될 것이다. 만약 네 아이의 글들 중에 한 아이의 글만 읽은 사람이 있다면 나에 대한 그의 인식은, 네 아이의 상이한 내용을 모두 읽어 본 사람에 비해 훨씬 단편적일 것이다. 이를테면 나에 대한 네 아이들의 상이한 글들은, 다른 사람들로 하여금 나를 바르게 인식게 하는 데 긍정적인 역할을 하게 된다.

복음서는 한 분이신 예수 그리스도를 증언하고 있다. 그렇지만 복음서는 하나가 아니다. 네 권이나 된다. 그 내용도 서로 다르다. 그렇다고 그 가운데 거짓이 있는가 하면 그런 것은 아니다. 네 복음서의 핵심은 모두 예수 그리스도이다. 성령님께서 복음서의 기자들에게 성령님의 감동으로 복음서를 쓰게 하셨지만 그들을 비인격적인 기계로 다루신 것이 아니다. 그것은 성령님의 방법이 아니다. 인격자이신 성령님께서는 언제나 인간의 인격을 사용하신다. 마태라는 세관원의 인격, 마가라는 청년의 인격, 과학적이고 분석적인 의사 누가의 인격, 요한이라는 노인의 인격을 감동케 하시어, 그들이 자신들의 인격 속에서 만난 예수 그리스도에 대하여 기록하게 하셨다. 그것이 마태복음, 마가복음, 누가복음 그리고 요한복음이다. 우리는 이처럼 상이한 인격을 지닌 네 사람에 의해 기록된 네 권의 복음서로 인하여 한 분이신 예수 그리스도를 보다 구체적으로, 보다 입체적으로, 그리고 보다 정확하게 이해할 수 있다. 만약 우리에게 단 한 권의 복음서만 주어졌다면 이와 같은 폭넓은 이해는 불가능할 것이다. 인간에게 네 권의 복음서가 필요하다는 것은 전적으로 인간의 불완전성, 유한성 때문이다. 그러므로 인간에게 상이한 네 권의 복음서가 주어진 것은 하나님의 크나큰 은총이다.

이런 관점에서 본다면 교회의 분파는 긍정적일 수 있다. 유한한 인간이 하나의 교파가 지닌 시각만으로 온전하신 하나님을 온전히 알 수 있다고 생각한다면, 그것은 인간의 자만이요 교만이다. 실제로 동일한 그리스도인이 장로교회나 감리교회, 성결교회나 순복음교회의 예배시간에서 체험하는 은혜는 동일하지 않다. 또 가톨릭교회의 예배에서 받는 느낌은 개신교회와는 사뭇 다르다. 이런 관점에서, 네 개의 복음서가 주님을 바르게 이해하는 데 절대적이듯이 교회의 분파는 긍정적인 의미를 지닐 수 있다.

그러나 교회의 분파가 긍정적인 의미만을 지니기 위해서는 반드시 지켜져야 할 원칙이 있다. 다른 교파에 대해 철저하게 열려 있어야 한다는 것이다. 다시 말해 자기 교파의 교리를 뛰어넘어야 한다. 타 교파를 수용하고 배움으로써 예수 그리스도를 보다 온전하게 이해할 수 있고, 또 끊임없는 자기 혁신이 가능하기에 스스로 썩지 않을 수 있다. 그러므로 어떤 교파든 자기 교리를 절대시하지 말아야 한다. 교리는 진리가 아니라, 진리에 대한 인간의 고백에 불과하기 때문이다.

그러나 불행한 것은 분파된 교회의 현실이 전혀 긍정적이지 않다는 사실이다. 대개 교파 사이에는 높은 담이 존재하고 있으며 교리는 서로 배타적이다. 이것은 마치 내가 선택한 하나의 복음서만 옳고 나머지는 폐기되어야 한다고 주장하는 것처럼 어리석은 일이다. 그런데도 그토록 어리석은 일이 그치지 않는 것은 교회의 분파가 주님에 대한 사랑이 아니라 철저하게 인간의 공명심과 이해득실에 기인하기 때문이다. 그 명분이 무엇이든 인간의 욕심에 기인하여 교회를 분열시키는 것은 명백한 죄악이다. 교회 된 그리스도인들은, 그대와 나는, 그리스도 안에서 본질적으로 하나여야 하기 때문이다.

둘째, 교회는 거룩해야 한다.

그리스도인들은 태연하게 서로 '성도'라 부른다. '성도'는 거룩한 사람이란 뜻이다. 과연 그리스도인은 모두 거룩한가? 이 세상에 살아 있는 한, 이 질문에 자신 있게 답할 수 있는 사람은 거의 없을 것이다. 그런데도 어찌 성도일 수 있는가? 어찌 그런 사람들의 모임인 교회가 거룩할 수 있는가?

먼저 하나님께서 거룩하다고 인정해 주시기 때문이다. 우리는 모두 죄인이다. 그러나 우리가 예수 그리스도를 믿을 때, 이미 제3장에서 상세히 배운 것처럼, 하나님께서 그리스도의 의를 보시고 우리를 거룩하다 인정해 주신다.

> 로마에서 하나님의 사랑하심을 받고 성도로 부르심을 받은 모든 자에게 하나님 우리 아버지와 주 예수 그리스도로부터 은혜와 평강이 있기를 원하노라(롬 1:7)

이처럼 그리스도인들은 '하나님으로부터 성도로 부르심을 입은 자들'이기 때문에 거룩할 수 있고, 거룩한 성도들의 모임인 교회 역시 거룩할 수 있다.

교회가 거룩한 또 하나의 이유는 거룩하신 주님께서 교회의 주인이요, 머리이시기 때문이다.

> 또 만물을 그의 발 아래에 복종하게 하시고 그(그리스도)를 만물 위에 교회의 머리로 삼으셨느니라 교회는 그의 몸이니 만물 안에서 만물을 충만하게 하시는 이의 충만함이니라(엡 1:22-23).

예수 그리스도는 교회의 머리이시고, 교회는 머리 되신 주님의 몸이다.

우리나라에도 온 적이 있는 영국의 천재 물리학자 호킹Stephen W. Hawking은 온몸을 쓰지 못한다. 사지를 전혀 움직이지 못한다는 말이다. 그러나 그의 머리가 이 세상 누구도 따를 수 없는 천재이기에, 불구인 그의 사지도 어디서나 천재의 몸으로 귀하게 대접받는다. 이처럼 교회 된 우리 자신은 쓸모없는 인간들이지만, 거룩하신 예수 그리스도께서 우리의 머리 되시므로 우리 또한 거룩한 교회일 수 있다.

그러나 하나님께서 우리를 성도라 부르시고, 또 주님께서 교회의 머리가 되심으로 보잘것없는 우리가 거룩하게 되었다는 것은, 그러므로 계속 아무렇게나 살아도 좋다는 말이 절대로 아니다. 거룩하지도 않은 사람을 하나님께서 거룩타 구별해 주셨으므로, 지금부터 거룩한 삶을 살면서 거룩하신 하나님을 증언할 의무를 지닌 사람들이 바로 교회 된 그리스도인들이다. 그렇지만 역사적으로 교회가 이 신성한 의무를 망각한 적이 더 많았다는 것은 거룩해야 할 교회의 수치다.

AD 313년 로마제국의 콘스탄티누스가 기독교를 공인하기까지는 수많은 그리스도인들이 외부의 박해로 목숨을 잃었다. 그러나 기독교가 공인된 후에는, 교리 싸움으로 그리스도인이 그리스도인을 죽이기 시작했다. 영어로 번역한 성경을 읽는다고 불태워 죽이기도 했고, 정신병자는 마녀라 하여 죽였다. 아프리카에서 땅을 강탈한 사람들, 사내아이들의 체력을 약화시키기 위해 인도네시아와 베트남의 소년들에게 담배와 섹스를 조장한 사람들, 아메리카 인디언들을 무참하게 학살한 사람들, 그들의 손에는 한결같이 성경이 쥐어져 있었다. 오늘날 이 땅에서도 대형 사건의 중심에는 늘 그리스도인들이 자리 잡고 있다.

우리는 성령님의 거룩하게 하시는 능력을 겸손하게 구하면서, 우리 자신이 정말 거룩한 교회가 되어 가야 한다. 그렇게 되기를 끝내 원치 않는다면, 주님께서 머지않아 그대와 나를 이렇게 질타하실 것이다.

> 내 집은 기도하는 집이라 일컬음을 받으리라 하였거늘 너희는 강도의 소굴을 만드는도다(마 21:13).

셋째, 교회는 보편적이어야 한다.

본래 교회는 '보편적'이란 용어를 '가톨릭Catholic'으로 표현하였다. 그러나 종교개혁 이후 개신교는 구교와 구별하기 위하여 '유니버설Universal'이란 단어를 사용하고 있다. 가톨릭이든 유니버설이든 그 의미는 동일하다. 교회가 보편적이어야 한다는 것은 인종, 지역, 재산, 학력, 신분, 나이를 따지지 않는, 다시 말해 남녀노소 빈부귀천을 구별하지 않는, 문자 그대로 만민을 위한 교회가 되어야 한다는 것이다. 교회의 주인이신 주님께서 만민을 위하여 오셨고, 또 만민에게 복음을 전하라 명령하셨기 때문이다.

> 하나님이 세상을 이처럼 사랑하사 독생자를 주셨으니 이는 그를 믿는 자마다 멸망하지 않고 영생을 얻게 하려 하심이라(요 3:16).

> 그러므로 너희는 가서 모든 민족을 제자로 삼아 아버지와 아들과 성령의 이름으로 세례를 베풀고 내가 너희에게 분부한 모든 것을 가르쳐 지키게 하라(마 28:19-20a).

교회가 보편적이어야 한다는 것은 2천 년 전에는 가히 혁명적인 사상이었다. 당시에는 노예가 있었고, 귀족과 천민이 구별되던 시절이었다. 따라서 보편적이란 말을 하기는 쉬웠지만 실천하기에는 엄청난 용기가 필요했다. 오늘날이라고 해서 모든 교회가 다 보편적인 것은 아니다. 미국에는 백인 전용교회와 흑인 전용교회가 따로 있다. 교인의 자격을 심사하는 교회도 있다. 우리나라에서도 남녀노소 빈부귀천을 막론하고 온 교인이 명실상부하게 한 형제자매로 어우러진 교회는 드물다.

교회는 누구든지 들어올 수 있어야 한다. 사기꾼도 들어올 수 있어야 하고 술주정뱅이, 살인자, 거지, 독재자도 들어와 편한 마음으로 예배드릴 수 있어야 한다. 교회는 만민을 구원하시는 주님의 집이기 때문이다. 보편적이기를 꺼리는 교회는 주님의 교회일 수가 없다. 주님께서 이 땅에 계실 동안 주님 곁에는 어부, 세리, 장교, 학자, 정치인, 군인, 부자, 거지, 병자, 창녀, 강도, 남자, 여자, 노인, 아이 등 문자 그대로 남녀노소 빈부귀천이 한데 어우러져 있었음을 잊지 말아야 한다. 주님께서 인간에게 그와 같이 보편적인 구원을 내려 주시지 않았던들, 그대와 내가 지금 이렇듯 교회 되어 있지는 못할 것이다.

넷째, 교회는 사도적이어야 한다.

사도적이어야 한다는 것은 사도들이 전하여 준 말씀 위에 서야 한다는 의미이다.

> 너희는 사도들과 선지자들의 터 위에 세우심을 입은 자라 그리스도 예수께서 친히 모퉁잇돌이 되셨느니라 그의 안에서 건물마다 서로 연결하여 주 안에서 성전이 되어 가고 너희도 성령 안에서 하나님이 거하

실 처소가 되기 위하여 그리스도 예수 안에서 함께 지어져 가느니라
(엡 2:20-22).

　본문은 우리를 가리켜 '사도들과 선지자들의 터 위에 세우심을 입은
자'라 말하고 있다. 사도들과 선지자들의 터, 즉 그들이 전해 준 성경말씀
에 서지 않고는 교회가 될 수 없다. 말씀을 통하지 않고는 교회의 주인이
시요, 머리시요, 모퉁잇돌이 되시는 주님과 연결될 길이 없다. 다른 말로
는 안 된다. 오직 사도들이 전해 준 주님의 말씀만이 나를 주님께 연합시
키는 못이요, 그 말씀만이 나로 교회다운 교회 되게 하는 재료요, 연장이
요, 터전이요, 손길이다. 성도로 부름 받은 모든 그리스도인들이 말씀 위
에 서지 않으면 안 되는 이유가 여기에 있다.
　그러므로 말씀을 전하는 사람은 자신이 말씀의 주인이 아닌 도구임을
잊지 말아야 하고, 말씀을 듣는 사람은 말씀을 전하는 사람이 아니라 언
제나 그가 전하고자 하는 말씀을 포착하여야 한다. 다시 말해 말씀을 전
하는 사람은 스스로 우상이 되지 않도록 끊임없이 자신을 가리고 부인해
야 하며, 말씀을 듣는 사람은 달을 가리키는 손가락이 아니라 손가락이
가리키는 달을 보는 훈련을 게을리 말아야 한다. 이것이 결여될 때 교회
는 주님의 교회가 아닌, 특정 인간의 교회로 전락함을 우리는 너무나 자
주 목격하고 있다. 내가 목회했던 '주님의교회'에서 목사와 장로의 임기를
각각 10년과 13년으로 정하고 시행한 것, 교인 수가 많지 않은 제네바한
인교회에서 각 가정의 대표들로 구성된 운영위원회가 교회를 운영한 것,
100주년기념교회에서 2년 임기의 상임위원회가 당회 역할을 대신한 것
은 모두, 어떤 경우에도 은혜로워야 할 주님의 교회를 특정 인간의 교회

로 전락시키는 어리석음을 범치 말자는 취지에서다.

교회의 사명은 에덴의 복원

교회는 하나여야 하고, 거룩해야 하며, 보편적이고 또 사도적이어야 한다. 따라서 교회 된 우리는 끊임없이 우리 자신을 이런 모양으로 가꾸어가야 한다. 그렇다면 우리가 이와 같은 모습의 교회로 이 땅에 존재하는 궁극적인 목적은 무엇인가? 이 땅 위에서 교회가 감당해야 할 최후의 사명은 무엇인가? 그것은 주님께서 이 땅에 오신 목적과 일치한다. 교회의 주인이 주님이시기에, 주님의 목적이 곧 교회의 목적이다. 주님께서 이 땅에 오신 목적은 무엇이었던가? 이미 앞에서 살펴본 것처럼, 주님께서 공생애를 시작하시면서 제일 먼저 하신 말씀 속에 그 목적이 나타나 있다.

> 이때부터 예수께서 비로소 전파하여 이르시되 회개하라 천국이 가까이 왔느니라 하시더라(마 4:17).

주님께서 이 땅에 오신 목적은 인간을 구원하여 천국으로 인도하시는 것이었다. 천국으로의 구원을 위하여 주님께서는 말씀으로 가르치셨고 십자가를 지셨다. 교회가 해야 할 일이 바로 그것이다. 주님께서 모든 족속에게 가르치라 명령하신 것도 이것이다. 세상 사람들로 하여금 예수 그리스도를 믿게 하여 천국으로 인도하는 것, 이것이 교회의 목적이요 사명이다. 천국은 이 땅에서 죽은 뒤에 가는 곳만을 뜻하지 않는다. 우리는 예수 그리스도를 믿음으로 이미 구원을 얻었고, 또 천국을 얻었다. 우리에게 이미 천국이 임하여 있는 것이다.

> 그러나 내가 하나님의 성령을 힘입어 귀신을 쫓아내는 것이면 하나님
> 의 나라가 이미 너희에게 임하였느니라(마 12:28).

그러므로 교회는 이미 우리에게 임한 하나님의 나라를 이 땅 위에 구현
해야 한다. 바꾸어 말해 우리 가정과 일터, 그리고 사회를 천국으로 일구
어 가야 한다. 그것이 교회의 사명이요 목적이다.

이 땅 위에 하나님의 나라를 구현한다는 것, 가정과 일터와 사회를 천
국으로 일구어 간다는 것은 구체적으로 무엇을 어떻게 하는 것을 의미하
는가? 하나님께서 인간에게 천국의 모형을 구체적으로 보여 주신 적이 있
다. 에덴동산이다. 죄로 말미암아 상실했던 바로 그 낙원이다. 구원받은
그리스도인들은 잃어버렸던 그 에덴동산을 이 땅 위에 복원해야 한다. 그
것이 교회의 궁극적인 목적이다. 우리가 구체적으로 이 땅 위에 구현하고
복원해야 할 에덴은 대체 어떤 곳을 의미하는지, 이제 그 동산으로 함께
가 보자.

> 여호와 하나님이 동방의 에덴에 동산을 창설하시고 그 지으신 사람
> 을 거기 두시니라 여호와 하나님이 그 땅에서 보기에 아름답고 먹기
> 에 좋은 나무가 나게 하시니 동산 가운데에는 생명 나무와 선악을 알
> 게 하는 나무도 있더라 강이 에덴에서 흘러 나와 동산을 적시고 거기
> 서부터 갈라져 네 근원이 되었으니 첫째의 이름은 비손이라 금이 있
> 는 하윌라 온 땅을 둘렀으며 그 땅의 금은 순금이요 그곳에는 베델리

엄과 호마노도 있으며 둘째 강의 이름은 기혼이라 구스 온 땅을 둘렀고 셋째 강의 이름은 힛데겔이라 앗수르 동쪽으로 흘렀으며 넷째 강은 유브라데더라 여호와 하나님이 그 사람을 이끌어 에덴동산에 두어 그것을 경작하며 지키게 하시고 여호와 하나님이 그 사람에게 명하여 이르시되 동산 각종 나무의 열매는 네가 임의로 먹되 선악을 알게 하는 나무의 열매는 먹지 말라 네가 먹는 날에는 반드시 죽으리라 하시니라(창 2:8-17).

첫째, 에덴은 강이 시작되는 곳이었다.

강은 물이고 물은 생명이다. 참다운 생명은 언제나 사랑이다. 생명을 상실한 것은 사랑일 수 없다. 사랑의 특징은 자기희생이고, 희생은 곧 자기낭비다. 하나님께서는 사람을 살리시기 위하여 당신의 독생자를 십자가의 제물로 삼으셨다. 혹 그것을 가리켜 낭비라 비판할 수 있다. 그러나 어떻게 하겠는가? 사랑의 특성이 낭비인 것을! 자식에 대한 어머니의 사랑을 보라. 어머니의 사랑은 언제나 자기희생과 자기낭비로 드러난다. 자신의 건강을 쏟고, 시간을 붓고, 정성을 바친다. 돈도 아까워하지 않는다. 자식을 위해 자신을 소멸시키는 것이다. 그러나 아무도 비난하지 않는다. 자기희생과 자기낭비 없는 사랑이란 존재할 수 없기 때문이다.

물의 자기희생과 자기낭비는 완벽하다. 물은 자신을 소멸시킴으로 사람에게 생명을 제공한다. 물은 자신이 더러워짐으로 사람의 더러움을 깨끗이 씻어 준다. 사람이 깨끗해지는 만큼 물이 더러워지는 것이다. 그래도 물은 사람의 필요를 거절하지 않는다. 물은 완전한 생명, 완전한 사랑이기 때문이다.

사랑이 있는 곳이면 그곳이 어디든 에덴은 복원된다. 자기희생과 자기 낭비가 없다면, 하늘을 찌를 듯이 솟아 있는 예배당일지라도 그 속에 에덴이 일구어질 수는 없다. 그래서 교회는 계산에 밝아서는 안 된다. 계산에 밝은 곳이라면 그것은 기업이다. 교회는 모든 것을 아껴야 한다. 근검절약을 솔선수범해야 한다. 그러나 사랑하기 위해서는, 사람을 살리기 위해서는 무엇이든 낭비할 수 있어야 한다. 시간을 낭비하고, 인력을 낭비하고, 물질을 낭비할 수 있어야 한다. 그렇게 하고서도, 마치 자식을 위해 자신을 낭비한 어머니가 즐거워하듯, 인간을 살리시기 위해 독생자를 낭비하신 하나님께서 기뻐하시듯, 교회는 사람 살리는 낭비를 즐기고 기뻐할 수 있어야 한다.

에덴에서 발원한 강은 특정한 한 방향으로만 흐르지 않았다. 그 강은 네 근원으로 갈라져 동서남북 사방으로 흘러갔다. 그냥 졸졸 흘러간 것이 아니다. '비손ｼﾟｯﾞ' '기혼ｼﾞﾟﾝ' '유브라데ﾝﾞﾅﾞ'란 강의 이름은 각각 '퍼진다' '내어 뿜는다' '열매를 거둔다'는 동사에서 유래한 단어들이다. 그 강들은 열매를 거두기에 충분할 만큼의 물을 뿜어내는 강들이었다.

특정인만을 사랑하는 곳에는 에덴이 복원되지 않는다. 그것은 참 사랑이 아니기 때문이다. 교회가 이기심을 버리고, 나눌 것이 있는 한 동서남북 어느 곳이든 필요로 하는 곳으로 그것들을 내어 뿜을 때, 에덴은 이미 그 속에 복원되어 있다. 내가 섬겼던 주님의교회와 제네바한인교회 그리고 100주년기념교회가 헌금의 50퍼센트를 '이웃사랑'을 위하여 사용한 것은 교회의 이 본질에 충실하기 위함이다.

둘째, 에덴은 울타리가 쳐진 곳이다.

개역성경은 에덴을 '동산'이라고 번역하였다. 그러나 그것은 적절한 표현이 아니다. 히브리어로 '간ﾞ'으로 명기되어 있는 이 단어는 '뜰' '정원'이란 의미이다. 그래서 영어성경은 이 단어를 '가든garden'이라 번역한다. 그러나 '간'은 그냥 정원이 아니다. 반드시 울타리가 쳐진 정원을 뜻한다.

에덴은 울타리가 쳐진 곳이었다. 언제 어디서나 에덴을 복원하기 원한다면 반드시 울타리를 쳐야 한다. 울타리는 무엇으로부터의 보호 혹은 무엇과의 구별을 위한 것이다. 에덴은 무엇으로부터의 구별이나 보호를 위해 울타리를 필요로 하는가? 세속적 사고방식을 차단하기 위함이다. 설령 수도원의 깊은 울타리 속일지라도 세속적 사고방식을 버리지 못했다면, 그곳은 여전히 속세다. 그러나 번잡한 도심 한가운데 있을지라도 세속적 사고방식을 초월한 사람이라면, 그는 이미 에덴에 속한 사람이다. 그리스도인이 된다는 것은 마음을 바꿔 먹는 것이고, 그것은 생각이 바뀌는 것으로 드러난다. 세속적 생각에 그대로 젖어 있는데 어찌 그 마음이 변할 수 있으며, 그 속에 에덴이 임할 수 있겠는가?

예수님께서 "아무든지 나를 따라오려거든 자기를 부인하라"고 말씀하셨다. 아무리 열심히 주님을 따라다녀도 자기부인이 없으면 소용없다는 말이다. 참된 그리스도인이 되기 위한 자기부인은 세속적 생각을 버리는 것으로부터 시작되어야 한다. 세속적 사고를 그대로 지닌 채 예수님을 따르는 사람은, 세속적 사고방식이 잉태한 자기 욕망을 위해 예수님을 이용하려고만 한다. 그렇게 해서 남보다 더 많은 돈을 모으고 더 높은 지위를 얻을 수는 있겠지만, 그의 삶 속에 참된 평강과 행복이 있을 리는 만무하다. 울타리 없는 그곳은 에덴과는 전혀 무관하기 때문이다.

그대는 당장 울타리를 쳐야 한다. 에덴은 울타리를 치는 것으로부터 그

경계가 시작된다.

셋째, 에덴은 보석이 있는 곳이다.

에덴에는 금이 있었다. 그것도 순금이었다. 그뿐만이 아니다. 베델리엄(진주)도 있었고 호마노도 있었다. 왜 에덴에 각종 보석이 있었을까? 천국과 보석의 함수관계는 무엇일까? 도대체 그곳에서 보석의 용도는 무엇이었을까? 요한 사도는 그가 본 천국을 다음과 같이 증언한다.

> 그 성곽은 벽옥으로 쌓였고 그 성은 정금인데 맑은 유리 같더라 그 성의 성곽의 기초석은 각색 보석으로 꾸몄는데 첫째 기초석은 벽옥이요 둘째는 남보석이요 셋째는 옥수요 넷째는 녹보석이요 다섯째는 홍마노요 여섯째는 홍보석이요 일곱째는 황옥이요 여덟째는 녹옥이요 아홉째는 담황옥이요 열째는 비취옥이요 열한째는 청옥이요 열두째는 자수정이라 그 열두 문은 열두 진주니 각 문마다 한 개의 진주로 되어 있고 성의 길은 맑은 유리 같은 정금이더라(계 21:18-21).

온갖 종류의 보석들이 다 등장하고 있다. 그러나 그 보석들은 안방 장롱 깊이 모셔져 있는 것이 아니라, 천국에서는 돌이나 벽돌처럼 집 짓는 재료로 사용되었다. 진리이신 예수 그리스도 앞에서 보석은 돌멩이에 지나지 않기 때문이다.

보석이 보석 되지 않는 곳이 에덴이다. 그곳에서의 보석은 진리뿐이기 때문이다. 열심히 땀 흘려 많은 돈을 버는 것은 귀한 일이다. 그러나 물질의 노예가 되지 않는 것은 생명과 관련된 문제다. 예수님께서 "낙타가 바늘구멍으로 들어가는 것은 부자가 하나님의 나라에 들어가는 것보다 쉽다"고 말씀하신 것은 단순히 재산이 많기 때문이 아니라, 일반적으로 부자는 하나님보다 물질을 더 신봉하기 때문이다. 물질을 우상으로 섬기는 것은 가난한 사람이라고 해서 예외인 것도 아니다. 가난하기 때문에 도리어 물질을 더 숭상하는 경우는 얼마든지 있을 수 있다.

그리스도인들은 누구보다도 열심히 일하여 많은 열매를 거두되, 그것을 세상에 봉사하기 위한 도구로 사용하여야 한다. 어떤 경우에도 세상의 보석—물질을 하나님으로 삼아서는 안 된다. 인간의 죽음 앞에서 보석이란 한낱 돌멩이에 불과함을 잊어서도 안 된다. 일본의 우치무라 간조 선생은 해변을 걷다가 다이아몬드를 발견한다면, 그것은 하나님께서 자신에게 주시려는 것이 아니라 그런 것을 보고도 그냥 지나칠 수 있도록 자신을 훈련시키시는 것으로 받아들일 것이라고 말했다. 그에게 세상의 보석은 보석이 아니었다. 진리이신 예수 그리스도만 그의 보석이었다. 그래서 그의 삶 속에는 언제나 에덴이 넘쳤다.

넷째, 에덴은 의무를 다하는 곳이다.

하나님께서는 이 땅 위에 천국의 모형을 동방의 '에덴'에다 지으셨다. 그래서 '에덴동산'이라 불린다. 왜 하나님께서 이 넓은 세상에서 하필이면 에덴을 선택하셔서, 지상에 있는 천국의 모형 이름마저 에덴이 되게 하셨을까? 에덴(伊甸)은 '기쁨'이란 뜻인데, 이것은 부여된 의무와 책임을 다한 뒤에 주어지는 기쁨이다. 그러므로 의무와 책임을 회피하는 곳에는 에덴이 자리 잡을 수 없다. 그곳에는 단지 삶의 타락으로 인한 고통이 있을 뿐이다.

그래서 에덴이 재귀동사再歸動詞가 되면 그 뜻이 판이하게 달라져 버린다.

재귀동사란 모든 동작의 결과가 자신에게 되돌아오는 것을 의미한다. 말하자면 자신을 위해 행동하는 것이다. 에덴이 재귀동사가 되면, 다시 말해 오직 자기 자신만을 위해 살려 하면, 그 뜻이 '주색에 빠지다'로 돌변해 버린다. 영적으로 철저하게 타락해 버린다는 의미다. 예를 들어 보자. 위대한 신앙인이었던 다윗이 자기 자신만 생각하던 순간 우리아의 아내를 범하고, 끝내 그 남편마저 살해하고 말았다. 예루살렘성전을 자기 손으로 건축한 솔로몬 역시 자신만을 생각하면서부터 처첩을 1천 명이나 거느렸고, 그것도 모자라 우상의 산당까지 세웠다. 영육 간에 철저하게 타락한 것이다.

한 사람이 의무와 책임을 다하지 않을 때 그 자신만 몰락하는 것이 아니다. 그 사람과 함께 주위 사람들마저 휩쓸려 버린다. 주위 사람들까지 망쳐 버린다는 말이다. 책임과 의무를 완수하는 에덴이어야 할 교회로서는 반드시 피해야 할 일이다. 그대는 그리스도인으로서, 한 가정의 가족으로서, 대한민국 국민으로서, 그대에게 주어진 모든 책임과 의무를 다함으로써만 참다운 교회의 일원이 될 수 있다.

마지막으로, 에덴에는 선악과가 있었다.

그 선악과는 어디서나 볼 수 있게끔 에덴 중앙에 우뚝 서 있었다. 왜 하필이면 에덴에 선악과가 있었을까? 사람들은 에덴에 선악과를 두신 하나님을 선뜻 이해하지 못한다. 선악과로 인해 인간이 죄인 되었기 때문이다. 그러나 에덴에는 반드시 선악과가 있어야 한다. 선악과가 없는 곳은 결코 성경이 말하는 에덴일 수 없다.

하나님께서 에덴에 각종 나무를 만드신 뒤 아담에게 그 실과를 마음대로 먹게 하셨다. 그 모든 것이 아담 것이었다. 그러므로 아담이 어떤 실과를 먹든지 그 앞에서는 하나님과 아담의 차이가 외관상으로는 드러나지 않는다. 그러나 에덴에서 하나님과 아담의 차이를 분명하게 구별해 주는 나무가 한 그루 있었다. 선악과였다. 그 나무의 실과만은 아담이 먹을 수 없었다. 하나님께서 먹지 못하게 하신 것이다. 그 나무 앞에서 하나님은 창조주시요, 인간은 하나님의 명령에 절대 순종해야 할 피조물로 확연히 구별되었다. 그 나무야말로 하나님을 하나님으로, 인간을 인간으로 드러내는 표상이었다. 그 나무가 에덴 한가운데 있었다. 아담은 그 나무를 볼 때마다 에덴과 자기 인생의 주인은 자신이 아니라, 자신과 에덴을 창조하신 하나님이심을 확인할 수 있었다.

그런데 사탄이 인간을 유혹했다. 그 실과를 먹으면 "하나님과 같이 된다"(창 3:5)는 것이었다. 하나님과 인간 사이의 차이가 없어지고, 인간이 하나님과 동등하게 된다는 것이다. 인간은 그 말에 넘어가 선악과를 따먹고 말았다. 하나님과 인간 사이의 차이를 부정하고, 인간 스스로 하나님이 된 것이다. 바로 그것이 죄였고, 그 결과는 에덴의 상실이었다.

그러므로 에덴의 복원은 인간이 부정했던 선악과를 다시 심는 것에서 시작된다. 선악과가 우뚝 서 있는 곳에서만 인간은 하나님과 자신의 차이를 인정하고, 하나님을 하나님으로 모시며, 하나님을 자기 인생의 통치자로 섬기게 된다. 자기낭비를 두려워 않는 자기희생적 사랑도, 세속적 사고방식에 울타리를 치는 것도, 진리만을 보석으로 삼는 것도, 주어진 책임과 의무를 다하는 것도, 오직 하나님께서 하나님 되시는 곳에서만 가능하다. 그래서 하나님께서 에덴을 창설하시고 사람을 그곳에 살게 하실 때, 에덴 중앙에 선악과를 두시는 일부터 하셨다. 하나님과 인간의 차이를 분명히 하시기 위함이었다.

교회는 이 땅 위에 하나님의 나라를 건설해야 한다. 내 가정과 일터, 그리고 이 사회를 천국으로 일구어 가야 한다. 그러나 그것은 선악과를 심는 것에서 시작된다. 집에도, 공장에도, 학교에도, 법원에도, 청와대에도, 국회에도, 그 어느 곳이든 선악과를 심어야 한다. 아니, 우리 마음 한가운데 선악과를 심어야 한다. 교회 된 우리가 심혈을 기울여야 할 최초의, 그리고 최후의 일이 이것이다. 우리 마음 한가운데에서 하나님이 하나님 되실 때에만, 다시 말해 우리가 중심으로 하나님을 하나님으로 모시고 섬길 때에만 성도도, 교회도, 하나님나라도 가능하다.

그대가 오늘을 그대 마음속에 선악과를 심는 영적 식목일로 삼는다면, 그대는 이 땅을 에덴으로 가꾸어 갈 '하나의 교회' '거룩한 교회' '보편적인 교회' '사도적인 교회'로 이미 세워진 것이다.

예
배
란

로마서 12장 1절

그러므로 형제들아 내가 하나님의 모든 자비하심으로 너희를 권하노니 너희 몸을 하나님이 기뻐하시는 거룩한 산 제물로 드리라 이는 너희가 드릴 영적 예배니라

예배의 어원

사람의 마음은 행동을 결정한다. 사람의 마음이 행동으로 드러나기 마련
이란 말이다. 싫어하는 사람에게 진실된 행동을 지속할 수 없고, 사랑하는
사람에게 계속 불성실할 수도 없다. 우리의 마음속에 주님을 모시고 있다
면, 그 마음은 진실된 예배로 드러나게 된다. 그러나 예배의 바른 뜻과 의미
를 알지 못하고는 현장예배든 온라인예배든 참다운 예배, '영과 진리'(요 4:24)
로 드리는 예배는 불가능하다.

예배를 뜻하는 히브리어 '아바드 עבד'와 '샤하שחה'는 '섬기다' '부복俯伏하
다'라는 뜻이고, 헬라어 '프로스퀴네오προσκυνέω' '라트류오λατρεύω'는 '경배
하다' '받들어 섬기다'라는 의미이다. 이것은 모두 종이 주인을 섬길 때 사
용되는 단어들이다. 당시의 종들은 노예다. 그들은 무릎을 꿇어 주인의
발에 입맞춤으로 경배한다. 아니면 아예 땅바닥에 엎드린다. 그들이 주인

에게 경배드리는 순간 그들은 없어져 버리는 것이다. 그들의 몸도 인격도 보이지 않는다. 오직 주인만 보인다. 주인의 모습과 주인의 인격만 드러난다. 어디에서든 주인만 드러내고, 무엇을 하든 주인의 인격으로 생각하고 행동하겠다는 마음의 표시가 주인에게 무릎을 꿇어 그 발에 입 맞추는 경배로 나타나는 것이다. 예배 역시 이처럼, 경배하는 사람은 없어지고 하나님만 온전히 드러나게 하는 행위다.

영어로는 예배를 '워십worship'이라 한다. 워십은 '가치'란 의미의 '워스worth'와 '신분'을 뜻하는 '십ship'의 합성어이다. 즉 워십은 최상의 존경과 존귀를, 그것을 받을 만한 가치가 있는 분께 드리는 행위다. 한마디로 예배는 하나님께 최상의 가치를 돌려드리는 것이다. 인간이 하나님께 최상의 가치를 돌려드릴 때 인간은 없어지고 하나님만 드러나시게 됨은, 예배를 뜻하는 히브리어와 헬라어 단어가 갖는 의미와 동일하다.

예배가 하나님께 최상의 가치를 돌려드림으로 오직 하나님만 드러나게 하는 것이라면, 그것은 구체적으로 무엇을 어떻게 하는 것을 의미하는가? 그 해답을 알기 위해서는 성경에 나타난 구약의 제사(예배) 내용을 살펴보아야 한다. 구약의 제사는 인간을 대신하는 제물을 죽임으로 인간은 없어지고 하나님만 드러나게 하였다. 오늘날 우리가 구약시대와 같은 마음과 정신으로 예배드린다면, 그 예배는 오직 하나님만 드러내는 영과 진리의 예배일 것이다.

구약시대의 제사

번제

번제燔祭는 구약시대의 가장 대표적인 제사다. 이 제사의 특징은 제물을 조금도 남김없이 온전히 불태워 버리는 것이다. 제사를 드리는 사람이 제물을 통해 자기 자신을 하나님께 온전히 드리는 것이다. 즉 하나님에 대한 철저한 '자기부인', 온전한 '자기의탁'이다. 그래서 번제는 예배의 영원한 모본이다. 예배가 곧 하나님에 대한 자기부인과 자기의탁이기 때문이다.

여호와께서 회막에서 모세를 부르시고 그에게 말씀하여 이르시되 이스라엘 자손에게 말하여 이르라 너희 중에 누구든지 여호와께 예물을 드리려거든 가축 중에서 소나 양으로 예물을 드릴지니라 그 예물이 소의 번제이면 흠 없는 수컷으로 회막 문에서 여호와 앞에 기쁘게 받으시도록 드릴지니라 그[제물을 바치는 자]는 번제물의 머리에 안수할지니 그를 위하여 기쁘게 받으심이 되어 그[제물을 바치는 자]를 위하여 속죄가 될 것이라 그[제물을 바치는 자]는 여호와 앞에서 그 수송아지를 잡을 것이요 아론의 자손 제사장들은 그 피를 가져다가 회막 문 앞 제단 사방에 뿌릴 것이며 그[제물을 바치는 자]는 또 그 번제물의 가죽을 벗기고 각을 뜰 것이요 제사장 아론의 자손들은 제단 위에 불을 붙이고 불 위에 나무를 벌여 놓고 아론의 자손 제사장들은 그 뜬 각과 머리와 기름을 제단 위의 불 위에 있는 나무에 벌여 놓을 것이며 [제물을 바치는 자는] 그 내장과 정강이를 물로 씻을 것이요 제사장은 그 전부를 제단 위에서 불살라 번제를 드릴지니 이는 화제라 여호와께 향기로운 냄새니라(레 1:1-9).

먼저, 번제를 드리는 사람은 반드시 '흠 없는' 제물을 바쳐야 했다.

> 그 예물이 소의 번제이면 흠 없는 수컷으로 회막 문에서 여호와 앞에
> 기쁘게 받으시도록 드릴지니라

흠 없는 예물을 바치기 위해서는 제사를 드리기 전에, 바치려는 제물에 흠이 있는지 없는지를 반드시 살펴야 했다. 조그마한 흠이 있어도 안 되기에, 아주 세밀하고도 정성스럽게 확인해야 했다. 이것은 바른 제사를 드리기 위해서는 반드시 준비 단계가 선행되어야 함을 의미한다. 예배는 준비된 마음으로 드려져야 한다. 준비된 마음 없이 드리는 예배는 '흠 없는' 예배가 될 수 없다. 여기에서 예외인 사람은 있을 수 없다.

나는 금요일 오후 한 주간의 일과를 끝내고 귀가하면, 그때부터 주일 아침 교회로 출발할 때까지 집 밖을 나가지 않았다. 밥 먹는 시간과 잠자는 시간을 제외하고는 서재에서 나오지도 않았다. 그 시간을 오직 묵상과 설교 준비와 기도로 채운다. 2013년 암 수술을 받고 체력이 현저하게 저하된 이후에는 금요일 오전부터 설교 준비에 들어갔다. 물론 나의 능력이 부족한 탓이겠지만, 그 정도로 나 자신을 준비하지 않으면 주일예배 시간에 마음이 집중되지 않기 때문이었다. 그래서 주말에는 어떤 예식의 주례도 맡지 않았다. 이것을 잘 알고 또 이해하기에, 우리 교회 교인들은 특별한 일이 있어도 주말에는 내게 전화조차 하지 않았다.

아주 오래전 토요일 밤이었다. 저녁 식사를 마치고 다시 서재로 가려는

데 마침 아이들이 컴퓨터로 전자오락을 즐기고 있었다. 나도 아이들 틈에 끼어 잠시 오락을 즐겼다. 고작 15분 정도였다. 그리고 다시 서재에서 주일 설교 준비를 계속했다. 다음 날 아침, 교회에서 1부 예배가 시작되었다. 예배당에 입장한 나는 먼저 눈을 감았다. 늘 하던 대로 잠시 기도드리기 위함이었다. 그런데 희한한 일이 벌어졌다. 눈을 감는 순간, '뽕' 하는 소리와 함께 내 눈앞에 전자오락의 화면이 펼쳐진 것이다. 그 전날 밤, 내가 아이들과 잠시 즐기던 바로 그 화면이었다. 교인들은 아무도 눈치 채지 못했지만, 나는 그 순간 얼마나 당황했는지 모른다. 나는 목사다. 그리고 당시 주일 1부 예배가 시작되기 전, 금요일 오후부터 근 40시간 동안이나 주일예배를 준비하면서 마음을 가다듬었다. 40시간에 비하면, 내가 전자오락을 즐긴 15분은 무시해도 좋을 만큼 짧은 시간이었다. 그런데도 그 짧은 15분 동안의 영상이 나도 모르게 주일 아침까지 내 마음을 사로잡고 있었다면, 아무 준비 없이 주일예배에 참석하는 교인들의 마음이야 오죽하겠는가?

토요일 밤에 그 이튿날 드릴 흠 없는 예배를 위해 기도로 준비하는 사람의 예배와, 밤 12시가 넘기까지 TV를 시청하는 사람의 예배가 동일할 수는 없다. 예배시간 전에 미리 기도로 예배를 시작하는 사람의 예배와, 예배가 시작된 후 허겁지겁 달려와 숨을 헐떡이며 예배에 참석하는 사람의 예배가 동일할 수도 없다.

예배는 준비된 마음으로 드려야 한다. 그래야 흠 없는 예배가 될 수 있다. 예배는 약속된 예배시간부터 시작되는 것이 아니다. 예배는 그대가 그대의 집에서 예배를 준비하는 순간부터 시작된다.

둘째, 번제는 '여호와께서 기쁘게 받으시도록' 드려야만 했다.

> 그 예물이 소의 번제이면 흠 없는 수컷으로 회막 문에서 여호와 앞에
> 기쁘게 받으시도록 드릴지니라

예배의 주체는 인간이 아니라 하나님이시다. 예배는 인간 보기에 좋게, 인간의 기쁨을 위하여 행해지는 종교의식이 아니다. 예배는 언제나 하나님 보시기에 좋게, 하나님께서 기뻐하시도록 드려져야 한다. 그래서 하나님의 기쁨이, 예배드리는 나의 기쁨으로 채워지는 것이다.

예배는 하나님께서 기쁘게 받으시도록 드려야 함을 아는 사람이라면, 어떤 경우에도 예배시간에 지각하지는 못할 것이다. 사람과의 약속 시간을 지키는 것은 상대방에 대한 예의 때문이다. 그런데 인간이 어떻게 하나님에 대한 예의는 무시해도 좋다고 생각할 수 있단 말인가? 그분을 기쁘시게 해 드리는 것이 예배인데도 말이다. 따라서 하나님 보시기에 자신의 예배 가운데 어떤 부분이 미흡한지를 늘 점검해 갈 때, 그대의 예배는 정녕 사람 보기에도 아름답고 감동적일 것이다.

셋째, 번제는 제사드리는 사람이 제물의 머리에 안수하는 것으로부터 시작된다.

> 그는 번제물의 머리에 안수할지니 그를 위하여 기쁘게 받으심이 되어
> 그를 위하여 속죄가 될 것이라

안수按手란 문자 그대로 '머리 위에 손을 얹는 것'을 뜻한다. 제사드리는 사람은 제물로 바치는 짐승의 머리 위에 손을 얹고 자신의 죄를 하나님 앞에 고했다. 그 순간 그 사람의 죄가 짐승에게 전가된다. 그리고 짐승을

잡으면 그 짐승이 인간을 대신하여, 인간이 받아야 할 죽음의 형벌을 받아 죽는다. 그 짐승은 문자 그대로 인간을 위한 제물이다. 그처럼 제물의 죽음으로 자신의 죄가 속함 받음을 눈으로 확인하면서 드리는 제사는 감사와 감격의 제사가 되는 것이다.

그러므로 예배는 '회개'로부터 시작되어야 한다. 지난 한 주간 지은 모든 범죄를 주님 앞에 회개하면서, 그럼에도 불구하고 십자가의 보혈로 변함없이 '패스오버'의 은혜를 베풀어 주시는 하나님의 사랑에 감사하며 예배드릴 때, 우리는 우리의 최상의 가치를 하나님께 올려 드릴 수 있다. 예배는 그대가 의인이어서 드리는 것이 아니다. 그대가 죽을 수밖에 없는 죄인임에도 하나님께서 예수 그리스도 안에서 의롭다고 인정해 주셨기에 그 하나님을 찬양하기 위해 드리는 것이다. 회개 없는 예배는 예배의 이 본질을 망각하게 한다. 그래서 그대가 회개 없는 예배를 드린다면, 그것은 무당의 굿판에 참석하는 것과 다르지 않을 수 있음을 잊지 말아야 한다.

넷째, 번제의 제물은 제사를 드리는 사람이 잡아야 한다.

> 그[제물을 바치는 자]는 여호와 앞에서 그 수송아지를 잡을 것이요 아론의 자손 제사장들은 그 피를 가져다가 회막 문 앞 제단 사방에 뿌릴 것이며 그[제물을 바치는 자]는 또 그 번제물의 가죽을 벗기고 각을 뜰 것이요 제사장 아론의 자손들은 제단 위에 불을 붙이고 불 위에 나무를 벌여 놓고

많은 사람들이 구약의 제사에 대해 잘못 알고 있는 것이 있다. 제사드리는 사람은 제물을 바치기만 하고, 바쳐진 제물은 제사장이 잡는다는,

다시 말해 죽인다는 생각이다. 그러나 위 본문은 제물을 바치는 사람이 그 제물을 죽여야만 함을 분명하게 확인해 주고 있다. 제물을 바친 사람은 제물을 죽이는 것으로 그의 역할이 끝나는 것이 아니다. 그는 자신이 죽인 제물의 가죽을 벗기고, 살코기의 각을 뜨며, 내장과 다리를 씻는 일까지 모두 직접 해야 했다. 그러면 제사장은 제물의 피를 뿌리고, 각으로 떠진 살코기와 잘 씻어진 내장과 다리를 불 위에 올려 태우는 일만 했다.

번제를 드리는 사람은 모든 것을 제사장에게 맡기고, 자신은 뒷짐 지고 구경이나 하는 것이 아니었다. 제물을 잡는 일은 철저하게 그의 소관이었다. 제사장은 그렇게 잡은 제물을 하나님께 직접 바치는 역할만 담당할 뿐이었다. 제물을 잡는 사람은 지위 고하를 막론하고 제물의 목을 칠 때 튀어 오르는 피를 뒤집어쓰고, 가죽을 벗기고 각을 뜰 때의 피비린내와, 내장과 다리를 씻을 때의 역겨운 악취를 감수해야 했다. 그러나 그 과정을 통해 그의 제사는 살아 있는 제사가 될 수 있었다. 하나님 앞에서 죄인 된 자신의 목을 치는 심정으로 제물의 목을 친다. 하나님께 자신의 안팎을 온전히 바치는 마음으로 제물의 가죽을 벗기고, 각을 뜨고, 내장을 씻는다. 자신의 다리를 이제부터 하나님의 도구로 사용하리라 다짐하면서 제물의 네 다리를 씻는다.

그와 같이 제물을 잡으면서 사실은, 제사드리는 사람 자신이 하나님 앞에서 죽는 것이다. 비록 제사를 드리고 돌아가는 그의 옷이 피투성이요, 제물의 비린내와 역겨움이 진동한다 할지라도 그의 영혼은 기쁨으로 충만하였을 것이다. 제물과 함께 죽어 버린 자신의 심령 속에 하나님께서 주인으로 자리 잡으셨기 때문이다.

예배는 목사의 설교와 성가대의 찬양을 감상하는 시간이 아니다. 예배는 하나님 앞에서 자신이 죽는 시간이다. 자신의 목을 치고, 자신의 몸과 마음을 온전히 하나님께 내어 놓는 시간이다. 그날 예배를 통해 선포되는 하나님의 말씀이 어떤 말씀이든지, 그 말씀 앞에 자신의 안과 밖을 온전히 내어 놓아야 한다. 자신을 각 떠서 그 말씀 앞에 드려야 한다. 완전한 굴복, 완전한 자기부인이어야 한다. 그처럼 자신이 없어질 때, 자신의 심령 속에는 하나님의 말씀만 남는다. 그리고 그 말씀이 일주일 동안 자신의 삶을 지배하게 된다. 이런 예배가 사람을 살리고 변화시킨다.

그대가 예배를 수없이 드려도 그대가 죽지 않으면, 그 예배는 그대를 살리거나 변화시키지 못한다. 그것은 살아 있는 예배가 아니라 죽어 버린 종교예식이다.

소제

곡물을 제물로 하여 드려지던 '소제素祭'는 하나님에 대한 헌신과 충성을 나타내는 제사였다. 그러므로 그 제사는 회막이나 성전에서 드려지는 것으로 끝나는 것이 아니라, 일상의 삶 속에서 완성되는 것이었다. 예배는 예배 그 자체가 하나님께 대한 헌신이요 충성이다. 그러므로 참된 예배는 그 헌신과 봉사가 삶으로 이어지지 않을 수 없다.

> 누구든지 소제의 예물을 여호와께 드리려거든 고운 가루로 예물을 삼아 그 위에 기름을 붓고 또 그 위에 유향을 놓아 아론의 자손 제사장들에게로 가져갈 것이요 제사장은 그 고운 가루 한 움큼과 기름과 그 모든 유향을 가져다가 기념물로 제단 위에서 불사를지니 이는 화제라 여호와께 향기로운 냄새니라(레 2:1-2).

소제는 곡물을 예물로 삼되, 그 곡물을 반드시 '고운 가루'로 갈아야 했다. 조그마한 덩어리가 있어도 안 된다. 미세한 분말이 될 때까지 갈아야 한다. 제사를 드리는 사람은 그렇게 곡물을 갈면서, 자신의 생각과 뜻을 하나님 앞에서 함께 갈아 내는 것이다. 그러나 그것만으로는 부족하다. 그 위에 '고운 기름'과 '유향'을 더해야 했다. 보통 기름이 아닌 고운 기름, 그리고 유향은 모두 귀함의 상징이었다. 또 영적으로는 기름은 성령을, 그리고 유향은 기도를 의미하였다.

예배는 우리의 뜻과 생각을 말씀의 절구통에 넣어 빻고 가는 시간이다. 조금이라도 내 것이 남아 있어서는 안 된다. 미세한 분말이 될 때까지 완전 해체한 다음 그 '고운 가루'를 하나님께 드릴 때, 하나님께서는 그것을 하나님의 것으로 새로이 빚으셔서 우리에게 되돌려 주신다. 그래서 예배 자체가 헌신이요, 충성이다. 은혜로운 예배는 절로 이루어지는 것이 아니다. 수많은 교우들의 헌신과 봉사의 결과다. 성가대원, 주일학교 교사, 안내위원, 차량위원, 미화위원, 봉사위원, 주방위원 등 이루 셀 수 없이 많은 교우들의 헌신이 어우러져 예배가 이루어진다. 이런 의미에서도 예배는 그 자체가 헌신이요 봉사다. 그런데도 아무 헌신도 없이 단지 예배시간에만 참석하겠다는 것은, 그 생각 자체가 오만이요 불충이다.

헌신은 마치 자전거의 페달과 같다. 아무리 좋은 자전거라도 페달을 밟지 않으면 넘어지고 만다. 자전거를 타는 사람이 힘들어도 페달을 밟는 것은 남을 위해서가 아니라, 바로 자기 자신을 위함이다. 그리스도인에게 헌신은 자전거의 페달과도 같다. 헌신이라는 페달을 계속 밟지 않으면 신앙의 자전거가 앞으로 나아갈 수 없다. 주일 아침 일찍부터 헌신하는 사람의 예배와, 자기 자신만을 위해 예배에 참석하는 사람의 예배가 동일할 수는 없다. 그리스도인의 헌신은 타인을 위한 것이지만, 그 결과는 자기의 유익으로 돌아온다.

헌신은 '고운 기름'과 '유향'으로 하는 것이다. 그것은 모두 값비싼 것이다. 쓰다 남은 것으로 하는 것은 허울 좋은 생색내기일 뿐이다. 헌신은 귀한 것으로 행하는 것이다. 아무리 바빠도 그대의 귀한 시간을 쪼개어 헌신하는 훈련을 지금 당장 시작하지 않으면, 그대에게 참된 헌신은 그대가 관 속에 눕는 날까지 불가능할 것이다. 그대의 하루가 24시간인 것은, 그대가 죽을 때까지 변함없을 것이기 때문이다. 또 영적으로 기름은 성령을, 유향은 기도를 의미한다고 했다. 헌신은 성령님의 도우심을 간구하는 기도의 그릇 속에 담겨야 한다. 그래야 그 열매가 덕스럽다. 인간의 열정만으로 행하는 헌신은 오히려 사람을 해치는 경우가 더 많다.

> 너희가 여호와께 드리는 모든 소제물에는 누룩을 넣지 말지니 너희가 누룩이나 꿀을 여호와께 화제로 드려 사르지 못할지니라 처음 익은 것으로는 그것을 여호와께 드릴지나 향기로운 냄새를 위하여는 제단에 올리지 말지며 네 모든 소제물에 소금을 치라 네 하나님의 언약의 소금을 네 소제에 빼지 못할지니 네 모든 예물에 소금을 드릴지니라(레 2:11-13).

하나님께 소제로 바치는 예물 속에 절대로 넣어서는 안 될 것이 있었다. 누룩과 꿀이었다. 누룩은 실제보다 부풀리는 것이고, 꿀은 그럴 듯하게 당의정으로 포장하는 것이다. 반면에 반드시 넣어야 할 것이 있었다. 소금이었다. 소금은 자신이 없어져 버림으로써, 있는 것을 있는 그대로 남아 있게 한다.

그리스도인은 자신의 헌신과 봉사 속에 누룩을 넣어 자기 공적을 과장하거나, 당의정으로 그럴 듯하게 포장해서는 안 된다. 그것은 자기 홍보이지 헌신이 아니다. 그리스도인은 언제나 소금이어야 한다. 자신을 다 바쳐 헌신하되 드러내 보이지 말아야 한다. 자신이 감추어질 때에만 그곳에 있어야 할 성령님의 역사가 나타나는 법이다.

그리스도인들은 지금부터 자신의 이름을 지우는 훈련을 시작해야 한다. 인간의 이름이 지워지는 곳이라야 주님의 이름만 드높게 된다. 이런 의미에서 이제 헌물에 붙어 있는 자신의 이름표를 자기 손으로 뜯어내어야 한다. 헌금봉투에 이름 쓰는 일은 당장 중지되어야 한다. 그 이름은 사람에게 보이기 위한 것이지 하나님을 위한 것은 아니다. 하나님께서는 헌금봉투에 이름이 없어도 누구의 헌금인지 다 아신다. 만약 이름을 쓰지 않았다고 하나님께서 모르신다면, 그런 하나님은 믿을 이유나 필요도 없다. 어떤 명분을 갖다 대어도 헌금봉투의 이름은 누룩이요 꿀이지 소금이 아니다.

오직 참된 소제의 예배만이 그대를 진실한 헌신자로 만든다.

사람에게 보이려고 그들 앞에서 너희 의를 행하지 않도록 주의하라 그리하지 아니하면 하늘에 계신 너희 아버지께 상을 받지 못하느니라 그러므로 구제할 때에 외식하는 자가 사람에게서 영광을 받으려고 회당과 거리에서 하는 것같이 너희 앞에 나팔을 불지 말라 진실로 너희에게 이르노니 그들은 자기 상을 이미 받았느니라 너는 구제할 때에 오른손이 하는 것을 왼손이 모르게 하여 네 구제함을 은밀하게 하라 은밀한 중에 보시는 너의 아버지께서 갚으시리라(마 6:1-4).

속죄제

속죄제贖罪祭는 삶 가운데에서 죄를 인식할 때마다 속죄를 위하여 드리는 제사였다. 제사장(레 4:3), 회중(레 4:13), 족장(레 4:22), 평민(레 4:27) 등 누구든 예외가 인정되지 않았다.

> 만일 평민의 한 사람이 여호와의 계명 중 하나라도 부지중에 범하여 허물이 있었는데 그가 범한 죄를 누가 그에게 깨우쳐 주면 그는 흠 없는 암염소를 끌고 와서 그 범한 죄로 말미암아 그것을 예물로 삼아 그 속죄제물의 머리에 안수하고 그 제물을 번제물을 잡는 곳에서 잡을 것이요 제사장은 손가락으로 그 피를 찍어 번제단 뿔들에 바르고 그 피 전부를 제단 밑에 쏟고 그 모든 기름을 화목제물의 기름을 떼어낸 것같이 떼어내 제단 위에서 불살라 여호와께 향기롭게 할지니 제사장이 그를 위하여 속죄한즉 그가 사함을 받으리라(레 4:27-31).

제사의 방법은 번제와 흡사하다. 그러나 이 제사의 특징은 죄를 깨닫는 즉시 제사를 드린다는 것이다. 그다음 제삿날까지 기다리는 것이 아니라 그 즉시 드려야 한다. 제사와 삶이 분리되지 않고 불가분의 관계에 있는 것이다.

다윗은 왕이었다. 왕은 왕으로서의 체면과 체통이 있다. 그런데 유부녀인 밧세바와 동침하고 그녀의 남편마저 은밀하게 살해해 버린 다윗 왕의 잘못을 나단 선지자가 공박하였다. 은밀한 곳이 아니라 공개된 장소에서였다. 신하들 앞에서 왕이 수모를 당한 것이다. 그러나 다윗 왕은 자신의 체통을 짓밟았다며 나단 선지자를 벌하지 않았다. 오히려 공개적으로 자신의 범죄를 회개하였다. 자신이 행한 모든 짓이 하나님 앞에 죄가 됨을 그제야 인식했기 때문이다. 그 사실을 깨닫자마자 그 즉석에서 회개한 것이다. 그의 삶 자체가 제사였던 것이다. 그래서 다윗의 허물에도 불구하고 하나님께서는 그런 다윗을 좋아하셨다.

예배는 삶과 분리되어서는 안 된다. 삶으로 이어지는 예배이어야 하고, 예배를 위한 삶이어야 한다. 예배의 생활화, 생활의 예배화가 되어야 한다. 그래야 예배당 밖에서도 그리스도인일 수 있다. 이 뒤에 계속 언급할 속건제와 화목제 역시 이것을 강조하고 있다. 지금 내가 하나님께 죄를 지을 수밖에 없는 직업을 가지고 있다면 그 직업을 버려야 한다. 그것이 참다운 속죄제다. 죄 짓는 직업을 갖고서는 예배의 생활화도, 생활의 예배화도 모두 불가능하다. 내 주위에는 참다운 그리스도인으로 살아가기 위해 죄를 지을 수밖에 없는 직업을 버린 분들이 많다. 물론 하나님께서는 그분들에게 신앙상 더 좋은 직업을 주셨다. 하나님께서는 그런 사람을 사랑하시기 때문이다.

속건제

물질과 관련된 죄를 속죄하기 위한 제사다. 속죄를 위한 제사라는 의미에서는 속죄제와 동일하다고 할 수 있다. 그러나 중요한 차이점은, 속죄제는 돌이킬 수 없는 죄에 대한 속죄를 위해 드리는 제사인 반면, 속건제贖愆祭는 돌이킬 수 있는 죄에 대한 사죄와 보상을 위한 제사다. 죄에는 돌이킬 수 있는 죄와 돌이킬 수 없는 죄가 있다. 다윗이 우리아를 죽인 것은 돌이킬 수 없는 죄다. 어떤 경우에도 우리아가 다시 살아날 수 없기 때문이다. 그때는 속죄제를 드림으로 하나님의 사하심을 받아야 한다. 그러나 만약 누군가가 과거에 어떤 사람에게 10만 원을 사기 쳤다면, 그리고 지금 그에게 그 돈을 갚을 능력이 있다면 이것은 속건제에 해당한다. 돌이킬 수 있기 때문이다. 이 경우에는 하나님께 제사를 드려 자신이 저지른 죄에 대해 하나님의 사하심을 받을 뿐 아니라, 당사자를 찾아가 자신이 사기 쳤던 금액을 보상해 주고 그에게 사죄해야 한다. 이것이 속건제이다.

> 누구든지 여호와의 성물에 대하여 부지중에 범죄하였으면 여호와께 속건제를 드리되 네가 지정한 가치를 따라 성소의 세겔로 몇 세겔 은에 상당한 흠 없는 숫양을 양 떼 중에서 끌어다가 속건제로 드려서 성물에 대한 잘못을 보상하되 그것에 오분의 일을 더하여 제사장에게 줄 것이요 제사장은 그 속건제의 숫양으로 그를 위하여 속죄한즉 그가 사함을 받으리라(레 5:15-16).

> 누구든지 여호와께 신실하지 못하여 범죄하되 곧 이웃이 맡긴 물건이나 전당물을 속이거나 도둑질하거나 착취하고도 사실을 부인하거나 남의 잃은 물건을 줍고도 사실을 부인하여 거짓 맹세하는 등 사람이 이 모든 일 중의 하나라도 행하여 범죄하면 이는 죄를 범하였고 죄가 있는 자니 그 훔친 것이나 착취한 것이나 맡은 것이나 잃은 물건을 주운 것이나 그 거짓 맹세한 모든 물건을 돌려보내되 곧 그 본래 물건에 오분의 일을 더하여 돌려보낼 것이니 그 죄가 드러나는 날에 그 임자에게 줄 것이요 그는 또 그 속건제물을 여호와께 가져갈지니 곧 네

가 지정한 가치대로 양 떼 중 흠 없는 숫양을 속건제물을 위하여 제사장에게로 끌고 갈 것이요 제사장은 여호와 앞에서 그를 위하여 속죄한즉 그는 무슨 허물이든지 사함을 받으리라(레 6:2-7).

하나님의 물건에 대한 범죄든 사람의 재산에 대한 범죄든, 속건제 역시 그 죄를 깨닫는 날에 즉각 드려야 한다. 속건제는 하나님께 제물을 바치는 것만으로는 안 된다. 반드시 범죄한 물건에 5분의 1을 더하여 보상해야 한다. 하나님의 물건일 경우에는 5분의 1을 더하여 제사장에게 보내야 하고, 사람의 재산일 경우에는 역시 5분의 1을 더하여 당사자에게 보상해야 한다. 즉, 속건제는 하나님과 사람에게 동시에 의무를 다함으로써만 마무리된다. 예배와 삶이 일치되어야 함을 의미한다.

예수님을 만난 삭개오가 예수님께 "내 소유의 절반을 가난한 자들에게 나누어 주고 남의 것을 속여 빼앗은 일이 있으면 네 배로 갚겠다"(눅 19:8)고 고백하였다. 부정 축재를 업으로 삼던 삭개오가, 그것이 죄임을 깨닫고 회개기도만 드렸다 해도 일대 사건이 아닐 수 없다. 삭개오는 그만큼 불의한 인간이었다. 그런데 삭개오는 그 위에 더하여 범죄한 물질의 보상까지 약속하였다. 그것도 네 배로 보상하겠다는 결단이었다. 주님과 사람에 대한 의무를 동시에 다하겠다는 것이다. 완전한 속건제였다. 그리스도 안에서 그의 예배와 삶이 일치를 이룬 것이다.

그렇다면 이제 속건제와 관련하여 제기되는 질문에 대하여 생각해 보자.

첫째, 속건제는 오늘을 사는 우리에게도 적용되는가?

물론이다. 제사의 형태만 예배로 바뀌었을 뿐이지 그 내용과 정신은 여전히 유효하다. 만약 누군가에게 물질적으로 범죄했다면 하나님께 회개 드림과 아울러, 당사자에게 해당 금액을 보상해야 한다.

둘째, 보상하려고 해도 경제적으로 불가능한 형편일 때는 어떻게 해야 하는가?

오래전 내가 성경공부 시간에 속건제에 대해 설명한 다음 날, 교회에 등록한 지 얼마 되지 않은 한 성도님이 내게 상담을 청해 왔다. 다음은 그분과 나 사이에 오고 간 대화다.

"사업의 실패로 예전에 살던 동네 사람들에게 많은 빚을 졌습니다. 그래서 아무도 몰래 도망치듯 그 동네를 떠났습니다. 그동안은 잘 숨어 살았습니다만, 어제 속건제를 배우고 나니 영 마음이 편치 않습니다. 그런데 제게는 빚을 갚을 능력이 현재로서는 없습니다. 이제 저는 어떻게 하면 좋겠습니까?"

"세상에서 빚진 사람들 가운데에는, 일평생 걸려도 빚을 다 갚을 수 없는 형편인 사람들이 아주 많습니다. 빚을 갚고 싶어도 돈이 없어서 갚지 못하는 것이야 어떻게 하겠습니까? 그럼에도 하나님께서 사람에게 속건 의무를 요구하시는 것은, 물질 그 자체의 중요성 때문이 아니라 사람과 사람의 관계 때문입니다. 하나님께서는 물질로 인해 인간 간의 관계가 깨어지는 것을 원치 않으십니다. 갚을 돈이 없어도 그냥 채권자들을 찾아가십시오. 현재의 형편을 다 털어놓으시고, 몰래 도망쳤던 것을 깊이 사죄하십시오. 비록 빚을 갚지는 못하지만, 그분들과의 관계가 회복되면 그것이 바로 속건제입니다."

"좀 부끄러운 얘깁니다만, 그 사람들 중에는 난폭한 사람들이 꽤 있습니다. 돈 한 푼 없이 그런 식으로 찾아갔다가는 필경 몰매를 맞을 것 같습니다. 솔직히 말해서 빈손으로 찾아간다는 것은 두렵습니다."

"하나님께서 우리에게 돈이 없을 때에도 속건의무를 요구하시는 것은, 우리를 사람들에게 몰매나 맞도록 내버려 두시기 위함이 절대로 아닙니다. 우리가 하나님의 명령에 복종할 때, 그 믿음을 보시고 하나님께서 우리를 책임져 주시기 위함입니다. 두려워 말고 그분들을 찾아가십시오. 하나님께 제사드리는 심정으로 사죄하면 그분들도 이해해 줄 겁니다. 혹 누군가 뺨이라도 때리면 두말 말고 맞으십시오. 시간이 걸려도 오히려 그로 인해 그분과의 관계가 회복될 겁니다."

며칠 후 다시 나를 찾아온 그 성도님은 눈에 눈물을 글썽이며 말했다.

"목사님, 다녀왔습니다. 욕하는 사람 하나 없었고요, 빚 걱정 말고 열심히 살라며 모두 격려해 주었습니다."

셋째, 이처럼 하나님께서 책임져 주실 것 같으면 무엇 때문에 구태여 당사자를 찾아가 사죄하게 하시는가? 구차한 사죄의 과정 없이 당사자와의 관계를 그냥 회복시켜 주시면 더 좋지 않은가?

빈손으로 사람을 찾아가 자신이 저지른 금전적인 잘못에 대해 사과한다는 것은 정말 피를 말리는 고통이다. 그 고통은 경험해 보지 아니한 사람은 모른다. 그러나 그렇기 때문에 그 과정을 경험해 본 사람은 다시는 금전적인 잘못을 되풀이하지 않는다. 자신의 피해자는 자신이 저지른 금전적인 잘못으로 인해 여전히 고통 속에 있는데, 주님께 기도하는 것만으로 속건제가 끝났다고 생각하는 사람은 동일한 범죄를 쉽게 반복하게 된다. 따라서 하나님께서 인간에게 속건의무를 명령하시는 것은 인간을 골리시려는 것이 아니라, 인간을 바로 살게 하시려는 하나님의 사랑이다. 이

것이 사도 바울이, 주인의 돈을 훔친 오네시모로 하여금 빈손으로라도 주인을 찾아가 속건의무를 다하게 한 이유였다.

바울이 로마의 감옥에 갇혀 있을 때다. 같은 감방에 있던 오네시모란 청년이 바울을 통해 주님을 영접했다. 그는 바울에게 주님께 회개하는 심정으로, 자신은 본래 빌레몬이란 사람의 노예였는데 주인의 돈을 훔쳐 도망쳤음을 고백하였다. 얼마나 용기 있는 고백인가? 그러나 바울은 오네시모의 머리를 쓰다듬어 주며 칭찬이나 해 주는 것으로 그치지 않고, 출옥하는 즉시 주인을 찾아가 사죄할 것을 명했다. 오네시모의 입장에서 볼 때 그것은 너무나도 위험한 일이었다. 노예가 도망치는 것만도 죽음의 형벌을 받아 마땅한 일인데, 심지어 주인의 돈까지 훔쳐 달아났으니 두말해 무엇 하겠는가? 그런데도 바울은 오네시모에게 주인을 찾아가 직접 사죄할 것을 명령했다. 피가 마르는 그 과정을 거치지 않는 한, 오네시모는 필요하기만 하면 또 다른 사람들에게 동일한 범죄를 얼마든지 저지를 것이기 때문이었다. 그래서 오네시모에게 그런 명령을 내린 바울은, 오네시모의 주인인 빌레몬에게는 오네시모를 용서해 줄 것을 간청하는 편지를 보내었다. 만약 필요하다면, 오네시모가 훔친 금액을 자신이 변상하겠다고 약속하면서 말이다. 바울은 정말 오네시모를 사랑하였고, 인간에게 속건제를 명하시는 하나님의 마음을 정확하게 알고 있었던 것이다.

넷째, 보상하고 싶어도 보상해야 할 대상이 없는 경우에는 어떻게 해야 하는가?

이 질문에 대하여 성경은 다음과 같이 대답한다.

그 지은 죄를 자복하고 그 죄 값을 온전히 갚되 오분의 일을 더하여 그가 죄를 지었던 그 사람에게 돌려줄 것이요 만일 죄 값을 받을 만한 친척이 없으면 그 죄 값을 여호와께 드려 제사장에게로 돌릴 것이니 이는 그를 위하여 속죄할 속죄의 숫양과 함께 돌릴 것이니라(민 5:7-8).

먼저 당사자에게 보상해야 하고, 당사자가 없는 경우에는 당사자의 가까운 친족에게 보상해야 한다. 친족마저 찾을 수 없는 경우에는 제사장을 통해 하나님께 바쳐야 한다. 하나님께 바친다는 것은 구체적으로 무엇을 의미하는가?

내가 진실로 너희에게 이르노니 너희가 여기 내 형제 중에 지극히 작은 자 하나에게 한 것이 곧 내게 한 것이니라(마 25:40).

보상의 당사자나 그 친족마저 찾을 수 없는 경우, 자기 주위 사람들 가운데 지극히 작은 사람을 찾아 그에게 갚는 것이 하나님께 돌려 드리는 것이다. 《땅끝에서 오다》의 작가로 유명한 김성일 선생은 주님을 영접한 뒤, 물질적 잘못에 대해 이 순서를 따라 속건제를 드렸다고 한다. 정말 아름다운 믿음이다. 그래서 하나님께서 그분을 귀하게 쓰시는 모양이다.

그대가 하나님께 예배드리며 기뻐하고 있는 동안 그대가 범한 물질적 잘못 때문에 누군가 고통 당하고 있다면, 그대는 지금 당장 속건제를 드려야 한다. 그것은 그대에 대한 하나님의 사랑의 요구인 동시에, 하나님에 대한 그대의 사랑의 응답이다.

화목제

화목제和睦祭의 특징은 '나눔'에 있었다. 번제의 제물은 모두 태워져 온전히 하나님께 바쳐졌다. 소제와 속죄제 그리고 속건제의 경우에는, 하나님께 바쳐지는 부분을 제외한 나머지는 제사장들의 몫이었다. 그러나 화목제는 달랐다. 기름은 하나님 앞에서 불태우고, 제사장의 몫인 제물의 가슴과 오른쪽 뒷다리를 제외한 나머지는 제사드리는 사람이 이웃과 나누어 먹었다. 따라서 화목제는 일종의 잔치제사요, 함께 기쁨을 나눌 수 있는 축제제사였다.

화목제는 드리는 동기와 목적에 따라 '감사제', '서원제', '자원제'로 구별되었다. 감사제는 하나님의 은혜에 감사해서, 서원제는 하나님께 무엇인가 서원할 때 드려졌다. 그리고 자원제는 자발적으로 즐겁게 드리는 제사로 낙헌제樂獻祭라 부르기도 했다. 어떤 경우에라도 제사드리는 사람이 누군가와 그 제물을 나누어 먹어야 하는 것은 마찬가지였다. 그런데 거기에는 반드시 지켜야 할 법칙이 있었다.

감사함으로 드리는 화목제물의 고기는 드리는 그날에 먹을 것이요 조금이라도 이튿날 아침까지 두지 말 것이니라 그러나 그의 예물의 제물이 서원이나 자원하는 것이면 그 제물을 드린 날에 먹을 것이요 그 남은 것은 이튿날에도 먹되 그 제물의 고기가 셋째 날까지 남았으면 불사를지니 만일 그 화목제물의 고기를 셋째 날에 조금이라도 먹으면 그 제사는 기쁘게 받아들여지지 않을 것이라 드린 자에게도 예물답게 되지 못하고 도리어 가증한 것이 될 것이며 그것을 먹는 자는 그 죄를 짊어지리라(레 7:15-18).

감사제인 경우에는 제사드린 당일에 제물을 다 나누어 먹어야 한다. 서원제나 자원제일 경우에는 그다음 날까지 제물을 나누어 먹어야 한다. 만약 사흘째 되는 날까지 제물이 남아 있으면 반드시 불태워 버려야 한다. 이 법칙을 어기고 기한이 지나서도 남은 제물을 먹는 사람이 있으면, 그가 드린 제사가 무효가 됨은 물론이요 그 행위 자체가 하나님에 대한 범죄가 된다. 이것이 화목제 제물을 나누어 먹을 때 지켜야 할 법칙이다.

하나님께서는 왜 이런 법칙을 세우셨을까? 그 이유는 간단하다. 만약 이 법칙이 없다면 인간은 절대로 이웃과 나누려 하지 않을 것이기 때문이다. 쌓아 놓고 썩는 한이 있어도 혼자 독식하려 할 것이다. 하나님께서 인간에게 이 법칙을 주신 것은 인간으로 하여금 반드시 이웃과 나누게 하기 위함이다. 그리고 보다 더 큰 이유가 있다.

소 한 마리의 무게는 대개 700-800킬로그램이 나간다고 한다. 뼈와 내장을 추려 낸 살코기만도 350-450킬로그램이 되고, 제사장의 몫인 제물의 가슴과 뒤쪽 다리 하나를 제외하고도 최소한 300킬로그램(500근) 이상이 남는다고 한다. 제사를 드린 사람이 하루 이틀 사이에 누군가와 나누어 먹기에는 실로 엄청난 분량이다. 이 많은 양을 하루 이틀 만에 처분하기 위해서는 한두 사람과 나누어 먹어서는 불가능하다. 주위에 있는 모든 사람과 다 나누지 않으면 안 된다. 바꾸어 말해 미운 사람과도 나누어야만 한다. 그렇게라도 하지 않으면 하나님의 법칙을 지킬 수 없고, 그 결과는 하나님의 저주다. 그래서 미운 사람과도 나누어야만 하고, 그와 같은 나눔의 실천 속에서 화목의 열매가 거두어지게 된다. 하나님께서는 인간의 제사가 하나님과의 화목만으로 끝나는 것을 원치 않으신다. 모든 제사가 인간 간의 화목으로 귀결되기를 원하신다. 이런 의미에서 화목제는 모든 제사의 마무리 제사라 할 수 있다.

예배는 반드시 사람과의 나눔, 나아가 미워하던 사람과의 화목으로 마무리되어 가야 한다. 화목을 거두어 내는 예배가 영과 진리로 드려지는 예배다. 우리가 주일 예배시간마다 찬송을 부르고 기도드리며 하나님의 말씀을 듣고 배우는 까닭이 여기에 있다. 우리가 지성으로 예배드리고도 그 예배가 우리 일상의 삶 속에서 나눔과 화목을 일구어 내지 못한다면, 다시 말해 삶으로 연결되지도 않고 삶에 영향을 미치지도 못하는 예배라면, 대체 그것은 누구를 위한 예배이고 또 무엇을 위한 예배란 말인가?

참다운 예배는, 오히려 그대가 예배를 끝내고 일상의 삶 속으로 발을 내딛는 순간부터 완성되는 것임을 잊어서는 안 된다.

예배의 정의

우리는 구약시대의 제사에 대해 살펴보았다. 왜 오늘날 우리는 구약과 같은 형태의 제사를 드리지 않는가? 제3장에서 배운 것처럼 예수 그리스도께서 우리를 위한 십자가의 제물이 되시어, 위에서 언급한 모든 제사를 완성시켜 주셨기 때문이다. 그래서 우리는 예배를 통해 예수 그리스도 안에서 우리 자신을 영적으로 하나님께 드리는 것이다. 이처럼 구약시대의 제사 형태가 사라졌다고 해서 그 정신마저 잃어서는 안 된다. 성자하나님이신 예수 그리스도께서 친히 우리를 위한 제물이 되셨기에, 짐승을 제물로 바치던 옛사람에 비해 우리의 예배 정신은 더더욱 살아 빛나야 한다. 그래서 우리의 예배가 그리스도 안에서 온전한 번제와 소제, 속죄제와 속건제, 그리고 화목제로 승화되어, 우리의 삶 자체가 예배로 영글어 가야 한다. 그것이 하나님께 최상의 가치를 돌려드리는 것이다.

그렇다면 지금까지 생각해 본 것들을 정리하여 예배를 어떻게 정의할 수 있을까? 캔터베리 주교였던 윌리엄 템플William Temple은 예배를 이렇게 정의하였다.

예배란 우리의 모든 인격을 하나님께 순종케 하는 것이다. 예배란 하나님의 거룩하심으로 우리의 의식을 소생시키는 것이며, 그의 진리로써 우리의 생각을 자라게 하는 것이며, 그의 아름다우심으로 우리의 상상력을 정결케 하는 것이며, 그의 사랑을 향해 우리의 마음을 여는 것이며, 그의 원하시는 뜻에 우리의 의지를 복종시키는 것이다. 이 모든 것은 예배에서 하나로 모아지게 되며, 이것은 우리의 본성이 가질 수 있는 가장 덜 이기적인 감정이다.

정말 아름다운 설명이다. 그러나 나는 예배를 나의 언어로 좀더 간략하게 다음과 같이 정의한다.

예배는 말씀을 통해 하나님을 만나, 하나님께 굴복함으로, 하나님의 손길을 직접 체험하는 것이다.

예배는 하나님과 인간의 대화로 이루어진다. 예배 시작과 동시에 성가대가 송영을 하나님께 올리면, 하나님께서는 '부름의 말씀'(예배 시작할 때 인도자가 읽는 성경말씀)을 통해 말씀하신다. 인간이 다시 찬송을 올리면, 하나님께서는 교인들이 교독하는 성시를 통해 말씀하신다. 인간이 기도와 성가대의 찬양을 올리면 하나님께서는 목사의 설교를 통해 말씀하시고, 인간이 봉헌드리면 목사의 축도를 통해 복을 내리신다. 이처럼 하나님께서는 예배시간에 여러 차례 말씀하신다.

예배는, 예배시간 동안 하나님께서 내려 주시는 모든 말씀, 즉 '부름의 말씀' '성시교독' '성경봉독' '설교말씀'을 통해 주어지는 모든 말씀 속에서 하나님을 만나는 시간이다. 그리고 그 말씀에 나를 온전히 굴복시키는 시간이다. 어떤 말씀이 주어지든, 그 모든 말씀이 나를 위한 말씀인 줄 알고 그 말씀을 온전히 받아들이는 시간이다. 그리고 모두 함께 부르는 찬송 속에, 성가대가 드리는 찬양 속에, 기도자가 드리는 기도 속에 나를 실어 하나님께 나 자신을 바치는 시간이다. 그 과정들을 통해 나를 향한 하나님의 손길을 경험하게 되고, 그 손길을 힘입어 일주일 동안 세상 속에서 그리스도인답게 열심히 사는 것이다.

1970년대 초 직장생활을 할 때, 토요일 오후마다 통일로에서 직장 동료들과 자전거를 타곤 하였다. 그때는 지금처럼 자동차의 통행량이 많지 않을 때여서 통일로는 아마추어들이 자전거를 타기에 안성맞춤이었다. 하지만 통일로에는 아마추어가 자전거를 타고 넘기에는 쉽지 않은 고개가 많았다. 그래도 그것이 크게 문제될 것은 없었다. 우리 동료 가운데 아시안게임 사이클 경기에서 금메달을 딴 선수가 있었다. 그 선수가 사이클을 타고 달리면 최고 시속 80킬로미터의 속력을 낼 수 있다고 했다. 저 멀리 고개가 나타나면 그는 방향을 바꾸어 뒤로 달려갔다. 한참 역주행한 다음에는 다시 방향을 바꾸어 우리를 향해 전속력으로 달려오면서 우리 각자의 자전거 안장을 힘껏 밀어 주었다. 그러면 우리는 그가 밀어 주는 그의 손길을 힘입어 무난히 하나의 고개를 넘을 수 있었다. 또 다른 고개가 나오면 그의 손길은 어김없이 우리를 밀어 주었고, 그 덕분에 우리는 어떤 고개든 신나게 넘을 수 있었다.

우리가 예배시간을 통하여 하나님을 만나 하나님께 굴복하여 우리를 드릴 때마다 우리에게 임하신 하나님의 손길은 우리를 힘껏 밀어 주시고, 그 손길에 힘입어 우리는 일주일이란 고개를 휘파람을 불며 넘는 것이다. 그와 같은 예배가 거듭되면서 우리의 삶은 날로 정화되고, 또 성숙해진다. 주일예배를 망치면 한 주간을 망친다는 말은 확실히 사실이다.

이제 그대의 예배는 달라져야 한다. 예배 준비에서부터 시작된 예배는 예배시간에 절정을 이루고, 그대를 밀어 주는 하나님의 손길을 힘입어 그대 일상의 삶 속에서 마무리되어야 한다. 그때 그대의 삶 자체가 온통 예배가 되는 것이다.

고린도후서 8장 24절

그러므로 너희는 여러 교회 앞에서 너희의 사랑과 너희에 대한 우리 자랑의 증거를 그들에게 보이라

삶의 원천인 교회생활

학생의 힘이 학교생활에서 나오고 주부의 능력이 가정에서 비롯되듯이, 그리스도인의 바른 삶은 바른 교회생활에서 시작된다. 바른 교회생활이야말로 일상의 삶을 바르게 살게 하는 원동력이다. 만약 교회 속에서의 모습과 교회 밖 삶의 모습이 일치하고 있지 않다면, 그것은 아직까지 교회생활이 바르지 못한 까닭이다. 이제부터 바른 교회생활은 어떻게 엮어져야 하는지 살펴보자. 이미 앞에서 상세하게 다룬 '말씀'(성경) '기도' '예배'에 대해서는 재론하지 않겠다.

주일성수

그리스도인이냐 아니냐의 일차적인 구별은 주일을 어떻게 지내느냐로 판가름 난다. 주일을 거룩하게 지키는 사람이 그리스도인이다. 주일성수主日聖守는 하나님의 명령이기 때문이다. 하나님께서 하나님의 백성들에게 바른 삶을 위하여 주신 십계명 중 네 번째 계명은 다음과 같이 명령하고 있다.

> 안식일을 기억하여 거룩하게 지키라 엿새 동안은 힘써 네 모든 일을 행할 것이나 일곱째 날은 네 하나님 여호와의 안식일인즉 너나 네 아들이나 네 딸이나 네 남종이나 네 여종이나 네 가축이나 네 문 안에 머무는 객이라도 아무 일도 하지 말라 이는 엿새 동안에 나 여호와가 하늘과 땅과 바다와 그 가운데 모든 것을 만들고 일곱째 날에 쉬었음이라 그러므로 나 여호와가 안식일을 복되게 하여 그날을 거룩하게 하였느니라(출 20:8-11).

아무 일도 하지 말라는 것은 '너 자신을 위하여' 아무 일도 하지 말라는 말이다. 그날은 하나님의 날인 까닭이다. 그렇다면 나 자신을 위하여 아무 것도 하지 않고 안식일을 거룩하게 지킨다는 것은 구체적으로 무슨 의미인가?

첫째, 반드시 지킨다는 것이다.

> 엿새 동안은 일할 것이나 일곱째 날은 큰 안식일이니 여호와께 거룩한 것이라 안식일에 일하는 자는 누구든지 반드시 죽일지니라(출 31:15).

하나님께서 안식일을 어기는 사람은 반드시 죽이라고 명령하셨다. 안식일을 어기는 것, 다시 말해 안식일을 자기 자신을 위하여 사용하는 것은 하나님의 날, 하나님의 시간을 도둑질하는 행위이기 때문이다. 실제로 안식일을 안식일로 지키지 않는 사람은 하나님 앞에서 영적으로 죽은 사람이다.

둘째, 반드시 거룩하게 지키라는 것이다.

안식일을 거룩하게 지켜야 하는 이유는 안식일이 거룩하기 때문이고, 안식일이 거룩한 것은 그날의 주인이신 하나님께서 거룩하신 까닭이다.

> 너희는 안식일을 지킬지니 이는 너희에게 거룩한 날이 됨이니라(출 31:14a).

> 너희는 내 안식일을 지키며 내 성소를 경외하라 나는 여호와이니라 (레 26:2).

'거룩'은 '구별'이란 뜻이다. 세상과 구별됨이 없이는 거룩할 수 없다. 세상으로부터 구별되기에 거룩한 것이다. 주일은 세상으로부터 구별된 날이다. 그러므로 그날에 구별된 우리의 삶이 수반되어야 함은 당연하다. 구별된 예배가 있어야 하고, 구별된 봉사가 있어야 하며, 또 성도와의 구별된 교통(친교)이 있어야 한다. 여기서 빠져서는 안 될 것은 가족과의 구별된 만남이다. 부모와 자식이 함께 모여 그날 배운 말씀을 서로 나누면서 평소와는 구별된 만남이 있어야 한다. 가족 간에 이 구별된 만남이 없거나 지속되지 않을 때 부부는 서로 믿음의 동역자가 되기 어렵고, 자식은 커 갈수록 부모와 멀어지게 된다.

주일을 '거룩하게' 지킨다는 것과 관련하여 "주일에 돈을 쓸 수 있는가?"라는 질문을 가끔 받는다. 항상 중요한 것은 동기와 중심이다. 주일은

'나'를 위한 날이 아니라 '주님'을 위한 '주님의 날'이다. 그러므로 '나'를 위해 사용되는 돈이라면 당연히 쓸 수 없다. 그러나 주님을 위해, 혹은 주님과 관련된 일을 위한 것이라면 무방하다. 예배가 끝난 뒤, 교인들이 성도 간의 구별된 교통을 위해 찻집에서 차를 마셨다면 그것은 아름다운 일이다. 부모와 자식 간의 구별된 만남을 위해 아내로 하여금 주일 저녁에 부엌 '일'을 하지 않게 하고, 온 가족이 정답게 외식한다면 그것은 오히려 권장할 일이다. 문제는 이런 목적으로 사용되는 돈이 아니라, 주일 아침에 때우듯이 예배를 치르고 골프장으로 달려가느라 사용되는 것과 같은 돈이다. 그것은 철저하게 '나'만을 위해 사용되는 돈이기 때문이다. 주님을 위한 주님의 날에 나 자신만을 위한 지출은 중단되어야 한다.

셋째, 반드시 지정된 곳에서 제사드려야 한다는 것이다.

> 너희는 나를 비겨서 은으로나 금으로나 너희를 위하여 신상을 만들지 말고 내게 토단을 쌓고 그 위에 네 양과 소로 네 번제와 화목제를 드리라 내가 내 이름을 기념하게 하는 모든 곳에서 네게 임하여 복을 주리라(출 20:23-24).

'내가 내 이름을 기념하게 하는 모든 곳', 다시 말해 하나님께서 지정하신 곳에서 제사를 드리라는 것이다. 요즈음의 용어로 해석하면, 1차적으로는 예배당에 나와 예배드려야 한다는 것이다. 여기에서 질문이 제기된다. 교회는 예배당 건물이 아니라 '구원받은 사람들의 모임'이라고 했다. 따라서 내가 그리스도인 된 내 가족과 함께 모여 있으면 나의 집 역시 교회다. 그렇다면 주일 아침 예배당에 가는 대신, 내 집 안방에서 내 가족끼리만 주일 예배를 드릴 수는 없는가?

물론 드릴 수 있다. 교회는 예배당 건물도 제도도 아니기에, 믿는 가족들의 모임은 이미 아름다운 교회다. 더욱이 목사가 주관해야만 예배가 성립되는 것도 아니다. 예수 그리스도의 이름으로 누구나 제사장이 될 수 있다. 이른바 '만인제사장'이다. 구약시대에는 제사장만 제사를 주관할 수 있었다. 백성들이 아무리 아름답고 귀한 제물로 제사를 드리고 싶어도 제사장이 없으면 제사가 성립될 수 없었다. 제사장이 제물의 피를 제단 앞에 뿌리고 제물을 불태우면서, 제사드리는 사람을 위하여 속죄의 예식을 치러 주어야만 제사가 제사 될 수 있었다. 그러나 예수 그리스도께서 십자가 위에서 당신을 제물 삼아 완전한 제사를 드려 주셨기에, 인간은 더 이상 제사장을 통해야 하는 옛 형식의 제사가 필요 없게 되었다. 예수 그리스도를 믿는 사람은 누구든지 예수 그리스도를 통하여 하나님 앞에 직접 나아갈 수 있게 된 것이다. 그래서 우리는 하나님께 직접 기도드리고, 직접 하나님을 찬양하며, 하나님의 말씀을 직접 보고, 또 직접 예배드릴 수 있게 되었다. 우리가 다 제사장이 된 것이다.

> 너희도 산 돌같이 신령한 집으로 세워지고 예수 그리스도로 말미암아 하나님이 기쁘게 받으실 신령한 제사를 드릴 거룩한 제사장이 될지니라(벧전 2:5).

'만인제사장'은 종교개혁으로 구교에서 분리된 개신교의 핵심 사상이다. 예수 그리스도의 이름으로 드려지는 예배라면 누가 주관하든, 누가 설교하든 상관없이 그것은 명실공히 '예배'다. 그러므로 그대는 주일예배를 그대의 집에서 그대의 가족과만 드릴 수도 있다. 그대가 예배를 주관하고 그대가 설교해도 아름다운 예배가 될 수 있다.

그러나 그대가 예배당 아닌 그대의 집에서 주일예배를 드리기 위해서는, 반드시 확인해야 할 사항이 있다. 집에서 드리는 예배가 예배당에서 드리는 예배만큼, 혹은 그보다 더 마음이 집중된 예배인가 하는 것이다. 이미 앞 장에서 상세하게 살펴본 바와 같이 예배는 대단히 중요하다. 주일예배가 그 한 주간의 삶의 질과 수준을 결정한다. 예배와 우리 삶의 관계는 TV 카메라와 수상기의 관계와 같다고 했다. TV 수상기에는 카메라가 비추어 주는 것만 나타난다. 카메라가 아름다운 것을 잡으면 아름다운 화면이 나오고 추한 것을 잡으면 추한 영상이 나타난다. 카메라의 초점이 분명하면 화면도 선명해지고, 카메라의 초점이 흐려지면 화면도 흐려진다. 예배는 우리 영혼의 카메라 초점을 주님께 맞추는 것이다. 그 초점을 어떻게 맞추었느냐에 따라 일주일 동안 우리 삶의 화면이 달라진다. 주님께 분명하게 초점을 맞춘 예배를 드린 사람의 삶은 분명할 것이고, 그렇지 않은 경우는 흐릴 것이다.

그대가 그대의 집에서 평일의 가정예배가 아닌 주일예배를 드릴 때, 그대 가족 모두가 예배당에서처럼 주님께 집중하여 초점을 맞출 수만 있다면 얼마든지 그렇게 해도 상관없다. 그러나 이것은 현실적으로 쉬운 일이 아니다. 역시 성도들이 함께 모여 함께 기도와 찬송을 드리며, 성가대가 아름다운 찬양을 부르는 예배당이라야 우리 예배의 초점이 더 잘 맞추어지는 것은 유한한 인간의 어쩔 수 없는 한계이다. 그러므로 주일예배는 하나님께서 '지정하신 곳'에서 드리는 것이 좋다. 주일 아침 온 가족이 예배 드리기 위하여 함께 '지정하신 곳'을 찾는 것 자체가 더없이 아름다운 훈련이요, 헌신이다. 그러나 예배당에서 드리는 예배가 단지 형식을 추구하는 것만으로 끝난다면, 그것은 차라리 집에서 드리는 예배만도 못하다.

이처럼 《새신자반》을 1994년에 출간한 이래 2008년 개정판을 내기까지, 하나님께서 제사를 '지정하신 곳'을 1차적으로 '예배당' 공간으로 해석하였다. 당시는 지금과 같은 온라인예배 시스템이 갖추어지기 전이었다. 그 시절에 가족끼리만 집에서 드리는 주일예배는 경건회 혹은 기도회의 범주를 넘어서기 어려웠다. 그런 상황 속에서 예배당을 벗어난 주일예배를 생각하기란 어려운 일이었다.

그러나 지금은 세상이 달라졌다. 앞에서 언급한 것처럼 코로나19 팬데믹으로 온라인예배가 보편화되었다. 사람들이 온라인을 통해 어느 곳에서든 예배당 혹은 플랫폼에서 드리는 주일예배에 참여할 수 있게 된 것이다. 그러므로 온라인예배 시대에 '지정하신 곳'은 예배당을 뛰어넘어, 어느 곳이든 자기 자신을 거룩한 성전(고전3:16)으로 일군 사람이 있는 공간이라 할 수 있다.

하지만 60-70년대에 미국에서 유행하던 TV교회 식이어서는 안 된다. 인간의 편의와 목사의 야망을 동기 삼은 미국의 TV교회는 십자가의 주님을 주인으로 모신 사람들의 모임일 수는 없기 때문이다. 온라인예배든, 온라인교회든, 인간의 편의나 야망이 아니라 하나님께 영과 진리로 예배드리기 위함이어야 함은 아무리 강조해도 지나침이 없다.

주일을 성수한다는 것은 반드시 지키는 것이요, 반드시 거룩하게 지키는 것이요, 반드시 지정된 곳에서 영과 진리로 예배드리는 것임을 알았다. 그러나 항시 그렇듯이 이 모든 것의 정신이 중요하다. 그 정신을 상실하면 문자의 노예가 되어, 철저하게 주일성수하는 것 같으나 실은 알맹이를 잃어버린 형식적 종교인으로 전락해 버리기가 쉽다. 주님께서 가장 싫어하신 대상이 바로 그와 같은 사람들이었다. 그대가 언제나 붙잡아야 할 것은 문자가 아니라, 문자 속에 내포되어 있는 정신이다.

그대가 주일 아침 예배를 드리기 위하여 예배당으로 나오다가, 길에 피투성이가 된 채 쓰러져 있는 사람을 보았다고 하자. 마음속으로 불쌍한 생각이 들었지만 '주일성수'를 위해, 즉 반드시 예배당에서 예배드리기 위하여 그냥 지나쳤다고 하자. 그리고 예배당에서 그대 나름대로 은혜로운 예배를 드렸다면 그대는 과연 주일성수를 잘한 것인가? 우리 함께 누가복음 10장 30-37절을 읽어 보자.

> 예수께서 대답하여 이르시되 어떤 사람이 예루살렘에서 여리고로 내려가다가 강도를 만나매 강도들이 그 옷을 벗기고 때려 거의 죽은 것을 버리고 갔더라 마침 한 제사장이 그 길로 내려가다가 그를 보고 피하여 지나가고 또 이와 같이 한 레위인도 그곳에 이르러 그를 보고 피하여 지나가되 어떤 사마리아 사람은 여행하는 중 거기 이르러 그를 보고 불쌍히 여겨 가까이 가서 기름과 포도주를 그 상처에 붓고 싸매고 자기 짐승에 태워 주막으로 데리고 가서 돌보아 주니라 그 이튿날 그가 주막 주인에게 데나리온 둘을 내어 주며 이르되 이 사람을 돌보아 주라 비용이 더 들면 내가 돌아올 때에 갚으리라 하였으니 네 생각에는 이 세 사람 중에 누가 강도 만난 자의 이웃이 되겠느냐 이르되 자비를 베푼 자니이다 예수께서 이르시되 가서 너도 이와 같이 하라 하시니라

길에 피투성이가 된 사람이 쓰러져 있다. 제사장과 레위인은 못 본 체하고 그냥 지나갔다. 그들은 성전에서 제사를 주관하는 사람들이다. 아마 제사드려야 할 시간에 쫓겼기 때문인지 모른다. 그러나 그 이유가 무엇이었든지 그들은 주님의 비판을 받았다. 성전에서 드려지는 제사보다 더 아름다운 삶의 제사를 도외시했기 때문이다. 반면에, 피투성이의 나그네를 돌본 사마리아인은 칭찬받았다. 사마리아인은 거룩한 제사를 드리는 예루살렘성전과는 거리가 먼 사람이었지만, 피투성이 나그네를 구한 그의 행동은 성전에서 드려지는 그 어떤 제사보다도 향기로운 제사였던 까닭이다.

> 거기에서 떠나 그들의 회당에 들어가시니 한쪽 손 마른 사람이 있는지라 사람들이 예수를 고발하려 하여 물어 이르되 안식일에 병 고치는 것이 옳으니이까 예수께서 이르시되 너희 중에 어떤 사람이 양 한 마리가 있어 안식일에 구덩이에 빠졌으면 끌어내지 않겠느냐 사람이 양보다 얼마나 더 귀하냐 그러므로 안식일에 선을 행하는 것이 옳으니라 하시고 이에 그 사람에게 이르시되 손을 내밀라 하시니 그가 내밀매 다른 손과 같이 회복되어 성하더라(마 12:9-13).
> 내가 너희에게 이르노니 성전보다 더 큰 이가 여기 있느니라 나는 자비를 원하고 제사를 원하지 아니하노라 하신 뜻을 너희가 알았더라면 무죄한 자를 정죄하지 아니하였으리라 인자는 안식일의 주인이니라 하시니라(마 12:6-8).

주일 아침에 예배당으로 가다가 쓰러진 사람을 만났다면, 예배시간에 늦더라도 파출소에 신고하여 경찰과 함께 필요한 후속 조치를 취하는 것이 더 아름다운 예배다. 주일 아침에 물속에 떠내려가는 사람을 발견했다면, 예배당에 가지 못하는 한이 있어도 그 사람을 먼저 구해야 한다. 그것이 주님께서 더 기뻐하시는 '주일성수'다.

그곳이 어느 곳이든, 거룩한 주일에 내가 아니면 그곳에 하나님의 은총의 손길이 임할 수 없다면, 나는 교회 예배에 빠지더라도 그곳을 지켜야 한다. 이를테면 주일에 당직인 경찰은 예배드리기 위해 근무지를 이탈하면 안 된다. 그는 자신의 근무지를 지키면서 그곳에서 하나님의 거룩한 손과 발이 되어, 평소보다 더 많은 사람에게 주님의 사랑을 보여 주는 삶의 예배자가 되어야 한다. 그것이 거룩한 예배다. 주일성수는 예배당 혹은 예배시간에만 하는 것이 아니다.

언젠가 한 자매가 오빠를 원망하면서 오빠의 결혼식에 참석지 않겠다고 했다. 까닭인즉 거룩한 주일에 결혼식을, 그것도 지방에서 하기 때문에 주일성수를 위해, 다시 말해 주일에 예배당에 나와 맡겨진 봉사 직무를 감당키 위해 가지 않겠다는 것이었다. 나는 그의 오빠가 주님을 믿는지를 물었더니 아니라고 했다. 주일을 거룩하게 지키기 위해, 교회에서 맡겨진 봉사 직무를 감당하기 위해 친오빠의 결혼식마저 참석지 않겠다는 것은 언뜻, 대단히 아름다운 신앙처럼 보인다. 그러나 나는 그렇게 생각하지 않았다. 믿는 오빠라면 혹 모르되, 믿지 않기에 하나님의 법칙을 알지 못하는 오빠가 주일에 결혼식을 올리는 것은 너무나 당연한 일이다. 오빠에게는 주일이 주님의 날이 아니라 자신을 위한 휴일이기 때문이다. 그런 오빠를 정죄하여 사촌도 아닌 친동생이 결혼식에 참석조차 않는다면, 만약 내가 그의 오빠라면 단언하거니와, 나는 그런 동생이 믿는 하나님은 절대로 믿지 않을 것이다. 다른 사람도 아닌, 친오빠의 결혼식에도 참석지 못하게 한다면 그것은 '죽은 종교'이지 '살아 있는 사랑'은 아니다. 나는 그 자매에게, 교회에서 맡은 일을 다른 사람에게 부탁하고 결혼식에 참여할 것을 권했다. 주일 아침 일찍 결혼식장 근처의 교회에서 예배를 드리고 결혼식에 참여하여, 아직 하나님을 알지 못하는 오빠의 결혼식 위에 하나님의 은총이 임하기를 기도하라고 권유하였다. 하나님과 무관할 뻔했던 결혼식이 하나님의 은총 속에서 거행될 수 있도록 말이다. 그 자매는 친오빠의 결혼식에 기쁨으로 참여하였고, 그렇게 하기를 백번 잘했다고 지금도 생각하고 있다.

그대는 정말 깨어 있는 정신으로 주일을 성수해야 한다.

주일은 거룩하다. 그러나 주일만 거룩한 것은 아니다. 하나님께서 지으신 모든 날들이 다 거룩하다. 그러므로 그대가 진정 주일을 거룩하게 지내는 그리스도인이라면, 주일에서 비롯된 그 거룩함은 나머지 엿새 속에서도 반드시 드러나야 한다. 그것이 주일성수를 명하시는 하나님의 진정한 뜻이다.

안식일은 토요일에 해당한다. 그런데도 교회가 주일에 예배드리는 것은 십자가에서 돌아가신 주님께서 주일 새벽에 부활하셨기 때문이다. 안식일의 의미가 주일 새벽에 부활하신 예수 그리스도 안에서 새로워진 것이다. 이것은 사람이 임의로 정한 것이 아니라 성경에 의한 것이다.

주의 날(주일)에 내가 성령에 감동되어 내 뒤에서 나는 나팔소리 같은 큰 음성을 들으니(계 1:10).

이미 초대교회 때부터 더 이상 안식일이 아닌 주일에 예배드렸음을 성경은 분명히 증거하고 있다. 그런데도 예배는 반드시 안식일에 드려야 한다고 주장한다면, 그것은 성경말씀을 따르는 것이 아니라 실은 부정하는 것이다. 구약시대처럼 안식일에 예배를 드려야만 한다면, 예배 역시 구약을 좇아 짐승을 잡는 제사의 형태로 드려야만 할 것이다. 그런데도 안식일은 구약시대를 따라 지키면서 예배만은 신약의 형태로 드리겠다면 그것은 얼마나 큰 모순인가?

그리스도인에게 한 주간의 첫째 날은 더 이상 '일요일Sunday'이 아니다. 그 날은 주님의 날, 곧 주일主日, The Lord's Day이다.

전도

그리스도인이라면 누구나 전도해야 한다. 그 이유는 무엇인가?

첫째, 주님의 명령이시기 때문이다.

아무리 불효자식이라도 부모의 유언 앞에서는 숙연해진다. 부모의 유언은 이 땅에 남겨진 부모의 최후의 말이기 때문이다. 그래서 무릇 자식들은 부모의 유언을 이행하기 위해 애쓴다. 인간의 육신을 입고 이 땅에 오신 주님께서 다시 하늘로 올라가시기 직전에 이 땅에 남기신 최후의 말씀이 있다. 주님의 유언이다. 그 유언이 다름 아닌 전도의 명령이다. 세상 부모의 유언도 소중하다면, 하물며 주님의 유언을 어찌 소홀히 대할 수 있겠는가?

> 그러므로 너희는 가서 모든 민족을 제자로 삼아 아버지와 아들과 성령의 이름으로 세례를 베풀고 내가 너희에게 분부한 모든 것을 가르쳐 지키게 하라(마 28:19-20a).

또 이르시되 너희는 온 천하에 다니며 만민에게 복음을 전파하라 (막 16:15).

또 이르시되 이같이 그리스도가 고난을 받고 제삼일에 죽은 자 가운데서 살아날 것과 또 그의 이름으로 죄사함을 받게 하는 회개가 예루살렘에서 시작하여 모든 족속에게 전파될 것이 기록되었으니 너희는 이 모든 일의 증인이라(눅 24:46-48).

세 번째 이르시되 요한의 아들 시몬아 네가 나를 사랑하느냐 하시니 주께서 세 번째 네가 나를 사랑하느냐 하시므로 베드로가 근심하여 이르되 주님 모든 것을 아시오매 내가 주님을 사랑하는 줄을 주님께서 아시나이다 예수께서 이르시되 내 양을 먹이라(요 21:17).

오직 성령이 너희에게 임하시면 너희가 권능을 받고 예루살렘과 온 유대와 사마리아와 땅 끝까지 이르러 내 증인이 되리라(행 1:8).

이처럼 사복음서와 사도행전이 전하는 주님의 유언은 모두 전도에 대한 명령이다. 복음을 전하고, 복음을 가르치고, 복음을 먹이고, 복음의 증인이 되라는 것이다. 그러므로 그리스도인들은 주님의 유언을 이행해야 한다. 사도 바울의 권면처럼 때를 얻든지 못 얻든지 복음을 전해야 하는 것이다(딤후 4:2). 교회가 선교사를 파송하는 이유도 주님의 유언에 충실하기 위해서다.

복음을 전하는 것을 '전도'라고도 하고 '선교'라고도 한다. 이 두 단어를 구별 없이 사용하는 사람도 있지만 구별하는 사람도 있다. 구별하는 사람의 견해도 두 가지로 나뉜다. 첫 번째는, 국내에서 복음을 전하는 것은 전도이고 외국에서 행하는 것은 선교라는 견해다. 두 번째는, 복음을 전해 자기 교회 교인으로 만드는 것은 전도요, 어느 교회에 출석하든 주님을 믿게 하는 것은 선교라는 견해다. 두 견해 모두 일리가 있지만 전도란 용어가 더 성경적이다. 우리가 전하고자 하는 것은 종교적 제도나 조직(宣敎)이 아니라 생명의 길(傳道)이기 때문이다.

주님께서 왜 우리에게 전도할 것을 유언으로 남기셨는가? 복음만이 사람을 살릴 수 있기 때문이다. 인간을 사랑하시는 주님께서 사람을 살리시기 위해 당신의 생명의 말씀을 전하라 명하시는 것은, 사람을 살리시려 당신을 십자가의 제물로 내어 놓으셨던 주님으로서는 너무나도 당연한 유언이 아니겠는가? 그러므로 우리는 사람을 사랑하는 따뜻한 마음으로 복음을 증언하는 전도자들이 되어야 한다.

우리가 전도해야 할 둘째 이유는, '주님께서 우리와 함께하심'을 전도의 현장에서 확인할 수 있기 때문이다. 영이신 주님께서는 언제나 우리와 함께하고 계신다. 그러나 유한한 인간은 그 사실을 망각할 때가 더 많다. 그래서 쉽게 절망하고 쉽게 좌절한다. 만약 주님이 나와 함께하심을 늘 확인하면서 살아갈 수 있다면, 그리스도인의 삶은 어떤 경우에도 흔들림 없이 굳건할 수 있을 것이다. 이것이 모든 그리스도인이 전도해야 하는 이유이다. 전도의 현장에서는 나와 함께하고 계시는 주님을 언제나 확인할 수 있기 때문이다.

그러므로 너희는 가서 모든 민족을 제자로 삼아 아버지와 아들과 성령의 이름으로 세례를 베풀고 내가 너희에게 분부한 모든 것을 가르쳐 지키게 하라 볼지어다 내가 세상 끝날까지 너희와 항상 함께 있으리라(마 28:19-20).

우리에게 전도의 유언을 남기신 주님께서, 우리와 '세상 끝날까지' '항상' '함께' 계실 것을 약속하셨다. 그 이유가 무엇인가? 우리가 주님의 유언을 이행하는 것을 친히 도와주시기 위함이다. 그러므로 항상 우리와 함께하고 계시는 주님을, 우리는 전도의 삶을 살면서 늘 구체적으로 확인할 수 있게 된다.

일반 대학교를 졸업한 나는 신대원에 입학하기 전까지 15년 동안 사회생활을 했다. 그 15년 가운데 4년 동안은 직장생활을 하였고, 나머지 기간에는 사업을 했다. 세상에 쉬운 일이 어디 있겠는가? 직장생활이나 사업이나 어렵기는 매한가지였다. 새벽부터 밤늦게까지 땀 흘리며 수고해야만 했다. 그러나 늦게 시작한 목회는 그보다 훨씬 더 힘들었다. 얼마나 힘이 들었으면 목회를 시작하자마자 체중이 6킬로그램이나 빠졌겠는가? 목회는 교인이 많아지는 만큼 더 힘들다. 그런데도 나는 목회 현장에서 늘 말할 수 없이 큰 보람을 느꼈다. 말씀 안에서 교인들의 삶이 변하고, 인생의 목적과 가치관이 새로워지며, 허물어져 가던 가정이 다시 회복되는 것을 계속 목격하면서 나와 함께 계시는 주님을 확인할 수 있었기 때문이다. 어찌 나 자신의 능력으로 그런 일이 일어날 수 있겠는가? 그래서 나는 눈물을 흘리며 나와 함께하고 계시는 주님께 감사드리지 않을 수 없었다.

신대원 1학년 여름방학 때였다. 학우들과 묘도로 전도여행을 떠났다. 묘도는 여수 앞바다에 위치한 작은 섬으로, 우리가 찾아간 '온동리'는 당시

여수에서 한 시간의 뱃길이었다. 지금은 많은 세월이 흘러 개발되었지만, 그 옛날 예배당 하나 없던 그 외딴 마을에서 월요일부터 금요일 저녁까지 닷새 동안 복음을 전하였다. 토요일은 서울로 출발하는 날이었다. 그러나 아침에 일어나자 폭우와 함께 태풍이 불고 있었다. 우리가 타기로 한 배는 포구에 그대로 묶여 있었다. 태풍으로 배가 뜨지 않으니 섬을 출발할 도리가 없었다. 그러나 언제 멈출지도 모르는 태풍 앞에서 속수무책으로 무작정 기다릴 수만은 없었다. 우리는 반드시 서울을 향해 떠나야 했다. 주일에 각자 섬기는 교회에서 맡은 사명을 다하기 위해서는, 무슨 일이 있어도 토요일 밤까지는 서울에 도착해야 했기 때문이다. 나는 우리가 타기로 되어 있었던 통통배의 선장 집을 찾아갔다. 선장은 이불 속에 그대로 누워 있었다. 태풍으로 할 일이 없어졌으니, 모처럼 잠이나 푹 자야겠다고 생각하고 있음이 분명했다. 내가 방으로 들어가 무턱대고 방바닥에 앉자, 그제야 선장도 할 수 없다는 듯 엉거주춤 일어나 앉았다. 그러나 나는 선장에게 무슨 말을 해야 할지 얼른 생각이 나지 않았다. 그 거친 태풍 속에서 대체 무슨 명분으로 배를 띄워 달라고 부탁할 것인가? 뾰족한 해답이 없었다. 한동안 침묵의 시간이 흐른 뒤에 내가 거두절미하고 이렇게 말했다.

"선장님, 이제 가시죠!"

그 말을 한 내가 오히려 쑥스러웠다. 그러면서도 내 마음속 밑바닥으로부터 무엇인가 거대한 덩어리가 빠져나와 선장에게 전해지는 느낌이 들었다. 나의 말에 선장은 한동안이나 나의 눈을 뚫어져라 쳐다보았다. 그러고는 잠시 후 일어나 옷을 주섬주섬 챙겨 입더니 불쑥 내뱉었다.

"갑시다!"

나는 깜짝 놀랐다. 선장이 그렇게 쉽게 움직일 줄은 몰랐기 때문이다.

우리 일행은 통통배를 타고 태풍이 몰아치는 바다 속으로 출항하였다. 동료들은 가랑잎처럼 흔들리는 통통배의 선실에서 큰 목소리로 찬양을 불렀다. 나는 뱃머리의 난간을 붙들고 서 있었다. 태풍이 몰아칠 때마다 집채만 한 파도가 배를 덮쳤다. 그러나 나는 그 거친 태풍의 바다 한가운데에서 주님의 음성을 들었다.

볼지어다 내가 세상 끝날까지 너희와 항상 함께 있으리라

배가 여수항에 무사히 도착한 뒤 선장이 우리 일행에게, 도대체 자신이 무엇에 홀려 배를 띄웠는지 알 수가 없다는 말을 했다. 그도 그럴 것이, 그 선장은 태풍이 몰아치는 바다의 두려움을 누구보다 잘 알면서도 그 무서운 태풍 속으로 배를 띄웠으니, 그렇게 말한 것은 조금도 이상한 일이 아니었다. 그것은 주님의 역사였다. 주님께서 그 오지까지 복음의 증인이 되기 위해 찾아간 우리와 함께하고 계심을, 주님께서는 그런 식으로 확인시켜 주신 것이다.

지금까지 그리스도인이 전도해야 할 이유에 대해 생각해 보았다. 그렇다면 전도는 무엇으로 하는가? 여러 방법이 있을 수 있다. 말로 할 수도 있고, 문서로 할 수도 있고, CD나 USB 혹은 유튜브로 할 수도 있다. 그러나 우리가 어떤 방법을 택하든, 우리가 전한 내용을 우리의 삶으로 보여 주지 않으면 안 된다. 그리스도인들이 믿지 않는 사람들에게 성경을 주어도 그들은 쉽사리 읽으려 하지 않는다. 그들에게는 쉽게 읽을 수 있는 또 다른 성경이 있기 때문이다. 바로 그리스도인들의 삶이다. 그들은 언제나 그

리스도인들의 삶이 자신들과 무엇이 다른지를 살핀다. 그리고 자신들과 다른 점이 확인될 때 그들은 그리스도인들이 믿는 성경말씀에 비로소 관심을 갖기 시작한다. 장소와 형편에 따라 전도의 방법은 달라질 수 있지만, 언제 어디서나 자신의 삶이 곧 전도여야 한다는 사실은 변할 수 없다.

예전에 사업을 할 때의 일이다. 이제는 고인이 된 문학평론가 김현 선생과 차를 타고 가다가, 십자가의 첨탑이 하늘을 찌를 듯이 솟아 있는 초대형교회 예배당 앞을 지나게 되었다. 그때 내가 교인인 것을 알고 있는 그가 이렇게 말했다.

"이 형, 나는 교회를 볼 때마다 하나님은 확실히 계시지 않는다는 것을 교회가 스스로 증명하고 있는 것 같아서 도저히 교회를 다닐 수가 없어요."

한때 목사가 되기를 꿈꿀 정도로 열렬한 개신교 신자였던 그는, 이 세상을 떠날 때는 가톨릭 신자였다.

그대가 말로만 전도하려 하면, 그대는 오히려 사람을 잃는다.

헌신(봉사)

예수께서 제자들을 불러다가 이르시되 이방인의 집권자들이 그들을 임의로 주관하고 그 고관들이 그들에게 권세를 부리는 줄을 너희가 알거니와 너희 중에는 그렇지 않아야 하나니 너희 중에 누구든지 크고자 하는 자는 너희를 섬기는 자가 되고 너희 중에 누구든지 으뜸이 되고자 하는 자는 너희의 종이 되어야 하리라 인자가 온 것은 섬김을 받으려 함이 아니라 도리어 섬기려 하고 자기 목숨을 많은 사람의 대속물로 주려 함이니라(마 20:25-28).

세상의 법칙은 낮은 사람이 높은 사람을, 약한 사람이 강한 사람을, 작은 사람이 큰 사람을 섬기는 것이다. 크고 높고 강한 사람은 섬김을 받기만 하면 된다. 그러나 주님의 법칙은 정반대이다. 주님의 법칙은 높은 사람이 낮은 사람을, 강한 사람이 약한 사람을, 큰 사람이 작은 사람을 섬기는 것이다. 하나님의 아들이신 예수 그리스도께서 이 땅에 오신 것은 군림하고 지배하여 섬김을 받으시기 위함이 아니었다. 그것이 목적이었다면, 그분은 왕궁에서 태어나 일평생 사람을 부리며 사셨을 것이다. 그러나 빈민촌 나사렛에서 시작된 그분의 삶은 철저하게 인간에 대한 봉사와 섬김의 삶이었다. 그것이 당시 유대인들이 그분을 하나님의 아들로 인정할 수 없었던 이유 중의 하나였다. 하나님의 아들이라면 천군만마를 호령하며 뭇사람의 섬김을 받음이 마땅하다고 생각한 까닭이다. 초라하기 짝이 없는 행색으로 밤낮 사람을 섬기느라 동분서주하는 예수님을 유대인들은 도저히 하나님의 아들로 받아들일 수가 없었다. 아니, 그 주제에 방자하게도 하나님의 아들을 사칭하는 그를 용서할 수 없었다. 그래서 신성모독죄로 죽여야만 했다.

그대의 주위를 돌아보라. 그리고 지금 그대가 진심으로 받들고 높이고 섬기는 사람들을 살펴보라. 만약 그들이 한결같이 그대보다 크고 높고 강한 사람들이라면, 그대는 아직까지 주님께서 말씀하신 섬김의 의미를 모르고 있다. 강한 사람을 섬기는 것은 봉사나 섬김이 아니다. 그것은 그로부터 돌아올 대가를 위한 투자거나 품팔이, 혹은 아부다. 주님께서 말씀하신 섬김은, 섬김의 대상으로부터 아무런 대가나 보상을 기대치 않는 봉사를 의미한다. 예수님께서 인간에게 보상을 기대하셨더라면, 인간을 위하여 당신의 생명을 내어 놓기까지 섬김의 삶을 사시지는 못했을 것이다. 대체 유한하기 짝이 없는 인간이 성자하나님께 무슨 보상을 치를 수 있겠는가?

　살아생전에 수많은 사람들에게 섬김과 높임을 받은 소위 영웅들이 있다. 알렉산더, 칭기즈칸, 나폴레옹 같은 인물들이다. 그들은 모두 정복자들이었고 정복지의 사람들로부터 섬김을 받았다. 살아생전 그들만큼 많은 사람들에게 섬김을 받은 사람은 없었다. 그러나 그처럼 섬김을 받았다고 해서, 이 세상 그 누구도 그들을 구원자로 받들어 모시는 사람은 없다.

　예수님께서는 단 한 평의 땅을 정복하신 적도 없었다. 사람들로부터 섬김을 받기는커녕, 당신이 3년 동안 심혈을 기울여 기른 제자에게조차 배신을 당하셨다. 그리고 끝내 십자가 위에서 사람들의 조롱을 받으며 외롭고 쓸쓸하게, 그리고 비참하게 돌아가셨다. 희한한 것은 그토록 초라하고 무력해 보이기만 했던 예수님을, 2천 년이 지난 지금까지 세계 도처에서 수많은 사람들이 구주로 섬기고 있다는 사실이다. 인간으로부터는 그 어떤 대가도 바라지 않고 십자가 위에서 인간을 위한 섬김을 완성하신 그분을, 하나님께서 부활의 구주로 높여 주셨기 때문이다. 그분은 사람을 섬기시고, 그 대신 하나님의 섬김을 받으신 것이다. 이 땅 위에서는 가장 낮은 자로 섬기시다가, 이 땅을 떠나신 뒤에는 가장 높은 분으로 섬김을 받고 계신다.

　슈바이처 박사가 아프리카에서 자신보다 약하고 힘없는 아프리카인들을 섬기는 동안, 그의 조국 독일에서는 몇 번이나 총리가 바뀌었다. 독일 총리는 많은 사람들로부터 높임과 섬김을 받는 자리다. 그러나 세계인은 그 총리들의 이름을 다 기억하지도, 알지도 못한다. 그 반면에 아무리 세월이 흘러도 슈바이처 박사는 기억될 것이다. 인간을 위해 참 섬김의 삶을 산 그를 하나님께서 존귀케 해 주신 까닭이다.

주님께서는 그대에게, 그대가 정말 크고 높은 사람이 되기 원한다면 사람을 섬기고 사람의 종이 되라고 말씀하신다. 지금까지 그대가 해 온 것처럼 크고 강한 사람이 아니라, 주님께서 보여 주신 것처럼 그대보다 작고 약한 사람을 말이다. 바로 그 섬김의 현장에서 주님께서 그대를 만나 주시고, 또 그대를 높여 주신다. 높아지는 것처럼 보이는 것이 실은 낮아지는 것이고, 낮아지는 것처럼 보이는 것이 진실로 높아지는 것—바로 이것이 진리의 역리逆理다. 많은 사람들이 이것을 알지 못해 거꾸로 간다.

섬김과 봉사의 구체적인 의미는 무엇인가? 그것은 상대의 수준까지 내려가는 것이다. 주님께서는 인간을 섬기기 위해 인간이 되어 인간의 수준으로 내려오셨다. 주님께서 내가 너희를 섬겨 줄 테니 내가 있는 곳까지 올라오라 하셨다면, 인간 중에 과연 누가 주님 계신 곳까지 오를 수 있어 그 섬김을 받을 수 있겠는가? 그러나 제자들은 이것을 깨닫지 못했다. 아니, 전혀 깨달으려 하지 않았다. 주님께서 십자가에 못박히기 위해 예루살렘으로 올라가시는 길 위에서까지 누가 더 높은지 서로 따지며 다투었다. 그래서 주님께서는 돌아가시기 전날 밤, 이른바 '최후의 만찬'을 끝내신 후 섬김의 시범을 직접 보여 주셨다.

저녁 잡수시던 자리에서 일어나 겉옷을 벗고 수건을 가져다가 허리에 두르시고 이에 대야에 물을 떠서 제자들의 발을 씻으시고 그 두르신 수건으로 닦기를 시작하여 시몬 베드로에게 이르시니 베드로가 이르되 주여 주께서 내 발을 씻으시나이까 예수께서 대답하여 이르시되 내가 하는 것을 네가 지금은 알지 못하나 이후에는 알리라 베드로가 이르되 내 발을 절대로 씻지 못하시리이다 예수께서 대답하시되 내가 너를 씻어 주지 아니하면 네가 나와 상관이 없느니라(요 13:4-8).

주님께서는 섬김은 상대의 수준으로 내려가는 것이되, 상대의 머리가 아니라 발아래까지 내려가는 것임을 친히 보여 주셨다. 이것이 진정한 섬김이다. 그대가 섬기지 않을 수 없는 사람 가운데에는 상종하는 것조차 괴로운 사람이 분명 있을 것이다. 그대의 지성과 인격에 비해 그 사람이 아무리 유치하다 해도 그대는 먼저 그의 수준으로 내려가야 한다. 그 사람의 머리까지만 내려가서는 안 된다. 그대가 언제나 그 사람의 머리 언저리에서만 머물기 때문에 그 사람을 위해 수고하면서도 비판과 비난을 받는다. 그대는 이제 그의 발아래까지 내려가야 한다. 그대가 그곳까지 내려가면 그때부터 주님께서 역사하신다. 그 사람의 발아래 그곳에는, 무릎을 꿇어 제자들의 발을 씻기던 주님께서 계시기 때문이다. 바로 그 주님께서 그대와 그 사람을 함께 끌어올려 주신다.

영락교회에서 교육전도사로 봉사할 때, 은평구에 살고 있는 교회학교 학생들과 주일마다 응암동 소재의 영락중학교 강당에서 2년 동안 예배를 드렸었다. 80년대 그곳 학생들 중에는 가난한 집 아이들이 많았다. 심방을 가 보면 대개 단칸방에 사는데 제대로 세수할 공간도 없었다.

여름 성경학교가 열렸을 때다. 마지막 날 밤 결단의 예배시간에, 제자들의 발을 씻기신 주님을 본받아 이른바 세족식洗足式을 거행하였다. 화장실 전등을 끈 다음 촛불을 켜 두고, 교사들과 내가 차례로 들어오는 아이들을 의자에 앉혀 놓고 발을 씻겨 주었다. 처음에는 장난기 어린 웃음을 띠며 들어온 아이들도, 일단 발을 씻겨 주기 시작하면 모두 엄숙한 표정이 되었다. 그런데 가난한 집 아이들은 의자에 앉아서도 선뜻 발을 내어 놓지 못했다. 평소에 발을 씻을 수 없기에 냄새도 나고 때도 많기 때문이었다. 나는 그 아이들의 발을 대야에 넣고 정성스럽게 때를 밀어내었다. 사람의 발에 이렇게 많은 때가 낄 수 있을까 싶을 정도로 때가 많았다. 그때마다 가난한 아이들은 한결같이 흐느끼며 울었다. 발을 씻기는 내 손등 위로 아이들의 눈물이 뚝뚝 떨어졌다. 그 눈물을 보며 나도 울었다. 내 눈물로 아이들의 발을 씻긴 것이다. 발을 다 씻긴 다음에는 아이들을 내 가슴으로 꼭 끌어안고 함께 울면서 기도를 드렸다. 아이들의 뜨거운 눈물, 뜨거운 가슴, 뜨거운 숨결……. 나는 그날 밤을 잊지 못한다. 그 아이들의 발아래에 주님께서 계셨던 것이다. 사람의 발아래로 내려가면, 그곳에는 확실히 주님의 감동과 역사가 있다.

이런 의미에서 그리스도인의 봉사는 헌신이요 희생이다. 그리스도인의 봉사는 결코 자기 가치 구현이나 자아실현이 아니다. 봉사를 그렇게 오인하고 있기에 봉사를 많이 하는 사람일수록 실은 더 많은 문제를 일으킨다. 봉사자들 각자의 자아와 자기 가치가 서로 부딪치는 까닭이다. 그리스도인의 봉사는 자신을 부인하고 대가를 바라지 않는 헌신이요 희생이어야 한다. 그런 사람만 누군가의 발을 씻어 줄 수 있고, 사람의 발아래에서 역사하시는 주님의 통로가 될 수 있다.

그리스도인의 삶은 주님을 본받고 주님의 명령을 따르는 섬김의 삶이어야 하기에, 그리스도인의 교회생활에서 그 어떤 경우에도 봉사, 다시 말해 헌신과 희생이 빠질 수는 없다. 무릇 그리스도인이라면 교회에서 쓰레기를 줍는 헌신이라도 해야 한다. 인간의 마음이 가장 덜 이기적일 수 있는 교회에서조차 그대가 헌신을 스스로 훈련하려 하지 않는다면, 이기적일 수밖에 없는 세상 속에서 참된 헌신과 희생의 삶은 아예 불가능하다.

교통(친교)

　교회생활을 정삼각형으로 표현한다면 정점은 말씀이 되고, 아래쪽 두 꼭짓점은 봉사와 친교가 될 것이다. '말씀'이 없으면 교회는 존재할 수도, 존재할 필요도 없다. 따라서 예배, 설교, 성경공부, 전도 등 말씀과 관련된 삶은 언제나 교회생활의 정점에 위치하고 있어야 한다. 그러나 말씀만 있으면 그것은 신학교일 뿐 교회가 아니다. 말씀만 따로 떼어 놓으면 삶과는 전혀 무관한 사변적인 논리나 추상적인 이론이 되기 쉽다. 신학자들의 신학 이론이 자주 비판의 도마 위에 오르는 이유가 여기에 있다.

　교회는 신학교가 아니므로 '헌신'이 교회생활의 또 다른 꼭짓점을 차지하고 있다. 만약 헌신만 있다면 그것은 자선단체다. 자선단체가 교회인 것은 아니다. 비종교인들의 자선단체도 얼마든지 있기 때문이다. 그리스도인의 헌신은 말씀을 정점으로 한 헌신이기에 모든 헌신은 곧 말씀의 실천이고, 그 결과로 그리스도인의 말씀생활은 삶과 괴리되는 추상성에서 벗어날 수 있다.

　그러나 그리스도인의 교회생활이 말씀과 헌신으로만 이루어져 있다면 지속성을 갖거나 성숙해지기 어렵다. 살다 보면 뜻하지 않게 절망하거나 좌절할 때가 있고, 그때마다 말씀과 헌신의 삶에서 멀어지기 쉽다. 또 혼자 말씀과 헌신의 삶을 살다 보면 타성이 붙거나 주관적이 되어 정체되기 쉽다. 그래서 '친교'가 교회생활의 나머지 한 꼭짓점을 이루고 있다. 만약 친교만 있다면 그곳은 사교장이지 교회가 아니다. 그러나 교회의 친교는 표피적인 인간관계를 뛰어넘어 말씀과 헌신을 통한 마음과 마음의 나눔을 뜻하기에, 한국 교회에서 통용되고 있는 '친교'보다는 성도의 '거룩한 교제' 혹은 '교통'이 더욱 적절한 표현이다.

그리스도인은 성도와의 만남, 성도 간의 교통을 통해 다른 교우들에게도 절망의 순간들이 있거나 있었음을 알게 된다. 또한 그들의 삶 속에서 그 절망이 합력하여 선을 이루고 있거나 이미 이루었음을 확인한다. 그래서 자신이 처한 절망의 한가운데에서 다시 주님을 의지하고 일어서게 된다. 또 성도의 거룩한 교제를 통하여 다른 교우들의 삶이 얼마나 신실한지 알게 된다. 교회 안에서는 물론이요, 가정과 일터에서도 말씀대로 살려고 애쓰는 모습을 보면서 신선한 도전을 받는다. 그래서 자기도 모르게 믿음이 성숙해지는 것이다. 때로 형제와도 상의할 수 없는 문제로 괴로울 때, 성도와의 대화를 통해 성경적인 해답을 찾게 된다. 이처럼 성도의 거룩한 교통은 그리스도인의 삶을 진리로 따뜻하게 해 줄 뿐 아니라, 믿음의 깊이를 더하게 해 준다. 그래서 그리스도인은 예배 외에도 교회의 크고 작은 모임에 참석할 수 있어야 한다. 거룩한 성도가 함께 모여 교통할 수 있다는 것은 참으로 크나큰 은총이다.

주님의교회와 제네바한인교회도 그랬지만, 100주년기념교회에서도 많은 교우들이 매주 구역 성경공부(소그룹 모임)에 참여하였다. 남자 교우들 중에는 출장으로 주일예배에 참석지 못하는 경우가 있어도, 구역 성경공부가 있는 날에는 공항에서 구역 성경공부 장소로 직행할 정도로 적극적인 교우들이 적지 않았다. 특히 이삼십대 청년들의 열성도 대단하였다. 모두 성도의 교통이 수반하는 은혜를 체험하였기 때문이다. 목사가 아무리 설교를 잘한다 해도 주일에 한 번, 그것도 겨우 삼십여 분 정도에 불과한 설교로 어찌 사람이 변화될 수 있겠는가? 그러나 짧게는 한두 시간, 길게는 두세 시간씩 매주 모이는 성도의 교통을 통하여 교인들은 함께 성숙해 가는 것이다.

온라인예배와 온라인교회에 부정적인 분들은 온라인을 통해서는 성도들의 만남, 즉 성도들의 거룩한 교통이 불가능하다고 비판한다. 그분들이 즐겨 인용하는 성경구절은 '모이기를 폐하는 어떤 사람들의 습관과 같이 하지 말고'(히 10:25)이다. 하지만 온라인은 성도들의 교통을 폐하는 것이 아니라 더 용이하게 해준다. 예배당을 중심으로 이루어지는 성도들의 교통은 시간 및 거리상 여러 제약이 따른다. 그러나 온라인상에서는 그 어떤 제약도 없다. 언제 어디서든 필요할 때마다 온라인을 통해 서로 교통할 수 있다. 동일 지역에 살고 있는 성도들은 온라인뿐 아니라, 직접 대면하여 성도의 교통을 나눌 수 있음은 두말할 나위도 없다.

온라인예배와 온라인교회를 비판하는 분들은 '날마다 마음을 같이하여 성전에 모이기를 힘쓰고'라는 사도행전 2장 46장 말씀을 내세우며, 그리스도인의 예배와 모임은 반드시 성전에서 이루어져야 한다고 주장하기도 한다. 그분들은 교회를 성전이라 믿는 분들이다. 사람들의 모임인 교회가 예배당이 아님은 이미 설명하였다. 물론 예루살렘성전과 같은 신성불가침의 성전인 것도 아니다. 십자가의 구원을 이루신 주님을 통해 인간이

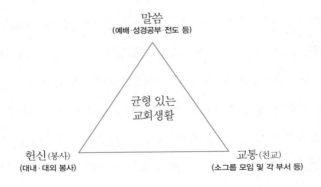

말씀
(예배·성경공부·전도 등)

균형 있는
교회생활

헌신 (봉사)
(대내·대외 봉사)

교통 (친교)
(소그룹 모임 및 각 부서 등)

하나님 앞에 설 수 있게 된 이래, 인간의 건축물은 더 이상 성전이 아니다. 다음은 사도 바울의 증언이다.

> 너희는 너희가 하나님의 성전인 것과 하나님의 성령이 너희 안에 계시는 것을 알지 못하느냐(고전 3:16).

성전은 더 이상은 인간의 건축물이 아니라, 십자가의 구원을 입은 그리스도인 한 사람 한 사람이 하나님을 모신 움직이는 성전이다.

게다가 2천 년 전 초대 그리스도인들이 '성전에 모이기를 힘썼다'는 증언은 앞에서 언급한 사도행전 2장 46절이 유일하다. 그 이후 사도행전에 그와 동일한 내용의 증언은 다시는 등장하지 않는다. 예수님을 신성모독으로 십자가에 못 박아 죽인 유대교 지도자들이, 예수님의 부활을 주장하는 그리스도인들의 성전 모임을 배척한 까닭이다. 그리스도인들이 성전에 모이고 싶어도 모일 수 없게 된 것이다. 더욱이 스데반의 순교가 촉발한 그리스도인들에 대한 대박해로 그리스도인들은 성전이 있는 예루살렘을 피해 사방으로 뿔뿔이 흩어져야만 했다. 그들은 가정집이든, 헛간이든, 벌판이든, 산속 동굴이든, 모일 수 있는 곳이라면 장소를 따지지 않고 모였다. 그들 중에, 죽는 한이 있어도 반드시 성전에서 모여야 한다고 억지를 쓰는 이가 있었다는 성경의 증언은 전무하다. 만약 그때 지금과 같은 IT 기기가 보급되어 있었다면 과연 그들이 외면했겠는가? 더욱이 예루살렘성전은 주후 70년 로마제국 티투스 장군이 이끈 군대에 의해 형체도 없이 초토화되고 말았다. 그런데도 사도행전에 단 한 번 등장한, 그것도 잘못 이해한 2장 46장의 내용을 절대화하여 그리스도인의 예배와 모임은 반드시 성전에서 이루어져야 한다고 주장하는 것은 타당하지 않다.

온라인상으로는 주일학교가 불가능하다고 우려하는 분들도 있다. 그것 역시 기우다. 예배당에서 주일학교는 고작 일주일에 한번, 그것도 한 시간만 열릴 뿐이다. 그러나 의지가 있는 교회라면 매일 저녁 잠시라도 온라인 학교를 개설하여 어린이들과 날마다 거룩한 교통을 나눌 수도 있다.

21세기를 살아가는 그리스도인들은 모이기를 힘쓰되 특정 공간을 뛰어 넘어 언제 어디서든, 무엇을 통해서든, 거룩한 성도의 교통에 힘써야 한다.

> 또 두 사람이 함께 누우면 따뜻하거니와 한 사람이면 어찌 따뜻하랴 한 사람이면 패하겠거니와 두 사람이면 맞설 수 있나니 세 겹 줄은 쉽게 끊어지지 아니하느니라(전 4:11-12).

석탄 한 덩어리는 아무 힘이 없다. 그러나 그 한 덩어리들이 함께 모이면 그 힘은 겨울 추위를 물리친다. 그대가 성도의 거룩한 교통 없이 홀로 신앙생활하겠다는 것은, 석탄 한 덩어리로 인생의 겨울을 이기겠다는 것처럼 어리석은 일이다.

헌금

헌금은 강요한다고 드려지는 것도 아니고, 또 강요된 헌금은 헌금도 아니다. 헌금은 하나님에 대한 자발적인 행위여야 한다. 그래서 나는 약 삼십 년간 주님의교회, 제네바한인교회, 100주년기념교회를 목회하면서 예배시간에 헌금에 대해 설교한 적이 한 번도 없었고, 헌금 순서를 따로 두지도 않았다. 교인들은 예배당에 들어가면서 입구에 놓여 있는 헌금함에 헌금을 넣었다. 헌금봉투에는 헌금자의 이름을 적는 난도 없었다. 전 교인이 무명無名으로 헌금하기에, 주보에 헌금자의 이름이 기재될 수도 없었다. 누가 얼마를 헌금하는지는 아무도 알지 못했다. 그래서 헌금이 철저하게 하나님과 헌금자 사이에서만 이루어지는 은밀한 헌신이요 기쁨이 되었다.

그리스도인에게 헌금의 의미는 무엇인가? 헌금은 내가 가지고 있는 모든 것이 나의 것이 아니라, 실은 하나님께로부터 주어진 하나님의 것임을 드러내는 고백의 증표이다. 이 의미를 잘 알고 있었던 다윗의 기도문은 매우 감동적이다.

> 다윗이 온 회중 앞에서 여호와를 송축하여 이르되 우리 조상 이스라엘의 하나님 여호와여 주는 영원부터 영원까지 송축을 받으시옵소서 여호와여 위대하심과 권능과 영광과 승리와 위엄이 다 주께 속하였사오니 천지에 있는 것이 다 주의 것이로소이다 여호와여 주권도 주께 속하였사오니 주는 높으사 만물의 머리이심이니이다 부와 귀가 주께로 말미암고 또 주는 만물의 주재가 되사 손에 권세와 능력이 있사오니 모든 사람을 크게 하심과 강하게 하심이 주의 손에 있나이다 우리 하나님이여 이제 우리가 주께 감사하오며 주의 영화로운 이름을 찬양하나이다 나와 내 백성이 무엇이기에 이처럼 즐거운 마음으로 드릴 힘이 있었나이까 모든 것이 주께로 말미암았사오니 우리가 주의 손에서 받은 것으로 주께 드렸을 뿐이니이다(대상 29:10-14).

그리스도인이 하나님께 드리는 어떤 명목의 헌금이든, 그것은 자신의 것을 바치는 것이 아니라 본래 하나님의 것을 하나님께 드리는 것이다. 이것을 바로 안다면 헌금으로 인해 교만에 빠지는 그리스도인은 없을 것이다.

헌금 중에 가장 대표적인 헌금은 십일조헌금이다. 즉 자기 수입의 10분의 1을 하나님께 바치는 헌금이다. 교인들을 위해 엮어진 《톰슨Ⅱ 주석성경》의 신명기 14장 22-29절에 대한 주석이 십일조에 대하여 교인들이 이해하기 쉽게 설명해 주고 있다.

십일조는 레위인들을 봉양하거나 혹은 사회적인 구제사업을 목적으로 매년 토지 소산이나 가축의 십분의 일(1/10)을 바쳐야 하는 히브리인들의 종교적 의무이다(레 27:30).

유대인들은 모세 율법에 나타난 여러 십일조 규례(신 12:5-19; 레 27:30-33; 민 18:21-32)를 근거로 십일조 헌납을 세 단계로 구분했다.

첫째 십일조 : 한 해의 추수가 끝나면 백성들은 먼저 모든 소출의 십분의 일을 구별하여 자기 성중에 거하는 레위인들에게 주어야 했다(민 18:21-24). 그러면 레위인들은 백성들로부터 받은 십일조에서 다시 십분의 일을 구별하여 하나님께 거제로 바쳐야 했는데 이것은 곧 제사장들의 몫이 되었다(민 18:26-29).

이처럼 분배받은 기업 없이 성막에서 종교적 직무에만 전념하는 '레위인들과 제사장들의 생계를 보장해 주기 위하여' 이스라엘 백성들이 바쳐야 하는 십일조의 첫 단계를 '첫째 십일조'라고 부른다.

둘째 십일조/축제 십일조 : 이것은 첫째 십일조를 바친 백성들이 그 나머지 소출(9/10) 가운데서 다시 십분의 일을 구별한 것을 가리킨다. 이것은 자신들이 직접 중앙 성소로 가지고 올라가는데, 한 해 동안 풍성한 축복을 내려 주신 하나님께 감사 축제를 드리는 비용으로 사용되었다(신 12:5-19). 이때 중앙 성소가 너무 멀면 현물 대신 일단 현금으로 바꾸어 가지고 갔다가 성소 근처에서 다시 잔치에 필요한 예물들을 구입할 수 있었다(신 14:24-26). 한편 이 감사 잔치에는 가족과 친지는 물론 수하의 남녀 종들과 성중의 레위인들까지 모두 참여하였다.

셋째 십일조 : 안식년(제7년째인 이때에는 토지를 경작하지 않기 때문에 십일조를 바치지 않았다)을 기준으로 제3년과 제6년째에는 위의 '둘째 십일조'로 잔치를 베푸는 대신 각 처소에서 다 모아 성중에 거하는 레위인, 나그네, 가난한 자, 고아, 과부 등을 위한 구제비로 사용하였다(신 14:28-29; 신 26:12). 그리고 이때 백성들은 자신들이 마련한 이 '둘째 십일조'를 율법대로 가난한 이웃들을 위해 거짓 없이 사용했노라고 하나님 앞에 맹세하여야 했다(신 26:13-15).

따라서 이 '셋째 십일조'는 따로 구별된 십일조가 아니라 '둘째 십일조'와 동일한 것인데 다만 용도가 다를 뿐이다. 즉 '둘째 십일조'는 안식년을 기준으로 매 1년과 2년 그리고 4년과 5년째에 쓰는 '감사 축제용'이었고, '셋째 십일조'는 안식년을 기준으로 매 3년과 6년째에 쓰는 '이웃 구제용'이었다.

간단하게 설명하면 이렇다. 이스라엘 백성들은 십일조를 두 번 바쳐야 했다. 의무적으로 드려지는 첫 번째 십일조는 성막 유지와 관련된 비용, 요즈음 용어를 빌리면 교회 유지비용으로 사용되었다. 그다음 감사의 의미로 드려지는 두 번째(혹은 세 번째) 십일조는 교회 유지비용이 아닌, 이웃과의 나눔이나 구제를 위하여 사용되었다.

이것을 통해 우리는 두 가지 사실을 깨달을 수 있다.

첫째, 교인이 하나님께 바치는 헌금은 십일조헌금, 감사헌금, 주일헌금, 구제비 등을 포함하여 전체 수입의 20퍼센트 정도가 되면 성경적이라는 것이다. 실제로 십일조헌금을 하는 가정의 경우 가족들의 감사헌금과 주일헌금 그리고 개인적인 구제비 등을 모두 포함하면 그 금액이 대략 수입의 20퍼센트에 이르게 된다. 그러나 이것은 그대에게 성경이 제시하는 이상적인 헌금의 수치를 밝히는 것일 뿐, 그대가 반드시 이렇게 헌금해야 한다는 의미는 아니다. 뒤에 가서 다시 설명하겠지만, 그리스도인에게 헌금보다 더 중요한 것은 진리를 좇는 바른 삶이기 때문이다.

둘째, 교인이 바친 헌금 가운데 50퍼센트는 교회 유지를 위한 경비로 사용하고, 나머지 50퍼센트는 교회 밖의 이웃사랑을 위하여 사용하는 것이 타당하다는 것이다. 앞에서 언급한 것처럼 내가 섬겼던 주님의교회, 제네바한인교회, 100주년기념교회가 헌금의 50퍼센트를 이웃사랑을 위해 사용한 것은 바로 이 성경의 원칙을 따르기 위함이었다.

지금도 가끔 그리스도인들로부터 십일조헌금을 다른 교회에 바치면 안 되느냐는 질문을 받는다. 이를테면 도시 변두리나 농어촌의 어려운 교회로 보내면 더 유용하지 않겠느냐는 것이다. 이 땅 위에 있는 모든 교회는 주님의 교회이므로, 물론 어느 교회에 바쳐도 무방하다. 십일조헌금을 어느 교회에 바치든, 그것은 사실은 하나님께 바치는 것이기 때문이다. 그러나 여기서도 중요한 것은 동기이다. 왜 자신이 속한 교회에 헌금을 바치고 싶은 마음이 없는가? 왜 하필이면 자신이 다니지도 않는 교회에 바치려고 하는가? 이에 대한 동기가 하나님 앞에서 항상 분명하고 정당해야 한다. 만약 그 동기가 다음의 두 경우에 해당한다면 그것은 잘못된 일이다.

첫째, 자기만족을 위한 경우이다.

십일조헌금은 그리스도인의 의무이기에, 자신이 속한 교회에 바친다고 해서 그 누구도 칭찬하거나 감사하지 않는다. 그러나 타 교회, 특히 작고 어려운 교회에 바칠 때에는 상황이 달라진다. 그 교회의 목회자나 관계자들로부터 계속 감사와 칭송을 받게 된다. 바로 이것을 즐기면서 작고 어려운 교회를 골라 십일조헌금을 보내는 경우가 있을 수 있다. 그러나 이것은 하나님께 바친 십일조가 아니라, 자신을 돋보이게 하기 위한 자기 홍보비에 지나지 않는다. 십일조는 하나님의 것을 하나님께 돌려 드리는 것이므로, 십일조를 통해 사람들로부터 칭찬이나 칭송을 받고 또 그것을 즐긴다는 것은 참된 그리스도인에게는 있을 수 없는 일이다. 이런 경우라면 십일조가 아닌, 다시 말해 자신의 수입에서 십일조를 뺀 나머지 금액으로 돕는 것이 타당하다.

둘째, 자신이 속한 교회를 불신하는 경우이다.

그리스도인들 가운데에는 자신이 속한 교회를 불신하는 사람들이 있다. 예를 들어 교회가 하는 일이라든지 헌금의 용도 등에 대해 불만이 있는 경우이다. 그래서 자기 교회에 십일조를 내어 보아야 잘못 사용될 것이 뻔하므로, 그럴 바에야 차라리 어려운 교회에나 보내겠다는 마음을 가질 수 있다. 만약 이런 경우라면, 그 당사자는 당장 교회를 바꾸어야 한다. 십일조를 바칠 수 없을 정도로 자신의 교회를 불신한다면, 그 사람은 절대로 그 교회에서 은혜로운 신앙생활을 할 수 없다. 그토록 불신하는 교회에서 어찌 영과 진리로 예배드릴 수 있으며, 목사의 설교에 은혜를 받을 수 있으며, 자발적이고도 감격에 찬 섬김과 헌신이 가능하겠는가? 제8장에서 배운 것처럼 주일예배는 대단히 중요하다. 주일에 예배를 어떻게 드리느냐에 따라 한 주간의 의미와 수준이 달라진다. 십일조를 바칠 수 없을 정도로 불신하는 교회에서 드린 예배라면 그 예배는 불신의 예배요, 그것은 한 주간을 그냥 내버리는 것과 같이 어리석은 짓이다. 따라서 그런 경우의 사람은, 자신이 믿고 십일조를 바칠 수 있을 만큼 신뢰할 수 있는 교회를 찾아가야 한다.

또 한 가지 간과해서는 안 될 것이 있다. 내게 있는 모든 것이 하나님께서 주신 하나님의 것이란 고백의 증표가 헌금이라면, 하나님께 헌금으로 바쳐진 것을 제외한 나머지, 즉 지금 내 수중에 남아 있는 것도 하나님의 것이란 사실이다. 그러므로 그리스도인은 그것 역시 함부로 사용할 수 없다. 항상 옳고 바르게 사용하여야 한다. 하나님의 것을 인간의 쾌락이나 죄악을 위하여 사용해서는 안 된다. 헌금은 하나님께 자신의 삶 자체를 드린다는 증표이다. 자신이 지닌 모든 것이 하나님의 것이므로, 그 모든 것을 자기에게 맡기신 하나님의 뜻을 잘 헤아려 바르게 살겠다는 고백의 증표가 헌금인 것이다. 그래서 예배 중에 가장 아름다운 예배가 삶의 예배이듯이, 헌금 중에 가장 귀하고 향기로운 헌금 역시 그리스도인의 삶이다. 다음은 십일조와 관련된 예수님의 말씀이다.

화 있을진저 외식하는 서기관들과 바리새인들이여 너희가 박하와 회향과 근채의 십일조는 드리되 율법의 더 중한 바 정의와 긍휼과 믿음은 버렸도다 그러나 이것도 행하고 저것도 버리지 말아야 할지니라(마 23:23).

바리새인들은 철저하게 십일조를 바쳤다. 박하나 회향과 같은 조미료의 십일조까지 바칠 정도였다. 그러나 문제는 그 이후의 삶이었다. 성전 밖에서 그들의 삶은 하나님의 뜻과는 전혀 거리가 멀었다. 그래서 위 본문은 그들에 대한 예수님의 질책이다. 예수님께서는 이중적인 삶을 사는 그들을 꾸짖으시며 십일조만 중요한 것이 아니라, 십일조와 더불어 하나님의 말씀을 좇는 삶이 병행되어야 함을 그들에게 일깨워 주셨다. 삶의 헌금이 뒤따르지 않는 돈만의 헌금은 하나님을 거지로 여기는 것과 같다. 우주 만물이 모두 하나님의 것이다. 하나님은 그대의 돈을 필요로 하시는 것이 아니다. 하나님은 바로 그대 자신을 원하신다.

그대가 지금 마음껏 헌금을 드릴 수 없는 형편에 처해 있을 수도 있다. 그러나 그것 때문에 괴로워하지 말라. 그대에게는 하나님께서 더 기뻐하시는 삶이란 헌금이 있다. 헌금함에 넣는 헌금은 때로 사람을 교만하게 만든다. 그러나 삶의 헌금은 드릴수록 당사자를 더욱 겸손하게 만든다. 그래서 삶의 헌금보다 더 아름다운 헌금은 없다.

> 내가 무엇을 가지고 여호와 앞에 나아가며 높으신 하나님께 경배할까 내가 번제물로 일 년 된 송아지를 가지고 그 앞에 나아갈까 여호와께서 천천千千의 숫양이나 만만萬萬의 강물 같은 기름을 기뻐하실까 내 허물을 위하여 내 맏아들을, 내 영혼의 죄로 말미암아 내 몸의 열매를 드릴까 사람아 주께서 선한 것이 무엇임을 네게 보이셨나니 여호와께서 네게 구하시는 것은 오직 정의를 행하며 인자를 사랑하며 겸손하게 네 하나님과 함께 행하는 것이 아니냐(미 6:6-8).

그리스도인의 가정생활

시편 128편 3-4절

네 집 안방에 있는 네 아내는 결실한 포도나무 같으며 네 식탁에 둘러앉은 자식들은 어린 감람나무
같으리로다 여호와를 경외하는 자는 이같이 복을 얻으리로다

작은 교회로서의 가정

참되고 진실한 그리스도인을 교회 안에서는 구별해 내기 어렵다. 적어도 교회 안에서는 다 그리스도인으로 존재하는 까닭이다. 그러므로 참된 그리스도인은 교회 밖에서라야 판별된다. 교회 밖에서도 그리스도인으로 살아가는 사람이라면, 그는 진정한 그리스도인이다. 우리의 가정생활을 바르게 가꾸어야 할 이유가 여기에 있다. 가정은 우리의 그리스도인 됨을 우리 자신에게 스스로 확인시켜 주는 실천마당이다.

교회는 큰 가정이요, 가정은 작은 교회란 말은 참으로 적절하다. 그리스도인은 모두 그리스도 안에서 한 형제자매가 되었기에 교회는 큰 가정이다. 장로와 권사는 모두 믿음의 아버지 어머니요, 주일학교 학생들은 다 우리의 자녀다. 그래서 우리는 세상 사람들이 생각조차 못할 사랑을 교회 안에서 서로 나누며 산다.

그와 동시에, 교회는 구원받은 성도들의 모임을 뜻하기에 그리스도인의 가정은 모두 작은 교회다. 아빠와 엄마는 교역자고 자녀들은 교인이다. 그 속에서 일어나는 삶이 예배요, 주고받는 대화가 찬양이며 기도다. 세상에서 난폭한 사람도 교회에서는 함부로 행동하지 않는다. 교회는 교회이기 때문이다. 가정 역시 작은 교회인지라, 누구든 가족이라 해서 자기 감정대로만 행동하지 않는다. 언제나 하나님의 통치 속에서 가정생활을 영위한다. 확실히 교회로 세워진 가정에는 사랑과 평화가 있다.

부부

결혼은 상대에 대한 앎의 종결을 뜻하지 않는다. 오히려 시발점이다. 상대를 다 알았기 때문에 결혼하는 것이 아니라, 결혼함으로써 비로소 상대의 실상을 알기 시작하는 것이다. 그대가 상대의 벌거벗은 인격과 모습을 있는 그대로 보기 전까지는, 상대에 대해 본 모든 것은 상대의 실상이 아니라 허상이다. 그 허상은 그대의 바람이나 생각이 만들어 낸 허상일 수도 있고, 상대가 꾸며 낸 허상일 수도 있다. 그대가 상대에게 그대의 꾸민 허상을 보여 주었듯이, 그대의 상대 역시 그렇게 했기 때문이다. 그러므로 그대가 진정 행복한 부부가 되기 위해서는, 그대가 품고 있는 상대의 허상을 먼저 깨뜨려야 한다. 그리고 지금 그대의 눈앞에 있는 상대의 실상을 인정하고 받아들여야 한다. 그 실상을 도저히 인정하고 싶지 않더라도 말이다.

하나님이 자기 형상 곧 하나님의 형상대로 사람을 창조하시되 남자와 여자를 창조하시고(창 1:27).

제1장에서 살펴본 것처럼, 하나님께서 사람을 창조하실 때 하나님의 형상을 따라 지으셨다. 그러나 남자만 지으신 것도 아니고, 그렇다고 여자만 만드신 것도 아니다. 하나님께서는 당신의 형상을 따라 남자와 여자를 지으셨다. 이것은 하나님께서 남자나 여자만의 형상이 아니라, 남자와 여자의 형상을 동시에 지니고 계심을 의미한다고 했다. 그러므로 남자 혼자서는 하나님을 온전히 알 수 없다. 여자 역시 마찬가지다. 이것은 남자와 여자가 결합함으로써만 가능하다. 부부가 된 남자와 여자는 배우자를 통해 자신에게는 없는 하나님의 형상을 발견해 감으로써, 남자와 여자의 형상을 동시에 지니신 하나님을 온전히 만나게 되는 것이다. 그래서 하나님께서는 남자와 여자를 짝지어 부부 되게 하셨다. 결혼의 신비로움이 바로 여기에 있다.

창조 때로부터 사람을 남자와 여자로 지으셨으니 이러므로 사람이 그 부모를 떠나서 그 둘이 한 몸이 될지니라 이러한즉 이제 둘이 아니요 한 몸이니 그러므로 하나님이 짝지어 주신 것을 사람이 나누지 못할 지니라(막 10:6-9).

이 세상에는 수많은 남자와 여자가 있다. 하나님께서 그 많은 사람들, 그 많은 가능성 속에서 유독 지금의 배우자와 부부 되게 하신 것은, 그 사람을 통해서만 그대의 삶 속에 하나님의 형상이 온전히 회복될 수 있기 때문이다. 다른 사람으로는 안 된다. 오직 현재의 배우자로만 가능하다. 그러므로 지금 그대가 배우자로 인해 말할 수 없는 고통을 겪고 있다면, 그 고통 없이는 그대의 모난 마음이 갈아지지 않기 때문이다. 하나님께서는 그대의 배우자를 도구 삼아 그대의 모난 마음을 찢고 가심으로, 그대의 삶 속에 하나님의 형상을 회복시켜 주고 계신다. 생각해 보라. 그대의 배우자로 인해 그대의 마음이 그토록 찢어지지 않았던들, 어찌 그대가 지금처럼 하나님만 의지하는 그리스도인이 될 수 있었겠는가? 과연 그대가 기도하려 했겠으며 말씀을 붙잡으려 했겠는가? 그것이야말로 그대의 배우자와 부부 되었음이 하나님의 역사라는 증거다.

그대의 배우자로 인해 더 이상 고통스러워만 하지 말라. 오히려 피할 수 없는 상황을, 그대 자신을 하나님의 형상으로 더욱 회복시켜 가는 기회로 삼으라. 그대가 정녕 변화되었을 때, 하나님께서 그대의 배우자를 책임져 주심을 믿으라. 그대가 훈계함으로 그대의 배우자를 '사람'으로 만들 수 있다는 착각을 버리라. 그대의 훈계만으로는 그대의 몸으로 낳은 '자기 자식'도 바로 세울 수 없거늘, 어찌 그 훈계가 이미 성인 된 '남의 자식'을 바꿀 수 있겠는가? 오히려 정반대의 결과만 초래할 뿐이다. 먼저 그대가, 그대를 사랑하시고 그대의 체질을 아시는 하나님께서 지금의 배우자 주셨음의 의미를 깊이 깨달아 그대 자신을 믿음으로 바르게 가꾸어 갈 때, 그대의 삶을 통로로 삼아 하나님께서 그대의 배우자를 반드시 책임져 주실 것이다. 이것이 그대의 배우자와 한 몸 되게 하신 하나님의 뜻이다. 그대가 그대의 배우자와 부부 되었음은, 어떻게 생각해도, 그대를 향한 하나님의 은총이요 사랑이시다.

남편

이미 보도된 바와 같이, 응답한 여자의 70퍼센트가 남편과 이혼하기를 원하거나 생각해 본 적이 있고, 60퍼센트는 다시 태어날 경우 현재의 남편과는 절대로 결혼하지 않겠다고 응답한 그 설문 조사에서, 유독 그대의 아내만은 예외일 것이라고 착각하지 말라. 참으로 한심한 사실은 그렇게 응답한 주부를 아내로 둔 남편 거의 모두가, 자신의 아내가 이혼을 꿈꾸고 있음을 상상조차 못하고 있다는 것이다. 놀라지 말라. 응답자 가운데 한 사람은 그대의 아내인지도 모른다. 그대가 이제껏 단 한 번도 남편으로서 남편다운 도리를 다한 적이 없는데, 그대의 아내가 목석이 아닌 바에야 그대와의 결별을 생각해 보는 것은 너무나 당연하지 않겠는가? 부끄러운 고백이지만 내 아내가 나로 인해 죽음을 생각하던 순간에도 나는, 나 자신이 이 세상에서 가장 이상적인 남편이라 착각하고 있었다.

그대가 그리스도 앞에 진정으로 바로 서기 전까지는, 그대가 얼마나 형편없는 남편인지 그대 스스로는 알 도리가 없다. 그러므로 그대가 끝내 그리스도 앞에 바로 서지 않으면, 그대는 천하를 주고도 다시 얻지 못할 그대의 현숙한 아내를 잃을지도 모른다.

> 여호와 하나님이 이르시되 사람이 혼자 사는 것이 좋지 아니하니 내가 그를 위하여 돕는 배필을 지으리라 하시니라(창 2:18).

하나님께서는 남자를 위한 '인형'이나 '종'의 목적으로 남자에게 여자를 주신 것이 아니다. 남자를 '돕는 배필'로 남자에게 여자를 주셨다. 이것은, 남자는 여자의 도움 없이는 그 인생을 결코 완성할 수 없는 불완전한 존재임을 의미한다. 남자 홀로 자기 인생을 완성할 수 있다면, 하나님께서 구태여 남자에게 돕는 배필을 따로 지어 주시지는 않았을 것이다. 남자의 인생은 오직 여자의 도움 속에서만 결실되는 것이다.

아침에 일어난 카이사르에게 아내가 원로원에 나가지 말라고 말했을 때, 카이사르는 반드시 아내의 말을 들었어야 했다. 그러나 카이사르는 아내의 말을 '암탉 우는 소리'쯤으로 하찮게 여기고 나갔다가 바로 그날, 그가 그토록 믿었던 사람들에 의해 무참하게 난도질당해 죽고 말았다. 카이사르는 중요한 한 가지 사실을 모르고 있었다. 그의 아내가 비록 로마의 정치에 관하여는 문외한이지만, 그러나 남편인 자신을 본능적으로 도울 수 있는 능력이 아내에게 있다는 사실을 말이다. 아내의 말 한마디가, 자신이 믿는 수많은 사람들의 백마디보다도 자신에게 더 유익하다는 것을 말이다. 카이사르가 이 중요한 사실을 알았던들 그처럼 비극적인 종말을 맞지는 않았을 것이다.

> 그들이 모였을 때에 빌라도가 물어 이르되 너희는 내가 누구를 너희에게 놓아 주기를 원하느냐 바라바냐 그리스도라 하는 예수냐 하니 이는 그가 그들의 시기로 예수를 넘겨 준 줄 앎이더라 총독이 재판석에 앉았을 때에 그의 아내가 사람을 보내어 이르되 저 옳은 사람에게 아무 상관도 하지 마옵소서 오늘 꿈에 내가 그 사람으로 인하여 애를 많이 태웠나이다 하더라(마 27:17-19).

빌라도 총독이 예수님을 재판하기 위하여 재판석에 앉았을 때다. 그의 아내가 사람을 보내어, 의로운 예수에게 행여 잘못된 선고를 하지 말 것을 당부하였다. 그러나 민중의 위세에 눌린 빌라도는 아내의 말을 묵살하고 예수에게 사형을 선고했다. 빌라도 역시, 자신을 도울 수 있는 능력이 아내에게 있음을 알지 못했다. 그것을 알았던들 '사도신경' 고백을 통하여 "본디오 빌라도에게 고난을 받으사 십자가에 못박혀 죽으시고"라는 그리스도인들의 고발을 지금까지도 당하고 있지는 않을 것이다. 이 사도신경 고백은 지난 2천 년 동안 세계의 모든 그리스도인에 의해 행해져 왔고, 앞으로도 이 세상 끝날까지 계속될 것이다. 빌라도 개인은 물론이요, 그 후손들에게도 치욕적인 수모가 아닐 수 없다.

그대 아내의 도움 있음에 그대의 인생은 비로소 완성된다. 어떤 의미에서든, 한 분야의 정상을 차지한 사람들은 모두 아내의 도움을 겸손히 받은 사람들이다. 아내의 도움은 손발의 도움을 초월한다. 아내는 타고난 '본능'으로, 그대만을 향한 '마음'으로, 마름이 없는 '사랑'으로, 그리고 무엇보다도 믿는 아내는 하나님께서 주신 '지혜'로 그대를 돕는다. 그래서 그 도움은 그대의 아내 외의 사람으로부터는, 이 세상 그 누구로부터도 오지 않는다.

무엇에 관해서든 아내와 대화를 나누라. 그대의 아내가 그대의 하는 일에 대하여 전혀 문외한일지라도, 지나치는 아내의 말 속에 그대를 위한 결정적인 조언이 들어 있을 것이다. 그대의 아내는 그대를 위한 '돕는 배필'로 하나님께서 그대에게 주신 선물이기 때문이다. 그대의 아내를 명실공히 인생의 동반자로 삼으라. 그때 그대가 무엇을 하든, 그대의 아내는 그대 삶에 대하여 말할 수 없는 긍지와 자부심을 가질 것이다. 그대의 인생이 곧 아내 자신의 인생이 되었기 때문이다. 그러나 만약 그렇게 하지 않을 경우, 그대가 성공하면 할수록 아내는 그대로부터 점점 멀어질 것이다. 그 성공은 아내 자신과는 아무 상관도 없는 남의 성공일 뿐만 아니라, 성공에 미친 그대는 철저하게 비가정적일 것이기 때문이다. 그대의 아내는 그대의 명령대로 움직이는 그대의 종이 아니라, 그대로부터 인생 동반자로 인정받기 원하는 '살아 있는 인격'이다.

> 여호와 하나님이 아담을 깊이 잠들게 하시니 잠들매 그가 그 갈빗대 하나를 취하고 살로 대신 채우시고 여호와 하나님이 아담에게서 취하신 그 갈빗대로 여자를 만드시고 그를 아담에게로 이끌어 오시니 (창 2:21-22).

하나님께서 남자에게서 취하신 갈빗대로 여자를 만드셨다. 갈빗대 아래에는 심장과 허파가 있다. 바로 생명이다. 갈빗대 없이는 생명이 보장되지 않는다. 갈빗대는 뼈 중에서도 가장 중요한 뼈다. 그처럼 생명을 보호하는 중요한 뼈로 여자를 만드셨다. 남자가 반드시 여자를 사랑하여야 할 까닭이 여기에 있다. 남자가 여자를 사랑하는 것은 바로 자기 생명을 사랑하는 것이다. 여자는 남자의 생명이기 때문이다. 그래서 여자를 보자마자 아담은 다음과 같이 외쳤다.

> 여호와 하나님이 아담에게서 취하신 그 갈빗대로 여자를 만드시고 그를 아담에게로 이끌어 오시니 아담이 이르되 이는 내 뼈 중의 뼈요 살 중의 살이라(창 2:22-23a).

'내 뼈 중의 뼈요 살 중의 살'이란, '내 생명 중의 생명'이란 뜻이다. 그대가 그대의 아내를 사랑해야 하는 것은, 아내를 사랑함이 바로 그대 자신을 사랑하는 것이기 때문이다. 그대의 아내는 반사경이다. 그대가 사랑을 주면 그 사랑을 되돌려 주고, 그대가 무관심을 보내면 바로 그 무관심으로 되갚는다. 그대의 아내는 마치 팝콘 기계와도 같은 증폭기다. 그대가 사랑을 넣으면 그 사랑을 두 배 세 배 키워서 되돌려 주지만, 무관심을 넣으면 두 배 세 배 증폭된 무관심을 뱉어 낸다. 증폭된 무관심은 곧 증오임을 그대는 아는가? 그대의 아내는 사랑을 먹고 자라는 초원이다. 그대가 사랑의 단비를 쏟을 때 갖가지 꽃과 열매를 거두어 내지만, 그대가 무관심으로 일관할 때 이내 황폐해져 있던 것마저 말라비틀어져 버리고 만다. 아내보다 자기를 더 사랑하는 것이 자기 자신을 위하는 것인 줄 아는 남자는, 그래서 가장 유치하고 어리석은 인간이다. 오직 지혜로운 남자만 아내를 사랑한다.

> 이와 같이 남편들도 자기 아내 사랑하기를 자기 자신과 같이 할지니 자기 아내를 사랑하는 자는 자기를 사랑하는 것이라(엡 5:28).

생각해 보라. 그대의 아내에게는 피를 나눈 부모형제가 있다. 그대가 그대의 부모형제를 사랑하듯이, 그대 아내 또한 자신의 부모형제를 사랑한다. 그대에게 그대의 부모형제가 소중한 것처럼, 그대의 아내에게도 자신의 부모형제는 생명처럼 소중하다. 그런데 그대의 아내는 왜 피를 나눈 그들을 떠나, 피 한 방울 섞이지 않은 그대를 따라왔는가? 그대의 아내에게도 꿈이 있었고 정말, 정말 하고픈 일이 있었다. 그 모든 것을 주저 없이 포기하고 그대를 따라나선 이유가 도대체 무엇인가? 그대의 아내에게도 인간으로서의 자존심이 있고 체면이 있다. 그럼에도 자기의 성姓까지 버리고 그대의 호적에 올라 아무개 부인으로 불리는 이유가 무엇인가? 그 이유는 단 하나이고, 그대는 이미 그 답을 알고 있다. 오직 그대의 사랑, 그대가 반드시 주겠다고 그토록 굳게 약속했던 사랑 때문이다. 그 사랑을 믿고, 그 사랑을 위해, 아내는 자신의 모든 것을 아낌없이 버렸다. 그러나 그대는 그 사랑의 약속을 어겼다. 아내는 배신당한 것이다. 그대의 아내는 천사가 아니다. 그대의 아내는 그대처럼 감정을 지닌 인간이다. 배신감이 증오심을 잉태하는 것은 당연한 법칙이고, 그것은 고스란히 그대에게로 되돌아간다. 모든 것이 그대의 자업자득이다.

그대는 그대가 바쁘기 때문에 아내에게 관심을 갖지 못하는 것일 뿐 사랑하지 않는 것은 아니라고, 아니 여전히 아내를 사랑한다고, 그대가 그토록 바쁜 것도 다 아내를 위함이라고 말할 것이다. 그러나 그것은 진실이 아니다. 사랑은 관심이다. 사랑하면 관심을 표하지 않고는 못 배긴다. 관심은 시간이다. 관심이 있는 곳에는 반드시 시간이 따라가기 마련이다. 그대가 아내와 교제할 때를 생각해 본다면, 그대가 지금 거짓말을 하고 있음을 깨닫게 될 것이다. 그대는 그대 자신에게 솔직해야 한다.

그대가 아내에게 무관심한 것은 그대가 바쁘기 때문이 아니라, 실은 그대에게 아내보다 더 귀한 것이 생겼기 때문이다. 그것이 운동일 수도 있고, 친구일 수도 있고, 사업일 수도 있고, 취미일 수도 있다. 그러나 곰곰이 생각해 보라. 만약 그대가 내일이라도 중병에 걸려 영영 병상에 누워 있어야 할 처지가 된다면, 도대체 누가, 무엇이 끝까지 그대와 함께하겠는가? 6개월이 지나기도 전에, 그대가 그토록 기다리는 그대의 친구들은 그대를 기억조차 않을 것이다. 그들이 그대를 다시 생각한다면, 그것은 그들이 그대의 부고장을 받았을 때일 것이다. 그대의 사업도, 그대의 취미도, 더 이상 그대의 벗이 되어 주지 않는다. 이 세상 모든 것이 그대를 버리고 떠나도, 끝까지 그대 곁을 지키고 있을 사람은 오직 한 사람, 그대의 아내밖에 없다. 그대가 이 세상을 떠나 관 속에 눕는 날, 그대의 죽음을 진심으로 슬퍼할 사람도 그대의 아내뿐이다. 그리고 이 세상에 남아, 그대가 못다 이룬 뜻을 자식들의 삶 속에 심어 줄 사람도 그대의 아내밖에 없다.

그대는 지금부터 진정으로 아내를 사랑해야 한다. 그대가 아내 사랑하기를 멈추지 않을 때, 아내는 그대의 사랑에 자신의 생명으로 보답할 것이다. 그대의 아내는, 오직 그대의 그 사랑 때문에, 모든 것을 버리고 그대를 따라나선, 그대의 '뼈 중의 뼈요 살 중의 살'이기 때문이다.

> 남편들아 아내 사랑하기를 그리스도께서 교회를 사랑하시고 그 교회
> 를 위하여 자신을 주심같이 하라(엡 5:25).

아내

> 여호와 하나님이 이르시되 사람이 혼자 사는 것이 좋지 아니하니 내
> 가 그를 위하여 돕는 배필을 지으리라 하시니라(창 2:18).

그대는 남편을 '돕는 배필'로 지어졌다. 그러므로 무엇으로 어떻게 돕느냐에 따라 그대 남편의 인생이 달라지고, 그 영향은 바로 그대 자신에게 미친다. 그대와 그대의 남편은 한 몸이기 때문이다. 그대가 먼저 말씀으로 그대 자신을 채우지 않으면, 그대는 절대로 남편을 바르게 도울 수 없다.

그대의 몸속에는 남편과 자신을 동시에 망친 하와의 피가 흐르고 있기 때문이다.

> 여자가 그 나무를 본즉 먹음직도 하고 보암직도 하고 지혜롭게 할 만큼 탐스럽기도 한 나무인지라 여자가 그 열매를 따먹고 자기와 함께 있는 남편에게도 주매 그도 먹은지라(창 3:6).

생각해 보라. 하와가 하나님의 말씀 앞에 바로 서 있었던들 남편의 일생은 영광스러웠을 것이다. 그러나 하와는 하나님의 말씀보다 자신의 욕망을 따랐다. 그래서 하나님께서 금하신 선악과로 남편을 도왔다. 그 결과는 그대도 잘 알고 있다. 그녀의 남편은 파멸했고, 그것은 곧 그녀 자신의 파멸을 의미했다. 그러나 그것은 끝이 아니었다. 여자들이 하나님의 말씀을 저버림으로 자기 남편의 인생을 망쳐 가는 서곡에 불과했다.

> 아브람의 아내 사래는 출산하지 못하였고 그에게 한 여종이 있으니 애굽 사람이요 이름은 하갈이라 사래가 아브람에게 이르되 여호와께서 내 출산을 허락하지 아니하셨으니 원하건대 내 여종에게 들어가라 내가 혹 그로 말미암아 자녀를 얻을까 하노라 하매 아브람이 사래의 말을 들으니라(창 16:1-2).

나이 들어서까지 아이가 없던 아브람(아브라함의 옛 이름) 부부에게 하나님께서 분명히 자식을 주신다고 약속하셨건만, 사래(사라의 옛 이름)는 노년에 자식 없는 남편을 돕는다며 자신의 몸종 하갈을 남편에게 첩으로 주었다. 그로 인해 하갈의 몸에서 태어난 이스마엘의 후손들과 그 이후 사래의 몸에서 태어난 이삭의 후예들은, 다시 말해 아랍인들과 이스라엘인들은 오늘도 서로 피를 흘리며 싸운다. 남편 잘못 도운 탓에 후손의 삶까지 망쳤다. 하나님의 말씀을 경홀히 여긴 결과다.

> 그의 아내 이세벨이 그에게 이르되 왕이 지금 이스라엘 나라를 다스리시나이까 일어나 식사를 하시고 마음을 즐겁게 하소서 내가 이스르엘 사람 나봇의 포도원을 왕께 드리리이다 하고 아합의 이름으로 편지들을 쓰고 그 인을 치고 봉하여 그의 성읍에서 나봇과 함께 사는 장로와 귀족들에게 보내니 그 편지 사연에 이르기를 금식을 선포하고 나봇을 백성 가운데에 높이 앉힌 후에 불량자 두 사람을 그의 앞에 마주 앉히고 그에게 대하여 증거하기를 네가 하나님과 왕을 저주하였다 하게 하고 곧 그를 끌고 나가서 돌로 쳐죽이라 하였더라(왕상 21:7-10).

이스라엘 아합 왕의 아내 이세벨은 철저하게 자기 욕망만으로 남편을 잘못 도운 대표적인 여인이다. 포도원을 갖기 원하는 남편을 돕겠다며 자신이 나서 포도원 주인을 살해해 버릴 정도였다. 결국 아합 왕은 이세벨의 그릇된 도움 때문에 이스라엘 역사상 가장 패역한 왕으로 전락했고, 죽은 뒤에는 개들이 그의 피를 핥았다. 더욱이 이세벨 자신이 신하에게 살해되었을 때에는, 개들이 그녀의 시체를 아예 뜯어먹어 버렸다. 하나님의 말씀을 떠나 남편을 그릇 도운 무서운 결과였다.

지혜로운 여인은 자기 집을 세우되 미련한 여인은 자기 손으로 그것을 허느니라(잠 14:1).

이것은 솔로몬의 고백이다. 솔로몬은 3천 년 전의 왕으로, 삼권을 장악한 절대 권력자였다. 그는 자신의 권력으로 무엇이든 마음대로 할 수 있었다. 그러나 자신의 권력이나 군대로 가정을 바르게 세울 수 있었노라고 고백하지 않았다. 가정이 남자의 손에 달렸다고도 말하지 않았다. 한 가정의 흥망성쇠는 전적으로 여자에게 달려 있음을 겸손하게 고백하였다. 여자의 바른 도움 없이는 결코 가정이 바로 설 수 없음을 경험으로 터득했기 때문이다. 수치스럽게도 그는 한때 탕아와 같은 삶을 산 적이 있었다. 처첩이 1천 명에 달했다. 그 여인들 중에는 이웃 나라 공주도 있었고, 절세미인도 있었고, 지성이 출중한 여인도 있었겠지만, 그러나 그 누구도 자신의 가정을 바로 세워 주지는 못했다. 솔로몬은 그 어둠의 세월을 거쳐서야 비로소, 오직 지혜로운 여자만 가정을 바로 세울 수 있음을 깨달았다. 그가 말하는 지혜로운 여자란 하나님을 경외하는 여자를 의미한다. 왜 하나님을 경외하는 여자만 가정을 바로 세울 수 있는가? 그 여자만 남편을 바르게 도울 수 있기 때문이다. 그래서 여호와를 경외하는 여자만 참된 칭찬을 받는다.

고운 것도 거짓되고 아름다운 것도 헛되나 오직 여호와를 경외하는 여자는 칭찬을 받을 것이라 그 손의 열매가 그에게로 돌아갈 것이요 그 행한 일로 말미암아 성문에서 칭찬을 받으리라(잠 31:30-31).

그대가 정말 그대의 남편을 사랑한다면, 그대가 정녕 남편을 바르게 돕는 '돕는 배필'이 되기를 원한다면, 그대는 솔로몬이 말한 것처럼 진정으로 하나님을 경외하는 여자가 되어야 한다. 그분의 말씀으로, 그분의 지혜로, 먼저 그대를 채워야 한다. 그대가 진리 안에 먼저 서야 한다. 그대가 바로 서는 한, 그대의 남편은 한평생 청렴하고 의로울 수 있으며, 언제나 정도를 걷는 진리의 사람일 수 있다. 말씀 안에 바로 선 그대는 선악과를 따 먹는 하와가 아니라, 그리스도를 잉태하는 마리아일 것이기 때문이다.

내가 그를 위하여 돕는 배필을 지으리라(창 2:18b).

그대는 남편을 '돕는 배필'이다. 그러므로 그대 인생 또한 홀로서는 완성될 수 없다. 그대가 '돕는 배필'이기에 그대 없이는 남편의 인생이 홀로 완성될 수 없듯이, 그대는 '돕는 배필'이므로 남편과 함께하지 않고서는 그대 인생의 완성 역시 불가능하다. 그대가 '돕는 배필'인 까닭에 그대 인생은, 남편을 도움으로 남편의 인생과 더불어 완성되는 것이다. 어떤 면에서는 그대의 능력이 남편보다 월등히 뛰어나고, 그대의 수입이 남편보다 많을 수도 있다. 그럴지라도 그대 인생의 참된 완성은 남편의 인생과 더불어서만 거두어짐을 잊어서는 안 된다. 남편을 도외시하고 이른바 사회적으로 출세한 여성이 없는 것은 아니나, 대개의 경우 가정적으로는 행복하지 못하다. 남녀를 불문하고 인간의 참된 행복은 자리지킴에 있음을 잊어서는 안 된다. 하나님께서 창조하신 여자를 처음 본 아담의 말을 성경은 계속해서 다음과 같이 증거한다.

아담이 이르되 이는 내 뼈 중의 뼈요 살 중의 살이라 이것을 남자에게서 취하였은즉 여자라 부르리라 하니라(창 2:23).

아담은 여자를 보는 즉시 '여자'란 이름을 지어 주었다. 에덴을 창조하시고 아담을 먼저 만드신 하나님께서는 아담에게 모든 피조물의 이름을 짓게 하셨다. 이름은 아무나 짓지 못한다. 대상의 속성과 그 속에 깃들어 있는 하나님의 섭리를 알아야 한다. 하나님께서 아담에게 그 일을 맡기셨다는 것은, 아담에게 그 일을 하기에 필요한 능력을 주셨음을 의미한다. 아담은 여자를 '여자'라 이름 지었다. '여자'란 단어 '이샤ㄲ'의 의미는 '여자'인 동시에 '아내'이다. 그러므로 아담이 여자를 '이샤'라 부른 것은 '아내'라 불렀다는 뜻이기도 하다. 바꾸어 말하면 아담은, '여자'는 '아내'가 되는 것이 하나님의 창조의 섭리임을 꿰뚫어 본 것이다.

그대가 독신주의자라면 모르되 기혼자라면, 그대의 참된 행복은 아내의 자리를 지키는 데 있음을 명심해야 한다. 오늘날의 사회는 능력 있는 여성의 사회 참여를 요구한다. 할 수 있다면 과감하게 사회 속으로 뛰어들라. 그대의 모든 재능을, 더불어 사는 사회를 위하여 마음껏 발휘하라. 쌓을 수 있는 업적을 힘껏 쌓으라. 그러나 어떤 경우에도 아내의 자리를 넘어서지는 말라. 아내의 자리를 지키면서 그 일을 이루라. 그대의 남편과 더불어 그대의 행복은 날이 갈수록 살찔 것이요, 그 행복이야말로 그대 자녀들에게 남겨 줄 향기로운 유산이 될 것이다.

아내들이여 자기 남편에게 복종하기를 주께 하듯 하라 이는 남편이 아내의 머리 됨이 그리스도께서 교회의 머리 됨과 같으니 그가 바로 몸의 구주시니라 그러므로 교회가 그리스도에게 하듯 아내들도 범사에 자기 남편에게 복종할지니라(엡 5:22-24).

부모

하나님께서는 자식을 먼저 만들지 않으셨다. 먼저 창조된 것은 부모다. 부모에 대한 자식의 효도가 있기 전에, 자식에 대한 부모 사랑이 먼저 있었던 것이다. 그 사랑에 대한 보답이 자식의 효도로 그대에게 되돌려지는 것이다. 그러므로 그대는 자식의 효도를 강조할 것이 아니라, 자식에 대한 그대 자신의 사랑을 늘 살피고 점검해야 한다. 부모의 진실한 사랑은 아무 말을 하지 않아도 자식의 자발적인 효도를 부른다. 자식을 그대의 소유로 생각하는 한, 그대는 결코 그대의 자녀에게 참된 사랑을 줄 수 없다. 자식을 자기 소유로 생각하는 부모의 마음속에 담긴 것은 이기심밖에 없고, 부모의 이기심은 언제나 자식을 병들게 한다.

> 그 일 후에 하나님이 아브라함을 시험하시려고 그를 부르시되 아브라함아 하시니 그가 이르되 내가 여기 있나이다 여호와께서 이르시되 네 아들 네 사랑하는 독자 이삭을 데리고 모리아 땅으로 가서 내가 네게 일러 준 한 산 거기서 그를 번제로 드리라(창 22:1-2).

하나님께서는 아브라함을 믿음의 조상으로 선택하셨다. 바른 조상이 되기 위해서는 먼저 자식을 바르게 사랑할 수 있어야 했다. 그래서 하나님께서 아브라함에게 100세에 얻은 아들 이삭을 하나님께 번제로 바치도록 하셨다. 번제란 이미 배웠듯이 제물의 안과 밖을 송두리째 태워 하나님께 바치는 제사다. 사랑하는 독자 이삭을 그렇게 바치라는 것이다. 그러나 실제로 아브라함이 이삭을 번제로 바치려 했을 때 하나님께서 제지하셨다. 하나님께서는 단지 그 과정을 통해 아브라함이, 이삭은 자신의 소유가 아니라 하나님의 소유임을 확인하기를 원하셨던 것이다. 자기 자식이 하나님의 소유임을 깨닫는 사람만 자기 이기심이 아닌, 하나님의 말씀과 하나님의 사랑으로 자식을 바르게 키우고 사랑할 수 있다.

만약 대통령이 그의 자녀를 몇 년 동안 그대에게 맡겼다고 하자. 그대의 임의대로 대통령의 자녀를 키우겠는가? 그대가 음악을 좋아한다는 이유만으로 그 아이를 음악가로 만들려 하겠는가? 결코 아닐 것이다. 그대는 무엇을 결정해야 할 때마다 언제나 대통령의 뜻을 먼저 물을 것이다. 나중에 대통령으로부터 원망받지 않으려 항상 스스로 주의할 것이다. 그대는 그 아이에게 그대 자신을 보여 주려는 대신, 대통령의 대리인으로서 대통령의 사랑과 관심을 보여 주려 애쓸 것이다. 그 아이는 대통령의 자녀이기 때문이다. 그대는 반드시 그렇게 할 것이다.

그대가 잊어서는 안 될 것이 있다. 그대에게 맡겨진 그대 자녀들은 대통령의 자녀보다 훨씬 더 귀한 하나님의 자녀들이다. 그대가 그 자녀를 맡은 기간이 얼마 동안인지는 아무도 모른다. 오직 하나님만 아신다. 그 기간 동안, 그대는 무엇을 결정하든 하나님의 뜻을 먼저 물어야 한다. 하나님께서 당신의 자녀를 찾으실 때 꾸지람 받을 일은 아예 하지 말아야 한다. 그대는 그대 자녀에게 그대 자신을 보여 주려 해서는 안 된다. 하나님의 자녀를 맡은 하나님의 대리인으로서 그대는 언제나 하나님을 보여 주어야 한다. 그대는 그대 자녀들이 볼 수 있는, 눈에 보이는 하나님의 사랑이 되어야 한다. 눈에 보이는 하나님의 정의여야 한다. 그대의 자녀들은 그대를 통하여 그들의 하나님 아버지를 날마다 만날 수 있어야 한다. 이것이 그대가 그대 자녀에게 줄 수 있는 참 사랑이다.

아비들아 너희 자녀를 노엽게 하지 말지니 낙심할까 함이라(골 3:21).

하나님께서 그대에게 그대의 자녀를 노엽게 하지 말라고 명령하신다. 그대는 그대의 자식이 아직 어려서 비록 표현은 못하지만, 마음속으로 언제 그대에 대해 격노하는지 알고 있는가? 그대가 대통령의 자녀를 맡았을 경우, 그 아이를 대통령의 자녀로가 아니라 그대 마음에만 흡족한 그대의 자녀로만 키우려 할 때 대통령의 자녀는 분노할 것이고, 그 아이의 아버지인 대통령 또한 격노할 것이다. 그대가 자녀를 하나님의 자녀로가 아니라 그대의 욕망을 좇아 그대 마음에만 드는 그대의 자녀로만 키우려 할 때, 그래서 일방적으로 그대의 생각만을 강요하고 주입시키려 할 때, 그대의 자녀는 격노하는 법이다. 이 격노가 처음에는 겉으로 드러나지 않더라도, 자녀의 마음속에 쌓여 가는 격노는 언젠가는 그대를 향해 반드시 드러나게 된다. 누적된 격노는 무례를 낳고, 무례는 그대의 도덕교육으로는 제거되지 않는다. 오히려 더 큰 반발만 초래할 뿐이다. 자식이 무례하게 되는 것은 절대로 그 자식의 잘못이 아니다. 자식의 분노를 거듭하여 초래한 그대의 잘못이다. 그래서 그대는 그대의 자녀를 하나님의 자녀로 양육해야 한다.

또 아비들아 너희 자녀를 노엽게 하지 말고 오직 주의 교훈과 훈계로 양육하라(엡 6:4).

그대 자신의 훈계로는 안 된다. 그대가 아무리 미화해도 그대 자신의 훈계는 그대 이기심의 소산물이다. 그것은 도리어 자녀를 병들게 한다. 그래서 반드시 주님의 교훈과 훈계로 양육해야 한다.

그대가 자녀를 위하여 해야 할 것은 결코 자녀의 전준 인생을 책임지는 것이 아니다. 이 세상에 더 오래 살아 있을 사람은 그대가 아닌 그대 자녀임이 분명하므로, 그대가 자녀의 전 인생을 책임지려 해도 그것은 불가능하다. 단지 그대는, 자녀의 인생 중 한 부분을 자녀와 함께 살아가는 것이다. 그 기간 중 그대가 해야 할 것은 자식으로 하여금 세상을 바르게 인식하는 '바른 눈'과, 바른 길을 걸으려는 '바른 마음'을 갖게 하는 것이다. 이것이 그대의 사명이다. 나머지는 하나님께서 책임지신다. 그대에게 그대의 세계가 있듯이, 자녀들에게는 하나님께서 주신 그들의 세계가 따로 있다. 이것이 그대가 말씀과 함께하는 진실한 그리스도인이 되어야 하는 까닭이다.

주님의 말씀만이 자녀에게 '바른 눈'을 열어 주고 '바른 마음'을 일구어 준다. 그대의 자녀가 지금은 말씀의 의미와 가치를 알지 못한다 해도 염려할 필요는 없다. 그대 자신이 진리의 말씀을 좇아 살아가는 삶의 궤적을 남겨 가는 한, 그 궤적은 그대 자녀를 말씀에 연결시켜 주는 고리가 되어, 그대 자녀로 하여금 반드시 그리스도의 눈과 마음을 갖게 할 것이다. 진실로 그대가 진리를 좇는 삶의 족적을 남기는 참된 그리스도인이 되는 것보다 더 큰 자녀 사랑은 없다. 말씀의 족적을 남기는 진실한 그리스도인을 부모로 둔 그대의 자녀는 참으로 행복하다.

이스라엘아 들으라 우리 하나님 여호와는 오직 유일한 여호와이시니
너는 마음을 다하고 뜻을 다하고 힘을 다하여 네 하나님 여호와를
사랑하라 오늘 내가 네게 명하는 이 말씀을 너는 마음에 새기고 네

자녀에게 부지런히 가르치며 집에 앉았을 때에든지 길을 갈 때에든지 누워 있을 때에든지 일어날 때에든지 이 말씀을 강론할 것이며 너는 또 그것을 네 손목에 매어 기호를 삼으며 네 미간에 붙여 표로 삼고 또 네 집 문설주와 바깥문에 기록할지니라(신 6:4-9).

그대의 자녀를 하나님의 말씀으로 양육할 때, 그대가 말씀을 따르는 삶의 궤적을 남기는 것이 선행 조건이다. 자녀는 그대와 밤낮으로 함께 살고 있기에, 그대의 삶이 수반하는 것만 진실로 받아들인다. 그대가 아무리 되풀이해서 강조해도 자녀가 행치 않는 것이 있다면, 그 이유는 그대가 그것을 행치 않는 까닭이다.

하나님께서는 그대가 자녀에게 말씀을 잘 가르칠 뿐 아니라, 말씀의 궤적을 먼저 남기는 사람이 되게끔 말씀을 그대 손목에 매어 기호로 삼고, 그대 미간에 붙여 표를 삼으며, 그대 집 문설주와 바깥문에 기록하라고 명령하신다. 손으로 무엇을 행할 때 그것이 하나님의 뜻에 합당한지 먼저 생각하고, 무엇이든 머리로 결정할 때 그것이 하나님과 무슨 상관이 있는지를 따져 보며, 문을 열고 나갈 때 그대가 말씀의 사람임을 명심하고, 일과 후에 귀가하여 집으로 들어갈 때 그대가 그리스도인임을 다시 상기하라는 의미이다. 진리를 따르는 삶의 궤적은 이렇게 해서 그 자취를 남기는 법이다.

그대의 사랑하는 자녀가 지금까지 그대가 걸어온 길을 그대로 걷기를 원한다면, 그대는 과연 쌍수를 들어 환영하겠는가? 나의 경우는 절대로 그렇게 할 수가 없다. 사랑하는 내 자식들이 내 과거의 길을 그대로 답습하려 한다면, 나는 자식들 앞에 무릎을 꿇고 빌면서라도 막아야만 한다.

내 자식들은 나처럼 젊음을 탕진해서는 안 된다. 내 자식들의 인생은 나처럼 더러운 과거로 얼룩져서는 안 된다. 내 자식들의 인생은 어떤 경우에도 나와는 달라야 한다. 아니, 반드시 나보다 더 나아야 한다. 이것이 내 자식을 향한 나 자신의 솔직한 심정이다. 이 세상 어느 부모의 심정치고 이와 같지 않으랴! 필경 그대도 마찬가지일 것이다.

그러므로 이제 그대는 말씀을 그대 손목에 매어 기호로 삼고, 그대 미간에 붙여 표를 삼으며, 그대의 집 문설주와 바깥문에 기록해야 한다. 그대가 손으로 하는 모든 일을 통해 진리를 보이라. 그대가 그대의 머리로 결정하는 것마다 진리가 드러나게 하라. 아침에 일어나 대문을 나설 때, 그대가 그리스도의 증인임을 마음에 새기고 그대의 하루를 그리스도인으로 시작하라. 저녁에 퇴근하여 대문을 들어서면서 그리스도인인 그대 정체성을 다시 확인함으로, 그리스도 안에서 그대의 하루를 집안에서 마무리하라. 그대가 이와 같은 진리의 삶을 남기는 한, 그대의 자녀들은 절대로 무너지지 않는다. 그대의 말은 사라져도, 그대가 남긴 진리의 족적은 자식들의 삶 속에 영원히 자리 잡을 것이다.

> 이러므로 남자가 부모를 떠나 그 아내와 합하여 둘이 한 몸을 이룰지로다(창 2:24).

하나님께서는 결혼하는 남자에게 부모를 떠나라고 명령하셨다. 시집가는 딸만 부모를 떠나는 것이 아니다. 아들도 부모를 떠나야 한다. 아니, 부모가 떠나보내야 한다. 그대는 이것을 명심해야 한다. 그대의 자식이 결혼하는 날은 그대의 자식을 그대로부터 떠나보내는 날이다. 이것은 경제적인 여건 등이 허락되지 않는데도 무조건 분가해야 한다는 것을 의미하지 않는다. 마음으로부터 독립시켜 주는 것을 의미한다. 많은 부모들이 자식의 결혼을 위해 혼숫감은 열심히 준비하면서도 그보다 더 중요한, 자식을 떠나보내려는 마음의 준비는 전혀 하지 않는다. 그래서 결혼의 기쁨은 잠깐이요, 시간이 지나갈수록 부모와 자식 간에 갈등만 쌓여 간다. 한 가지 분명한 사실은, 결혼한 자식과 부모 사이의 갈등은 부모가 말씀 위에서 먼저 결단하지 않으면 절대로 종식되지 않는다는 것이다.

자식이 결혼하는 날은 소꿉장난의 선포일이 아니라, 자식의 독립을 선포하는 날이다. 그러므로 그대는 진정으로 그대의 자녀에게 자유를 줄 수 있어야 한다. 그날은 그대가 그대의 며느리나 사위를 얻는 날이 아니다. 그날은 그대의 자녀가 자신의 배필과 합하는 날이고, 그 결과 자식의 배필이 그대의 며느리 혹은 그대의 사위가 되는 것이다. 이것을 혼동해서는 안 된다. 결혼한 자식의 삶에 그대가 개입하려 하면 하나님의 개입은 이루어지지 않는다. 그대가 결혼한 자식을 마음으로부터 독립시키는 것은, 자식의 삶 속에 하나님의 개입을 겸손하게 구하는 것이다. 믿음의 부모였던 아브라함이 그의 아들 이삭의 결혼 후, 이삭의 삶에 단 한 번도 개입한 적이 없었음을 잊지 말아야 한다. 그래서 하나님께서 온전히 개입하실 수 있었고, 그 결과 이삭 역시 믿음의 조상이 될 수 있었다.

좋은 부모가 좋은 자식을 만든다. 믿음의 부모가 믿음의 자식을 가꾼다. 말씀의 부모가 말씀의 자식을 가능케 한다. 그대는 어떤 경우에도, 결혼한 자식의 독립에 걸림돌이 되어서는 안 된다. 그대가 결혼한 자식을 그대의 마음으로부터 진정으로 떠나보낼 때, 그대의 자식은 자발적으로 그대에게 더 가까이 다가선다. 이것이 하나님의 법칙이다.

창조 때로부터 사람을 남자와 여자로 지으셨으니 이러므로 사람이 그 부모를 떠나서 그 둘이 한 몸이 될지니라(막 10:6-8a).

자식

네 부모를 공경하라 그리하면 네 하나님 여호와가 네게 준 땅에서 네 생명이 길리라(출 20:12).

이것은 하나님께서 그대에게 주신 십계명 중 다섯 번째 계명이다. 하나님의 명령이라는 말이다. 그대의 부모는 천사도 아니었고 성자도 아니었다. 그대 부모는 단지 인간이었을 뿐이다. 그렇기에 그대 부모에게도 수많은 허물이 있었을 것이다. 그대는 그 모든 허물을 고스란히 기억하고 있다. 부모와 자식은 오랜 세월 함께 살아가는 관계이기에, 차라리 남남이었으면 주지도 받지도 않았을 많은 상처를 부모로부터 받았을 수 있다. 그래서 그대의 마음속에는 부모에 의해 할퀴어진 상처 자국이 아직까지 뚜렷이 남아 있을 수 있다. 그대 부모와 관련하여 기억하고 싶은 것보다 오히려 잊어버리고 싶은 것이 더 많을 수도 있다.

하나님께서 그 모든 사정을 아시기에 그대에게 부모를 존경하라고 명령하지 않으셨다. 부모를 사랑하라고도 명령하지 않으셨다. 부모를 존경하라면 존경하지 못할 자녀들이 분명히 있을 것이다. 부모를 사랑하라면, 자식의 작은 그릇으로는 부모를 사랑할 수 없는 자식들도 틀림없이 있을 것이다. 그래서 하나님께서는 그대에게 부모를 공경하라고 명령하신다. 사랑과 존경 없이도 공경은 가능하기 때문이다. 그대가 이웃의 노인을 사랑하지도 않고 존경하지도 않지만, 그러나 단지 그대보다 긴 인생을 살았다는 이유만으로 그 노인을 공경할 수 있는 것과 마찬가지다. 그대 부모를 공경하라는 하나님의 명령은 그러므로, 그대가 질 수 없는 멍에를 그대에게 지우려는 것이 아니라, 그대를 사랑하시는 하나님의 그대에 대한 사랑의 배려다.

하나님께서 모세에게 주신 십계명은 두 돌판에 새겨져 있었다. 첫 번째 돌판에는 제1계명부터 제4계명까지 기록되어 있었는데, 그것은 하나님과의 관계에 관한 계명들이었다. 제5계명부터 제10계명까지가 수록된 두 번째 돌판에는 사람과의 관계에 대한 계명들이 기록되어 있었다. 그 두 번째 돌판의 첫 번째 명령인 제5계명이 "네 부모를 공경하라"는 것이다. 인간관계에서 가장 중요한 것이 자기 부모를 공경하는 것임을 하나님께서 그런 식으로 천명하신 것이다.

그렇다면 하나님께서 그대에게 무엇보다도 먼저 그대의 부모를 공경할 것을 명령하시는 이유는 무엇인가?

첫째, 자식에게 부모는 '보이지 않는 하나님의, 눈에 보이는 대리인'이기 때문이다.

> 에서가 그의 아버지의 말을 듣고 소리 내어 울며 아버지에게 이르되 내 아버지여 내게 축복하소서 내게도 그리하소서(창 27:34).

> 에서가 아버지에게 이르되 내 아버지여 아버지가 빌 복이 이 하나뿐이리이까 내 아버지여 내게 축복하소서 내게도 그리하소서 하고 소리를 높여 우니(창 27:38).

동생 야곱이 부당한 방법으로 장자의 축복을 가로챘음을 뒤늦게 안 큰 아들 에서가, 아버지 이삭에게 자기에게도 축복해 줄 것을 간청하면서 방성대곡하는 장면이다. 아버지의 축복이 뭐가 그리 대단하다고 에서가 이렇듯 울면서 애원하는가? 그는 아버지가 하나님의 대리인임을 알았기 때문이다.

그대의 자녀가 그대 자녀 아닌 하나님의 자녀이듯이, 그대의 부모는 부모로서의 의미만을 갖고 있는 것이 아니다. 그대 부모는 눈으로 볼 수 없는 하나님의, 눈에 보이는 이 땅의 대리인이다. 그래서 부모를 공경할 수 있는 사람만 하나님을 진정으로 섬길 수 있다.

공경이란 인간의 의무와 관련된 단어이다. 눈에 보이는 그대의 부모에게 공경의 의무를 행하지 않는 그대가 어찌 눈에 보이지 않는 하나님에 대한 의무를 다할 수 있겠는가? 그대 부모의 삶 속에 그대가 이해할 수 없고 마음에 들지 않는 부분이 많다 하여 그대 부모를 공경할 수 없다면, 그대는 그대의 유한함 때문에 하나님을 이해할 수 없을 때마다 하나님으로부터 뒷걸음질 치고 말 것이다. 이것이 그대에게 하나님께서 부모공경의 의무를 명시하는 첫째 이유이다. 어떤 처지, 어떤 상황에서든 눈에 보이는 부모를 공경할 수 있는 사람만이 눈에 보이지 않는 하나님에 대한 도리를 다할 수 있다.

둘째, 그대의 생명이 부모를 통해 왔기 때문이다.

아브라함과 다윗의 자손 예수 그리스도의 계보라 아브라함이 이삭을 낳고 이삭은 야곱을 낳고 야곱은 유다와 그의 형제들을 낳고 유다는 다말에게서 베레스와 세라를 낳고 베레스는 헤스론을 낳고 헤스론은람을 낳고(마 1:1-3).

　그 유명한 예수 그리스도의 족보 첫 부분이다. 이 족보에서 가장 많이 등장하는 단어는 '낳고'라는 단어이다. 부모가 낳지 아니하면, 다시 말해 부모를 통하지 않고서는 절대로 새로운 생명이 존재할 수 없다는 뜻이다. 그래서 예수님에게도 마리아란 어머니가 있지 않았던가?

　지금 그대가 주님과 함께하는 진리의 삶에 감격하며 감사드리고 있다면, 그것은 그대가 생명을 가졌기 때문이다. 그대에게 생명이 없었더라면 전혀 불가능한 일이다. 그러나 그대의 생명은 그대 스스로 얻은 것이 아니다. 하나님께서 그대의 부모를 통하여 그대를 이 땅에 태어나게 하셨다. 만약 하나님께서 다른 부모를 통로로 삼으셨다면, 지금 이 순간 그대는 이 땅에 절대로 존재할 수 없다. 부모가 그대를 위해 생명의 통로가 되어 주었다는 것만으로도 그대는 부모를 공경해야 한다.

　그대는 혹 이렇게 반문할는지 모른다. 그대가 원치도 않았는데 왜 태어나게 했느냐고, 차라리 태어나지 않았더라면 좋을 뻔했다고 말이다. 그러나 그것이 진실이 아니라는 것은 지금 당장 하늘에서 무서운 벼락이 거듭하여 떨어질 경우, 그대가 황급히 숨을 곳을 찾는 것으로 증명될 것이다. 그대가 그만큼 그대의 생명을 소중히 여긴다는 증거다. 살아 있다는 것은 그 자체가 아름답다. 그대는 설령 부모의 삶 속에 존경할 수 없는 부분이 있다 할지라도, 그대에게 아름다운 생명을 전해 준 부모를 공경해야 한다.

　셋째, 그대의 생명이 그대 부모에 의해 양육되었기 때문이다.

　　레위 가족 중 한 사람이 가서 레위 여자에게 장가 들어 그 여자가 임신하여 아들을 낳으니 그가 잘생긴 것을 보고 석 달 동안 그를 숨겼으나 더 숨길 수 없게 되매 그를 위하여 갈대 상자를 가져다가 역청과 나무 진을 칠하고 아기를 거기 담아 나일 강가 갈대 사이에 두고 그의 누이가 어떻게 되는지를 알려고 멀리 섰더니 바로의 딸이 목욕하러 나일 강으로 내려오고 시녀들은 나일 강가를 거닐 때에 그가 갈대 사이의 상자를 보고 시녀를 보내어 가져다가 열고 그 아기를 보니 아기가 우는지라 그가 그를 불쌍히 여겨 이르되 이는 히브리 사람의 아기로다 그의 누이가 바로의 딸에게 이르되 내가 가서 당신을 위하여 히브리 여인 중에서 유모를 불러다가 이 아기에게 젖을 먹이게 하리이까 바로의 딸이 그에게 이르되 가라 하매 그 소녀가 가서 그 아기의 어머니를 불러오니 바로의 딸이 그에게 이르되 이 아기를 데려다가 나를 위하여 젖을 먹이라 내가 그 삯을 주리라 여인이 아기를 데려다가 젖을 먹이더니 그 아기가 자라매 바로의 딸에게로 데려가니 그가 그의 아들이 되니라 그가 그의 이름을 모세라 하여 이르되 이는 내가 그를 물에서 건져내었음이라 하였더라(출 2:1-10).

이스라엘 백성이 이집트에서 노예살이 할 때, 사내아이가 태어나면 모두 죽이라는 이집트 왕의 명령이 있었음에도 한 여인이 목숨을 걸고 자기 아들을 살려 내는 장면이다. 그 여인은 믿음으로 아이의 목숨을 건졌을 뿐 아니라 지혜로, 공주의 양아들이 된 아이를 다시 자기 품에 품고 자기 젖으로 양육하였다. 그 아이가 커서 자기 백성을 이집트의 노예살이에서 해방시키는 모세가 되었다. 모세는 절대로 저 혼자 모세가 된 것이 아니다. 부모의 목숨을 건 사랑과 헌신 속에서 모세로 양육된 것이다. 바로 이것은 우리 모두의 이야기다.

그대가 홀로 서기까지 그대 부모의 손길이 얼마나 많이 있어야 했는지
는, 그대가 그대의 자녀를 키워 봄으로 이미 알았거나 알게 될 것이다. 그
대가 그대의 자녀 때문에 밤잠을 설치고서도 이튿날 하루 종일 아이에게
매여 있어야 하는 것과 똑같은 과정을 거치면서 그대의 부모는 그대를 양
육하였다. 그때는 지금과는 비교할 수 없을 정도로 모든 것이 척박하던
시절이었다. 그대를 양육하는 것도 그만큼 어려웠다는 말이다. 특히 지금
80대가 넘은 부모님들은 일제강점기와 한국전쟁을 거친 분들이다. 그때
는 살아남는 것이 최대의 목적이던 시절이었다. 우리 부모님들은 그 거친
시절을 거치면서 우리를 이처럼 살아남게 하였다.

TV에서 방영된 '6·25특집 다큐멘터리'를 시청한 적이 있다. 피난민들
에게 쌀을 배급해 주는 장면이었다. 사람에 비해 쌀은 턱없이 부족했다.
마지막 남은 쌀 한 자루를 한 남자가 끌어안는 순간 곁에 있던 또 다른
남자가 거의 동시에 쌀자루의 다른 한쪽을 움켜쥐었다. 그들은 함께 쓰러
져 땅바닥을 뒹굴면서도 쌀자루를 쥔 손만은 놓지 않았다. 그것은 자식
들의 '생명'이었기 때문이다. 그날 밤, 나는 얼마나 울었는지 모른다. 우리
부모님들은 그 시대를 그토록 처절하게 살아오며 우리를 살려 낸 것이다.

그대 부모의 삶이 그대 마음에 들지 않는다 해서 부모를 공경할 수 없다
면, 그것은 그대가 지금 누리고 있는 그대 자신의 생명에 대한 모독이다.

넷째, 공경은 이해와 사랑을 낳기 때문이다.

룻이 이르되 내게 어머니를 떠나며 어머니를 따르지 말고 돌아가라
강권하지 마옵소서 어머니께서 가시는 곳에 나도 가고 어머니께서

머무시는 곳에서 나도 머물겠나이다 어머니의 백성이 나의 백성이 되고 어머니의 하나님이 나의 하나님이 되시리니 어머니께서 죽으시는 곳에서 나도 죽어 거기 묻힐 것이라 만일 내가 죽는 일 외에 어머니를 떠나면 여호와께서 내게 벌을 내리시고 더 내리시기를 원하나이다 하는지라(룻 1:16-17).

롯이란 여인이 시어머니인 나오미에게 한 고백이다. 모압 여인이었던 룻은 청상과부였다. 묘하게도 그녀의 시어머니와 그녀의 동서 역시 과부가 되었다. 시어머니인 나오미는 흉년으로 더 이상 살기 어려운 모압 지방을 포기하고 고향인 베들레헴으로 귀향하기로 하고, 젊은 과부인 두 며느리를 친정으로 돌려 보내려 하였다. 그들의 장래를 위해서였다. 큰며느리는 시어머니의 권유를 받아들였다. 그러나 작은며느리인 룻은 시어머니의 만류에도 불구하고 시어머니를 따라나섰다. 자식도 없이 남편이 죽었으니, 엄밀하게 말하면 시어머니와의 인연도 끊어진 셈이다. 남남이나 마찬가지다. 함께 산 기간이 짧았으니 시어머니에 대한 애틋한 정이 있을 리도 없었다. 더욱이 두 사람은 같은 민족도 아니었다. 룻은 모압인이었는 데 반해 시어머니는 유대인이었다. 그 두 민족은 서로 견원지간이었다. 룻에게는 시어머니를 따라가야 할 이유가 전혀 없었다.

그럼에도 룻은 모든 것을 버리고 시어머니를 따라나섰다. 그녀 역시 하나님을 경외하였기에 '네 부모를 공경하라'는 하나님의 계명을 지키기 위함이었다. 그러나 시어머니의 고향인 베들레헴으로 이주하여 함께 사는 동안, 그 두 사람 사이에는 이해와 사랑이 한없이 깊어졌다. 마침내 시어머니가 며느리의 개가_{改嫁}를 주선했다. 그리고 그렇게 이루어진 새 가정을 통해 위대한 다윗이 태어났고, 예수님 역시 그 족보를 이용하여 이 세상에 오셨다. 룻의 '부모공경'이 빚어낸 개가凱歌였다. 이처럼 공경은 반드시 이해와 사랑을 낳는다.

소설가 B선생은 어린 시절, 걸핏하면 자기 앞에서 거품을 물고 넘어가는 어머니를 이해할 수 없었단다. 그래서 공경하기는커녕 가능한 한 어머니로부터 떨어져 살았다. 나이가 들어서야 배운 것 없는 어머니의 그런 행동이 자신에 대한 가장 적나라한 사랑의 표현이었음을 깨달았지만, 그러나 어머니는 이미 이 세상 사람이 아니었다.

부모와 자식 간에는 많은 차이가 존재한다. 시간의 차이, 문화의 차이, 사고의 차이, 관습의 차이 등이다. 우리나라처럼 지난 수십 년간 엄청난 변화의 격랑을 거쳐 온 경우에는 그 차이가 더욱 심할 수밖에 없다. 그러나 자식인 그대의 시간도 흐르고 있다. 그대가 부모에 대한 공경심을 갖고 있는 한, 그 세월의 흐름 속에서 공경심은 이해를 잉태하는 법이다. 예전에는 이해할 수 없었던 것을, 부모의 나이가 되어 가면서 그럴 수밖에 없었겠다고 이해하게 된다. 그 이해는 마침내 사랑을 낳는다. 이해는 포용과 수용인데 그것은 바로 사랑의 초석이기 때문이다. 그래서 부모에게 자발적인 존경과 사랑을 드리게 되는 것이다. 부모를 이해하지 못하던 자식이 부모가 죽고 난 다음에야 부모의 모든 것을 이해하게 되는 것은, 부모를 잃고서야 비로소 부모의 존재를 인정하게 되기 때문이다. 공경한다는 것은 인정하는 것이다. 이해도 사랑도 인정의 터전 위에만 세워진다.

그대는 지금부터 부모를 공경해야 한다. 그분이 지금 살아 있는 동안 그분과 그분의 모든 것을 인정해야 한다. 그대가 백발노인이 되었을 때 가장 그리워할 사람은, 그 누구도 아닌 그대의 부모이다. 이것은 귀소본능을 가진 모든 인간의 공통점이다. 그때 부모공경 못했음을 땅을 치면서 후회해도 아무 소용이 없다. 그런데도 대부분의 사람들은 그 길로 가고 있다.

마지막으로, 심은 대로 거두기 때문이다.

> 스스로 속이지 말라 하나님은 업신여김을 받지 아니하시나니 사람이 무엇으로 심든지 그대로 거두리라(갈 6:7).

심은 대로 거둔다는 것은 만고불변의 진리이다. 그것은 하나님의 법칙이다. 그대가 진정으로 사랑하는 그대의 자녀가 먼 훗날 부모인 그대를 어떻게 대하는지 알고 싶다면, 그대 부모를 대하는 지금의 그대 모습을 살펴보면 된다. 그대의 자녀가 그대에게 보고 배운 것을 그대로 그대에게 되돌려 줄 것이기 때문이다. 그대가 부모를 못마땅해하면 그대도 자식으로부터 못마땅해함을 당할 것이다. 그대가 입으로만 효도하면 그대 자식들도 입으로만 효도하고, 그대가 돈으로만 효도하면 그대 자식들도 그렇게 할 것이다. 그대가 이해와 사랑을 낳는 공경심으로 그대 부모를 대하면, 그대 역시 그대의 자녀들로부터 공경을 되돌려 받을 것이다.

자식과의 관계는 훗날의 일이므로 제쳐 둔다 하더라도, 그대가 뿌린 씨앗의 열매는 지금 그대의 삶 속에서 먼저 드러나고 있음을 잊어서는 안 된다. 그대가 부모의 슬하에서 성장기를 보내면서 부모와 갈등을 빚을 때마다, 이 다음에 내가 자식을 낳으면 나는 부모의 저런 부정적인 면만은 절대로 닮지 않으리라 결심한 적이 있었을 것이다. 그런데 어떤가? 그대가 지금 그대의 자식을 대하는 모습 속에서, 그대가 그토록 닮지 않으리라 결심했던 부모의 부정적인 모습과 동일한 그대 자신을 발견하고는 깜짝 깜짝 놀라면서 살고 있지 않는가? 그토록 닮지 않으려 했는데도 왜 그대는 판에 박은 듯이 그대 부모의 부정적인 모습을 빼어 닮아 가는가?

그 이유는 그대가 그대 부모의 부정적인 모습 때문에 그대의 부모를 미워했기 때문이다. 미움은 반드시 마음속에 쓴뿌리를 내리고, 쓴뿌리는 그대가 그토록 증오했던 부정적인 열매들을 고스란히 그대에게 되돌려 주는 법이다. 미움은 반드시 미움의 대상을 닮게 한다는 말이다. 시집살이를 고되게 한 며느리일수록 나중에 며느리를 이해하는 좋은 시어머니가 될 것 같지만, 오히려 그와는 정반대의 경우가 더 많은 이유가 바로 여기에 있다. 미움의 텃밭에서 자란 쓴뿌리는 자기 당대에만 그치지 않는다. 그것은 대를 이어 가면서 쓴뿌리를 내리고 쓴열매를 맺는다.

그대는 지금부터 겸손한 마음으로 그대의 부모를 공경해야 한다. 부모와의 관계에서 그 어떤 쓴뿌리도 그대의 삶 속에 뿌리내리지 못하게 해야 한다. 그것은 그대 자신과 더불어 그대 자녀를 위하는 일이다. 확실히 뿌린 대로 거둔다는 것은 변함없는 하나님의 법칙이다. 그러므로 그대에게 생명을 전해 준 그대의 부모를 공경하는 것은, 부모로부터 받은 그대의 생명을 그대의 자식 앞에서 더 높이는 길이다.

> 자녀들아 주 안에서 너희 부모에게 순종하라 이것이 옳으니라 네 아버지와 어머니를 공경하라 이것은 약속이 있는 첫 계명이니 이로써 네가 잘되고 땅에서 장수하리라(엡 6:1-3).

형제자매

　일평생 함께 살아갈 형제자매가 있다는 것은 큰 은혜가 아닐 수 없다. 형제자매가 함께함의 아름다움은 이 세상 그 어떤 아름다움과도 비기지 못할 것이다. 반면에 가장 추한 것 역시 형제자매 간의 싸움이다. 아버지의 재산을 놓고 형제자매가 싸우는 것은 재벌 집안만의 이야기가 아니다. 세상에 알려지지 않았을 뿐이지, 이런 송사는 비일비재하다. 또 우리 주위에는 서로 상종도 않는 형제자매들 역시 부지기수다. 이것은 형제자매는 정말 아름다운 사이일 수 있지만, 반대로 남남보다 못한 관계가 될 수도 있음을 일깨워 준다.

　형제자매는 형제자매이기 때문에 서로 직면하는 두 가지 문제가 있다.

　첫째, 상대에 대한 기대치가 같지 않다는 것이다.

　모르는 사람이라면 기대하지도 않을 것을, 형제자매는 형제자매이기 때문에 서로 기대하면서 살아간다. 형과 언니는 손위인 까닭에 동생이 해 주기를 원하고, 동생은 동생이기 때문에 형과 언니가 해 주기를 원하는 등 서로 자기 입장에서만 생각하는 것이다. 그 결과 무엇을 하든지 형제자매가 모두 불만인 경우가 허다하다. 서로 다른 기대치 때문이다. 이것이 극복되지 않을 때 성인이 되어서도 명분과 체면 싸움은 지속되기 마련이다.

　둘째, 서로를 경쟁자로 여길 수 있다는 것이다.

　식탁에 하나의 사과가 놓여 있을 때, 형제자매가 없는 아이라면 언제나 그 사과는 자기 혼자의 몫이다. 그러나 형제자매가 있을 때는 반드시 서로 나누어야 하는데, 이때 서로 상대방을 당연히 몫을 나누어야 할 자신의 형제자매가 아니라, 자신의 몫을 잠식하는 경쟁자로 인식할 수 있다. 이것을 뛰어넘지 못할 때, 부모의 재산을 놓고 서로 추악한 싸움을 벌이게 되는 것이다.

형제자매가 있다는 것은 큰 은총이다. 그러나 그것은 불행의 씨앗일 수도 있다. 바로 여기에 모든 형제자매가 말씀 안에 바로 서야만 하는 이유가 있다. 하나님께서 형제자매 되게 하셨으므로, 형제자매 되게 하신 하나님의 말씀 속에서만 진정 아름다운 형제자매가 될 수 있기 때문이다.

> 사랑에는 거짓이 없나니 악을 미워하고 선에 속하라 형제를 사랑하여 서로 우애하고 존경하기를 서로 먼저 하며 부지런하여 게으르지 말고 열심을 품고 주를 섬기라(롬 12:9-11).

주님의 말씀 안에서 서로 사랑하여 서로 우애하고 존경하되, '서로 먼저' 하는 것이 형제자매가 형제자매다운 아름다운 형제자매 되는 비결이다. 서로 하되, 서로 먼저 하는 것이다. 그리스도인의 섬김의 특징은 큰 사람이 작은 사람을 섬기는 것이라고 했다. 형제자매 중 큰 사람이 먼저 섬기는 것이다. 형과 언니는 손위인 까닭에 먼저 섬기고, 돈이 많은 형제자매는 부유하기 때문에 먼저 섬기고, 지식이 많은 형제자매는 유식하기 때문에 먼저 섬기고, 지위가 높은 형제자매는 높기 때문에 먼저 섬기는 것이다.

그리스도인의 섬김은 상대의 수준까지 내려가 주는 것이라고 했다. 큰 사람이 먼저 섬기되 자신의 수준으로 올라오라는 것이 아니라, 다른 형제자매의 수준으로 내려가서 섬길 때에만 그 섬김이 상처를 남기지 않는다. 이를테면 장남이 장남의 권위로 섬기되 다른 형제자매의 권위를 해치지 않는다. 부유한 형제자매가 돈으로 섬기되 다른 형제자매의 자존심을 상케 않는다. 유식한 형제자매가 지식으로 섬기되 다른 형제자매의 인격을 건드리지 않는다. 출세한 형제자매가 자신의 지위로 섬기되 다른 형제자매의 지위를 업신여기지 않는다.

> 요셉이 시종하는 자들 앞에서 그 정을 억제하지 못하여 소리 질러 모든 사람을 자기에게서 물러가라 하고 그 형제들에게 자기를 알리니 그 때에 그와 함께한 다른 사람이 없었더라 요셉이 큰 소리로 우니 애굽 사람에게 들리며 바로의 궁중에 들리더라 요셉이 그 형들에게 이르되 나는 요셉이라 내 아버지께서 아직 살아 계시니이까 형들이 그 앞에서 놀라서 대답하지 못하더라 요셉이 형들에게 이르되 내게로 가까이 오소서 그들이 가까이 가니 이르되 나는 당신들의 아우 요셉이니 당신들이 애굽에 판 자라 당신들이 나를 이곳에 팔았다고 해서 근심하지 마소서 한탄하지 마소서 하나님이 생명을 구원하시려고 나를 당신들보다 먼저 보내셨나이다 이 땅에 이 년 동안 흉년이 들었으나 아직 오 년은 밭갈이도 못하고 추수도 못할지라 하나님이 큰 구원으로 당신들의 생명을 보존하고 당신들의 후손을 세상에 두시려고 나를 당신들보다 먼저 보내셨나니 그런즉 나를 이리로 보낸 이는 당신들이 아니요 하나님이시라 하나님이 나를 바로에게 아버지로 삼으시고 그 온 집의 주로 삼으시며 애굽 온 땅의 통치자로 삼으셨나이다(창 45:1-8).

요셉에게는 열한 명의 형제가 있었다. 그들 가운데 열 명이 형들이었다. 형들과 요셉이 얼마나 사이가 나빴던지, 형들이 요셉을 이집트에 노예로 팔아 버릴 정도였다. 처음에는 아예 죽이려고까지 했다. 그들은 이미 형제가 아니었다. 그 정도라면 원수지간이나 마찬가지였다. 정말 남남보다도 못한 사이였다. 그런데 노예로 팔린 요셉이 이집트의 국무총리가 되었다. 당시의 이집트는 세계 최대, 최강의 제국이었다. 말하자면 요셉의 형제들 중에 요셉이 가장 높고 힘 있는 사람이 된 것이다. 요셉이 자기 힘을 이용하여 자신을 팔았던 형들에게 복수극을 벌일 기회를 잡은 것이다. 그러나 요셉은 양식을 구하기 위해 이집트로 온 형들을 '먼저' 사랑하였다. 그들을 용서해 주었을 뿐 아니라, 형들의 수준으로 내려가 그들을 섬겼다. 형제 중 피해자이면서도 가장 높고 힘 있는 요셉의 '먼저 사랑'이 형제의 화합을 일구어 내었음은 두말할 나위가 없다. 그러나 그것만으로 끝난 것이 아니다. 요셉의 '먼저 사랑'으로 인한 형제의 화합이 하나님의 선민選民인 이스라엘 민족의 모태가 된 것이다.

이처럼 형제자매가 서로 먼저 사랑할 때, 형제자매가 있다는 것은 하나님의 은총이다. 형제자매가 많다는 것은 하나님의 선물이다. 평생토록 서로 먼저 사랑하면서 끌어 주고 밀어 주는 형제자매를 보는 것은 정말 즐거운 일이다.

그대가 그리스도 안에 있음으로써만 이 모든 것이 가능하다.

> 보라 형제가 연합하여 동거함이 어찌 그리 선하고 아름다운고 머리에 있는 보배로운 기름이 수염 곧 아론의 수염에 흘러서 그의 옷깃까지 내림 같고 헐몬의 이슬이 시온의 산들에 내림 같도다 거기서 여호와께서 복을 명령하셨나니 곧 영생이로다(시 133:1-3).

모든 가족이 교회 된 가정은 정말 아름답다. 그 속에는 사랑이 있고, 생명이 있으며, 아름다운 결실이 있다. 이 모든 것을 가능케 하시는 하나님은 참으로 위대하시다. 하나님을 가정의 주인 삼은 사람들은 진실로 지혜로운 사람들이다.

그대가 지금까지 어떤 삶을 살아왔는지는 불문에 부치자. 그러나 이제부터 그대는 정말 지혜로운 사람이 되어야 한다.

여호와를 경외하며 그의 길을 걷는 자마다 복이 있도다 네가 네 손이 수고한 대로 먹을 것이라 네가 복되고 형통하리로다 네 집 안방에 있는 네 아내는 결실한 포도나무 같으며 네 식탁에 둘러앉은 자식들은 어린 감람나무 같으리로다 여호와를 경외하는 자는 이같이 복을 얻으리로다 여호와께서 시온에서 네게 복을 주실지어다 너는 평생에 예루살렘의 번영을 보며 네 자식의 자식을 볼지어다 이스라엘에게 평강이 있을지로다(시 128:1-6).

쓰
고
나
서

참으로 우리는 긴 여행을 끝내었다.

나 개인적으로는 이 여행을 위해 6년이라는 세월을 준비해야만 했다.

우리는 많은 질문을 제기했고, 또 많은 것을 함께 생각해 보았다.

그러나 막상 중요한 것은 지금부터다.

그대가 이 책의 마지막 장을 덮고 난 뒤 책상을 일어나는 그 순간부터,

삶이란 이름의 진짜 예배가 시작됨을 이제 그대가 아는 까닭이다.

주님,

이분과 시작했던 긴 여행이 이제 끝났습니다.

우리는 많은 것을 느끼고 깨달았습니다.

성령님께서 이분을 붙들어 주셔서,

그 모든 것이 삶의 자양분으로 남게 하시고

보다 성숙한 삶의 밑거름이 되게 해 주시어,

이제껏 경험해 보지 못한

진정한 새신자 됨의 기쁨을 누리게 해 주십시오.
이분으로 인해 이분과 더불어 사는 모든 사람들이
주님의 사랑과 생명과 진리를 알게 하시고,
이분 때문에 이분이 두 발 딛고 선 곳마다
하나님의 나라로 일구어지게 해 주십시오.
우리가 서로 영적으로 만나게 하셨음을 감사드리며
예수님의 이름으로 기도드립니다.
아멘.

1994년 8월 11일

주님!

이 책을 닫는 이분의 발걸음이

그리스도 안에서

진정 새로운 삶을 향한 첫걸음이 되게 하옵소서.

아멘.

새로워진 새신자반
New Life in Christ

지은이 이재철
펴낸곳 주식회사 홍성사
펴낸이 정애주
국효숙 김의연 박혜란 송민규 오민택 임영주 차길환

1994. 12. 20. 초판 발행   2008. 7. 11. 59쇄 발행
2008. 10. 16. 개정판 발행   2021. 3. 5. 54쇄 발행
2021. 5. 24. 개정2판 1쇄 발행   2025. 3. 20. 개정2판 9쇄 발행

등록번호 제1-499호 1977. 8. 1.
주소 (04084) 서울시 마포구 양화진4길 3
전화 02) 333-5161 팩스 02) 333-5165
홈페이지 hongsungsa.com 이메일 hsbooks@hongsungsa.com
페이스북 facebook.com/hongsungsa
양화진책방 02) 333-5161

•잘못된 책은 바꿔 드립니다. •책값은 뒤표지에 있습니다.

ISBN 978-89-365-1480-8 (03230)